W0310064

L'âme
ÉVOLUTIVE

« L'idée conventionnelle selon laquelle les esprits individuels seraient limités à un seul corps et condamnés à périr pour toujours avec la mort de celui-ci est de plus en plus contestée par la science et la psychologie. Un nouveau concept est en train de prendre sa place, selon lequel certains aspects de la conscience sont non localisés, c'est-à-dire qu'ils ne sont pas circonscrits à un point spécifique dans le temps, ni à un endroit spécifique dans le corps ou le cerveau. Un sentiment d'urgence se dégage de ce courant de pensée, car prendre conscience que nous ne faisons qu'un avec les autres et le monde en général est sans doute notre meilleur espoir – si ce n'est notre seul espoir – de survivre aux défis auxquels nous sommes confrontés en tant qu'espèce. C'est pourquoi il est capital que *L'âme évolutive* de Linda Backman soit lu par le plus grand nombre de gens possible. »

– Larry Dossey, auteur de *One Mind: How Our Individual Mind is Part of a Greater Consciousness and Why It Matters*

« À partir de ses nombreuses années de recherche en tant que psychologue clinicienne, thérapeute des vies passées et guérisseuse, Linda Backman offre une description détaillée de l'évolution de nos âmes. Elle présente une cosmologie compréhensible de notre développement au cours de nos différentes existences, en apportant la preuve que chacune de nos vies est planifiée avant notre naissance non seulement pour la poursuite de notre propre développement, mais aussi dans l'intérêt de notre planète et de l'univers. Ce livre inspirant changera le regard que vous portez sur vous-même et sur votre relation avec le cosmos. »

– Carol Bowman, auteure de *Les vies antérieures des enfants* et *Return From Heaven*

« S'appuyant sur des cas authentiques, *L'âme évolutive* offre une nouvelle cosmologie faisant une large place aux existences consécutives, aux âmes partagées, à la conscience interdimensionnelle et aux royaumes de l'Au-delà.

Plus que tout autre livre sur le marché, ses 12 éléments élucident le rôle de la réincarnation dans l'évolution consciente de notre espèce. Ces éléments peuvent servir de guide pour ceux qui cherchent à surmonter leurs blocages internes et à réaliser tout le potentiel de leur âme.

Que vous ayez déjà exploré vos vies antérieures ou que vous songiez à le faire, ce livre accroîtra votre conscience de vous-même et accélérera votre processus d'accomplissement personnel. Les compétences professionnelles de Backman, de même que la transparence dont elle fait preuve par rapport à sa propre vie, apportent une touche d'authenticité à cet ouvrage rempli de conseils pratiques pour tous ceux qui cherchent à connaître qui ils sont vraiment. »

— Paul Von Ward, auteur de *The Soul Genome: Science and Reincarnation*

« Avec beaucoup de talent et de sagesse, Linda Backman lève le voile sur ce qui se passe vraiment dans les coulisses du monde terrestre. Si vous vous êtes déjà demandé quel était le véritable sens de votre vie, ce livre est pour vous. »

— Robert Schwartz, auteur de *Âmes courageuses : programmons-nous les défis de notre vie avant notre naissance ?*

« *L'âme évolutive* est une extraordinaire source de sagesse et de réflexion. Dans ce livre, Linda Backman nous montre le genre de guidance qu'une personne peut acquérir avec l'aide d'un hypnothérapeute professionnel dans le cadre d'une thérapie utilisant la régression dans les vies antérieures; et je dis bien dans le cadre d'une thérapie, car de trop nombreux hypnotiseurs ne sont pas formés pour travailler en profondeur avec leurs clients. Les cas qu'elle nous présente, de même que la façon dont elle amène ses clients à prendre conscience des thèmes sous-jacents à la mission de leur âme, sont tout à la fois fascinants et instructifs. L'âme a son propre esprit. C'est ce que nous confirment les récits de mort imminente et les expériences spirituelles transformatives, le mysticisme et les techniques modernes d'exploration de l'âme qui reconnaissent que la vie est un continuum… Compte tenu de ce que vous pouvez apprendre sur vous-même dans *L'âme évolutive*, chaque page de ce livre mérite amplement d'être lue. »

— P.M.H. Atwater, auteur du *Grand livre des expériences de mort imminente*

« Ce livre plonge au cœur même de la raison de notre existence, jetant du même coup un nouvel éclairage remarquable sur l'évolution de la conscience, l'âme, Dieu et même l'histoire. La possibilité de nous voir à travers le prisme de l'évolution de notre âme échelonnée sur plusieurs vies a des implications profondes (et libératrices). Bravo ! »

— Stephen Dinan, président directeur général de Shift Network et auteur de *Radical Spirit*

L'âme ÉVOLUTIVE

Linda Backman

Traduit de l'anglais par
Christian Hallé

ADA éditions

Copyright © 2014 Linda Backman
Titre original anglais : The Evolving Soul
Copyright © 2016 Éditions AdA Inc. pour la traduction française
Cette publication est publiée en accord avec Llewellyn Publications, Woodbury, MN, www.llewellyn.com
Tous droits réservés. Aucune partie de ce livre ne peut être reproduite sous quelque forme que ce soit sans la permission écrite de l'éditeur, sauf dans le cas d'une critique littéraire.

Éditeur : François Doucet
Traduction : Christian Hallé
Révision linguistique : Daniel Picard
Correction d'épreuves : Nancy Coulombe, Audrey Faulkner
Conception de la couverture : Mathieu C. Dandurand
Photo de la couverture : © Thinkstock
Mise en pages : Sébastien Michaud
ISBN papier 978-2-89752-997-0
ISBN PDF numérique 978-2-89752-998-7
ISBN ePub 978-2-89752-999-4
Première impression : 2016
Dépôt légal : 2016
Bibliothèque et Archives nationales du Québec
Bibliothèque Nationale du Canada

Éditions AdA Inc.
1385, boul. Lionel-Boulet
Varennes, Québec, Canada, J3X 1P7
Téléphone : 450-929-0296
Télécopieur : 450-929-0220
www.ada-inc.com
info@ada-inc.com

Diffusion

Canada :	Éditions AdA Inc.
France :	D.G. Diffusion Z.I. des Bogues 31750 Escalquens — France Téléphone : 05.61.00.09.99
Suisse :	Transat — 23.42.77.40
Belgique :	D.G. Diffusion — 05.61.00.09.99

Imprimé au Canada

Québec
Crédit d'impôt livres
Gestion SODEC

Participation de la SODEC.
Nous reconnaissons l'aide financière du gouvernement du Canada par l'entremise du Fonds du livre du Canada (FLC) pour nos activités d'édition.
Gouvernement du Québec — Programme de crédit d'impôt pour l'édition de livres — Gestion SODEC.

Catalogage avant publication de Bibliothèque et Archives nationales du Québec et Bibliothèque et Archives Canada

Backman, Linda, 1946-

[Evolving Soul. Français]
L'âme évolutive : explorez vos vies antérieures pour guérir spirituellement
Traduction de : The Evolving Soul.
ISBN 978-2-89752-997-0
1. Réincarnation. 2. Régression (Psychologie). 3. Guérison par la foi. I. Titre. II. Titre : Evolving Soul. Français.

BL515.B3214 2016 133.901'35 C2015-942219-1

Je dédie ce livre à chacune d'entre vous,
âmes déterminées à atteindre, pendant votre incarnation, la coexistence avec la terre et l'humanité, afin de réaliser ce rêve d'évolution, d'unité et d'unicité.

Table des matières

Préface

Tandis que nous transitons vers un nouveau cycle des âges, un éveil spirituel majeur est en cours parmi un segment important et grandissant de la population en Amérique du Nord et en Europe. Ceci est tout particulièrement important car ce mouvement inclut des gens éduqués et cultivés qui occupent des positions sociales et professionnelles à partir desquelles il leur est possible d'influencer les idées et les tendances de la culture dominante. Au sein de ce groupe, plusieurs systèmes de croyances différents sont en voie d'être remodelés pour donner naissance à un nouveau complexe spirituel, fondé sur des intuitions mystiques qui diffèrent sensiblement des dogmes religieux auxquels le public en général est habitué. Le livre de Linda Backman, *L'âme évolutive,* souligne les aspects essentiels de la forme et de la nature de la mise à niveau spirituelle à laquelle nous assistons présentement.

Linda Backman commence par nous inviter à nous rappeler que nous sommes des âmes incarnées venues en cette vie avec une mission et un plan de vie qui nous servent en quelque sorte de « carte routière ». Elle nous fait ensuite découvrir qui sont et ce que sont vraiment nos guides spirituels, nous dévoilant qu'ils comptent parmi les intelligences les plus hautement organisées : celles qui connaissent parfaitement notre voie spirituelle, qui nous offrent un soutien indéfectible et qui se consacrent à nous guider et à renforcer notre matrice spirituelle sans cesse grandissante.

Dans ce livre extraordinaire, madame Backman explore le phénomène de l'évolution de l'âme durant notre long voyage à travers l'éternité, ainsi que notre relation avec les royaumes célestes. Elle révèle que le développement continu de notre âme, de même que l'organisation et la coordination de notre destin spirituel, est un processus démocratique, juste et rationnel. Elle écrit : « L'idée qu'il existe une gestion transcendante des âmes et des consciences semblera sans doute à bien des gens incroyable ou incompréhensible. Avec l'ordre mondial actuel livré au chaos – comme en font foi les conflits, les tueries et les guerres ; l'instabilité économique ; les désastres naturels ; et notre manque de respect pour l'environnement –, notre mode de vie est un véritable gâchis. »

Cependant, madame Backman et plusieurs autres membres de la communauté transformationnelle savent que notre rédemption n'est possible qu'à la condition de prendre conscience de la véritable nature du « sacré ». Et une fois que nous en serons conscients, nous pourrons alors cheminer à la manière impartiale et respectueuse des royaumes célestes telle qu'illustrée par les maîtres guides les plus avancés sur le plan spirituel qui travaillent à travers nous et avec nous pour contribuer au plus grand bien de tous. Elle écrit : « Nous sommes les troupes au sol des maîtres. »

Dans ce livre, Linda Backman explore le processus génial de notre âme qui mène à la création d'un plan prénatal très élaboré pour que nous puissions progresser durant notre vie incarnée, en plus d'explorer la façon dont ce plan profite à l'humanité en général. Elle révèle que les détails de notre plan de vie peuvent être complexes ou fort simples, en fonction des objectifs sur lesquels notre âme veut se concentrer durant son incarnation. Elle explique également pourquoi cette évolution (qui signifie simplement « changement ») nous oblige à vivre dans le moment présent, tout en prenant conscience, en apprenant et en nous libérant de nos expériences passées, de façon à obtenir des résultats plus positifs à l'avenir.

Ce livre examine la manière dont se déroule le processus de création de notre plan de vie entre deux existences avec l'aide de nos guides et enseignants spirituels dans le rôle de facilitateurs. De plus, il décrit comment les détails concernant nos relations avec les autres, notre santé, nos peines et plusieurs autres facettes de nos vies forgent les éléments de notre plan de vie et nous donnent « l'occasion d'une vie » pour avancer.

Après chaque incarnation, un examen approfondi de notre vie a lieu dans l'Au-delà afin que les sages anciens qui siègent sur notre conseil spirituel puissent évaluer les progrès que nous avons faits durant notre plus récente existence. Nous découvrons également que ce système n'a pas pour but (et ne l'a jamais eu) de nous juger ou de nous punir ; on nous donne tout le temps qu'il faut pour apprendre nos leçons de vie et pour passer d'une étape spirituelle à la suivante.

De plus, madame Backman partage avec nous de l'information tirée de ses volumineuses études de cas concernant notre impact sur le progrès culturel de notre planète qui s'intensifie à certaines époques (comme aujourd'hui), et comment cela peut contribuer à la création d'une civilisation harmonieuse. Ses recherches révèlent également que nous seuls, en tant qu'âmes incarnées, pouvons faire avancer l'humanité. Le monde physique se situe sur le plan de l'action, mais ce n'est pas le cas du monde spirituel dans son ensemble ; et, par conséquent, nous avons tous, en tant qu'âmes incarnées au service des maîtres de la sagesse, une énorme responsabilité. Pour nous soutenir, nous pouvons tous compter sur une fondation sous-jacente, alignée sur notre plan prénatal et nos intentions par rapport à cette vie : une vie qui peut contribuer à notre propre avancement personnel de même qu'à l'évolution de la société en général.

Essentiellement, ce livre nous révèle qu'il y a un plan pour nos vies, pour la terre et pour l'univers. À cet égard, Linda Backman est un médecin moderne dont les enseignements reflètent ceux de nos gardiens spirituels supérieurs qui réaffirment à leur tour que notre devoir sur Terre est de veiller au bien-être de la planète et d'apprécier toutes les personnes, à tous les niveaux de la société, ici et à l'étranger, car nos relations humaines et spirituelles sont beaucoup plus importantes que tout gain matériel.

Personnellement, je voudrais ajouter que les travaux de Linda Backman confirment ma propre observation à l'effet qu'il se produit un changement dans le monde à mesure que les gens abordent et découvrent leur propre spiritualité. Et, alors que le monde deviendra un endroit meilleur et plus sûr où vivre, l'unité du genre humain deviendra une réalité, la paix s'installera et deviendra le paradigme de notre réalité.

Je suis également convaincu qu'un changement réel d'attitudes, et par conséquent du cours de l'histoire mondiale, est possible par l'intermédiaire de cette prise de conscience mystique tandis qu'elle se répand à travers la population mondiale, passant du niveau personnel au niveau familial, puis sociétal et global. À mesure que ces intuitions s'implantent dans les esprits, elles aident l'humanité à compléter sa transformation en une forme de vie plus développée et plus consciente.

Ce n'est pas rien, et c'est pourquoi je tiens à vous exprimer toute ma reconnaissance, à vous, Linda Backman, et à vos maîtres, pour vos idées et votre travail.

Hank Wesselman, Ph.D.
Honaunau, Hawaï, 2013
www.SharedWisdom.com
Auteur de nombreux ouvrages, incluant
S'éveiller au monde de l'esprit et
Celui qui marchait avec les esprits

Remerciements

Quelle drôle de chose que les remerciements. Comment puis-je me souvenir de tous ceux qui ont influencé l'écriture de ce livre ? Cela dit, j'ai choisi la voie minimaliste. Je ne serai jamais capable d'exprimer ma reconnaissance à tous les gens uniques, de ce côté-ci et de l'Autre, qui ont contribué à la création de ce livre.

Merci à tous mes clients et à tous ceux qui ont participé à mes séances de formation en régression ; je ne peux pas me contenter de vous remercier : vous êtes les véritables auteurs de ce livre.

Merci à tous ceux de mes amis (vous savez qui vous êtes) qui ont partagé avec moi le récit de leurs vies antérieures et leurs habiletés intuitives, et qui m'ont fourni une compréhension que je n'aurais jamais acquise sans eux de ce qu'est fondamentalement l'évolution de l'âme.

Merci à mes enfants et petits-enfants, qui, je le sais, ne me comprennent pas nécessairement, moi et ma mission dans la vie ; je vous aime tant d'avoir accepté de faire ce bout de chemin avec moi.

Merci à mon bien-aimé Earl, mon partenaire significatif ; ma vie serait vide sans toi.

Merci à Gayle et David ; votre chagrin et votre lien avec un partenaire significatif sont un enseignement « supérieur » d'évolution spirituelle, commençant et se terminant avec notre incarnation.

Merci à Larry W. Bryant, auteur du roman *Conjoined : The Story of Rex and Roxanne*, et de l'essai *Conjuring Gretchen*, dont le thème est la réincarnation ; les mots me manquent pour te dire merci. Ton empressement à réviser ce livre est un cadeau des dieux.

Merci à Hank Wesselman, anthropologue, chaman, professeur et auteur d'une grande sagesse. Nous sommes amis depuis peu en cette vie, mais comme on dit : « Qui se ressemble s'assemble. » Le soutien que tu as apporté à ce livre est pour moi inestimable.

Merci à Angela Wix, responsable des acquisitions pour la maison d'édition Llewellyn ; ton vif intérêt pour le sujet de ce livre et ta grande disponibilité sont une véritable bénédiction.

En espérant que ce livre se retrouve entre les mains de tous ceux dont l'âme est au service de la Terre afin d'y créer de l'équilibre et de l'unité.

Introduction

Mon premier livre, *Bringing Your Soul to Light: Healing Through Past Lives and the Time Between (BYSTL)*, a été conçu durant les premières années de mon travail sur la régression spirituelle. Les étapes germinales, embryonnaires et fœtales qui ont précédé la naissance de *BYSTL* se sont échelonnées sur une période de 14 années. Très tôt, mon esprit et mon cœur se sont adressés à moi, me suppliant d'écrire un livre pour partager mes découvertes avec tous ceux qui choisiraient de le lire. J'ai continué à accumuler des connaissances sur l'évolution de l'âme, grâce à mes clients, mais il a fallu plusieurs années avant d'en tirer quelque chose de concret.

BYSTL porte sur l'évolution de l'âme individuelle, ainsi que sur l'importance et les bienfaits de la régression spirituelle. Pour utiliser une analogie développementale, l'écriture de ce premier livre a démontré que j'avais atteint un niveau de compétence dans le domaine de l'évolution de l'âme, correspondant à celui d'un adulte âgé de 30 ans.

The Evolving Soul : Spiritual Healing Through Past Life Exploration, écrit six ans après *BYSTL*, présente mon développement personnel et professionnel, et celui de mes clients. C'est un peu comme si j'avais à présent le niveau de compétence d'une personne de 50 ans. Vous vous demandez peut-être quelle différence cela peut faire. J'ai décidé d'écrire ce livre pour deux raisons principales. Premièrement, pour partager avec vous des détails plus précis sur l'évolution de l'âme individuelle. Deuxièmement, et c'est tout aussi important, pour vous donner une idée du progrès que doit accomplir notre société humaine ; au mieux pour circonscrire ou, du moins, pour atténuer les effets nuisibles de nos habitudes culturelles. Tandis que nous évoluons individuellement, l'humanité, à son tour, progresse vers plus d'équilibre et d'unité.

En vous présentant le récit des vies antérieures et des entre-deux-vies de mes clients, j'espère alimenter votre réflexion et vous inciter à examiner les circonstances qui ont joué un rôle essentiel dans votre propre vie. Je vous invite à adopter mon paradigme sur l'évolution de l'âme en prenant conscience que l'archétype d'une âme, ou son énergie, demeure constant durant toutes nos incarnations intentionnelles. Le fait de savoir comment accepter et utiliser votre intuition augmentera votre sens de l'orientation spirituelle et facilitera le rééquilibrage du karma lié à vos vies antérieures. La continuité de votre conscience spirituelle peut être une chose merveilleuse si vous en profitez pour réparer les erreurs du passé et évoluer d'une vie à l'autre. Ce livre vous fournit une base solide qui vous aidera à avancer dans votre vie actuelle.

À la fin de chaque chapitre, vous trouverez trois questions pour vous aider à mieux comprendre la progression de votre âme. Prenez votre journal intime préféré et un stylo, et préparez-vous à approfondir votre examen de conscience.

RÉPARATION, RÉINCARNATION ET ÉVOLUTION DE L'ÂME

L'écriture de ce livre a été parfois agréable, parfois douloureuse, pour plusieurs raisons.

Nous entreprenons chacune de nos vies dans un but précis. Pour l'avancement de notre âme, nous nous sommes incarnés des centaines, voire des milliers de fois, si ce n'est plus encore. Comme les vagues d'une mer calme ou agitée, certaines incarnations sont conçues pour être agréables, que ce soit par rapport à nos relations avec les autres, notre travail ou notre santé, y compris pour ce qui est de notre qualité de vie et de l'endroit où nous vivons. À l'inverse, nous avons tous connu des vies « ombrageuses », vouées à une progression rapide et intense.

Les vies difficiles contiennent des exemples de notre comportement à la fois en tant que victime et bourreau. Les personnes victimes d'abus deviennent souvent, malheureusement, des abuseurs. Nous pouvons lever le voile sur les détails de notre vie actuelle en interrogeant notre mémoire, ainsi que les membres de notre famille qui peuvent nous éclairer sur certains d'entre eux. Sans une vue d'ensemble de nos vies antérieures successives, il est impossible de pleinement comprendre pourquoi nous devons supporter un père alcoolique ou prendre soin d'un enfant atteint d'une maladie chronique. L'âme de notre père est peut-être celle d'une servante que nous avons maltraitée, et notre enfant est peut-être l'enfant que nous avons abandonné à la garde de ses grands-parents dans une vie antérieure.

Je parie que vous avez déjà entendu l'expression : « On récolte ce que l'on sème. »

En réalité, les raisons que j'ai avancées jusqu'à présent pour expliquer pourquoi nous devons mettre à jour nos vies antérieures sont beaucoup trop simplistes. Prenez l'exemple suivant : si j'étais un prêtre catholique qui persécutait ceux qui n'étaient pas chrétiens à une autre époque, les lois du karma me pressent incessamment d'équilibrer mes actes odieux. Pour retrouver un équilibre, je pourrais être au cours de ma vie suivante une lesbienne vivant en Amérique centrale avec des parents dévots qui rejettent qui je suis.

Quand nous « réparons » notre âme en nous réincarnant, la « trame » de notre évolution spirituelle est solidement recousue par la prise de conscience et le largage de ce que nous avons été et de ce que nous avons fait. Par un processus continuel d'équilibrage et de guérison de ce qui a précédé, nous évoluons en tant qu'âme. Je ne veux surtout pas insinuer qu'il s'agit d'un processus indolore. Les côtés noirs de notre passé apparaissent sous un nouveau jour à la lumière de l'angoisse existentielle que nous ressentons en nous. Savoir ne suffit pas ; la douleur d'avoir commis de mauvaises actions, telles que spécifiées par les détails de la régression, doit être ressentie. Autrement dit, durant la régression de l'âme, quand nous revivons ce qui s'est passé et avec qui, nous pouvons arriver à débrider les plaies de notre âme. À cette seule condition avons-nous une chance à l'avenir d'éviter de reproduire un comportement de même nature.

Ce parcours que je viens de décrire, je l'ai vécu personnellement, au point même de rencontrer l'âme (dans son corps actuel) que j'avais maltraitée par le passé. Bien qu'il ne soit pas nécessaire de connaître quelqu'un aujourd'hui dans votre vie qui a été l'une de vos victimes dans une vie antérieure, la possibilité de partager en toute sincérité ce qui s'est passé et de vous en excuser vous aidera grandement tous les deux à cicatriser les plaies du passé.

Votre prochaine question sera peut-être : « Comment savoir ce que je dois clarifier dans ma vie actuelle ? » Votre plan prénatal, élaboré avec vos guides spirituels, contient la liste de tous les ingrédients que vous devez mélanger pour réussir ce gâteau qui s'appelle atteindre votre objectif de vie afin d'effacer le passé et de poursuivre votre évolution. Rappelez-vous que plus la recette des circonstances de votre vie est complexe – comme un gâteau à trois étages garni de fruits et de ganache au chocolat par rapport à un mélange à gâteau du commerce –, plus vous serez prêt, sur le plan spirituel, à procéder à un nettoyage en profondeur de votre âme.

C'est uniquement si nous évoluons en tant qu'âme individuelle et que nous adoptons le point de vue que tous les êtres vivants doivent vivre dans l'unité, sans discrimination, que l'humanité pourra se sauver. Je suggère la devise « moi pour toi, et toi pour moi » pour définir comment nous devons prendre soin de la terre, de la même façon qu'elle prend soin de nous. Un respect mutuel pour tous les êtres vivants engendrera une planète plus en santé. Adoptez le point de vue que « moi » plus « toi » égale « nous » ; alors les peuples de la terre évolueront pour vivre en tant qu'individus au sein d'une collectivité unifiée.

Je vous invite à entreprendre ce voyage avec moi. Vous devrez faire preuve d'ouverture d'esprit, quelles que soient les croyances ou les convictions qui vous sont chères ou que vous remettez en question. Le livre que vous tenez entre les mains renferme l'essentiel de ce qu'il faut savoir sur l'évolution de l'âme. Dans les pages qui suivent, vous découvrirez également des détails concernant l'évolution de l'âme qui ne m'auraient probablement jamais traversé l'esprit, et que je n'aurais encore moins eu l'idée d'exprimer ouvertement, il y a 20 ans. Apparemment, on peut apprendre de nouvelles choses à tout âge, car mes clients et mon propre processus de vie m'ont amenée à découvrir l'existence de vie sur d'autres planètes, la possibilité de vies simultanées dans plus d'un seul corps, les archétypes de l'âme, les maîtres ascensionnés, et plus encore.

En lisant ce livre, pensez à la progression de vos vies et à celle de votre âme dans le contexte de la parabole du *Grand Inquisiteur* de Dostoïevski, qui montre Jésus revenant sur terre en Espagne à l'époque de l'Inquisition et recommençant à faire des miracles. Avant de continuer, je tiens à préciser que mon commentaire n'est pas de nature religieuse mais métaphorique.

Dans cette parabole, Jésus est arrêté par les dirigeants de l'Inquisition et condamné au bûcher. L'inquisiteur accuse Jésus d'enseigner à l'humanité à prendre des décisions en se servant de son libre arbitre. Nous avons tous la capacité et le droit d'exercer notre jugement en nous appuyant sur ce que nous croyons être le mieux pour nous, et en combinant notre réflexion esprit-cerveau-personnalité à notre savoir intuitif.

Nos passions et les expériences placées sur notre route nous indiqueront la voie à suivre pour vivre conformément à la mission de notre âme. Parcourez avec moi les pages de ce livre pour comprendre ce que recouvrent les termes mission, réincarnation, réparation et évolution de l'âme.

Chapitre 1

Buter contre votre moi spirituel

« L'artiste trempe son pinceau au fond de son âme et peint sa propre nature sur la toile. »

— Henry Ward Beecher

Qu'est-ce que l'âme ? D'où vient-elle ?

Quand j'étais petite, il m'arrivait de me demander qui j'étais vraiment. Quand je serais morte, par exemple, allais-je simplement disparaître pour toujours ? Je luttais contre cette pensée encore et encore. L'idée que le « moi » que je connaissais à huit ans puisse simplement disparaître n'avait aucun sens. Sans le savoir, j'avais « buté contre mon moi spirituel ». La partie spirituelle de mon être avait commencé à s'infiltrer dans ma conscience, même si je ne comprenais pas encore pourquoi j'étais si certaine que la mort n'était pas la fin de tout. Peut-être avez-vous vécu une expérience similaire lorsque vous étiez enfant ou plus tard, confronté à un événement tragique, ou simplement durant une nuit d'insomnie dans le silence des premières heures du matin.

Plusieurs années plus tard, j'ai commencé à découvrir ce qui « nous » arrive avant de naître et après notre mort. En 1993, après la transition dans le monde de l'Esprit d'un collègue dont j'étais très proche, j'ai vécu une expérience marquante : j'ai senti l'énergie de son âme et je me suis souvenue de nos vies antérieures communes. Ma carrière de psychologue diplômée a tout à coup pris un tournant inattendu. J'ai commencé à m'intéresser aux vies antérieures et aux périodes intermédiaires entre les vies de mes clients après avoir suivi une formation en hypnothérapie régressive. Au cours des 20 dernières années, j'ai étudié des milliers de cas et guidé d'innombrables clients. Laissez-moi vous expliquer quelques notions de base qui ont été confirmées à de nombreuses reprises par les expériences uniques de mes clients.

Vous êtes plus que votre corps physique et votre personnalité humaine. Au fond de vous-même, et dès votre naissance, vous êtes une étincelle du divin, une facette de l'énergie la plus haute et la plus pure, qui a pris à nouveau une existence physique. Vous êtes une âme vivante et incarnée.

Votre âme a un esprit qui lui est propre. J'entends par là que vous vous incarnez avec une intelligence et une intention divines, que vous venez avec un plan de vie et des guides supérieurs. Non seulement cela, mais vous possédez également l'habileté de découvrir les détails concernant votre archétype spirituel et votre plan de vie, et vous êtes libre de vous y conformer ou non.

La vie est un cycle continu, commençant à la naissance, se terminant avec notre mort, et faisant l'objet d'un examen entre nos vies dans le royaume spirituel. Elle recommence à neuf à chaque nouvelle incarnation, propulsée par le désir et le penchant innés de l'âme pour grandir en sagesse d'une vie à l'autre. Votre âme incarnée est un fragment, un éclat, de la totalité de votre énergie divine, aussi appelée moi supérieur. L'aspect de votre âme qui est « vous » vient du royaume céleste, durant votre vie sur Terre, et demeure constamment en contact avec lui. À la mort de votre corps physique, la portion holographique de votre âme qui existait avant votre naissance plie bagage et retourne dans le royaume spirituel. Vos incarnations vont et viennent, alors que votre conscience spirituelle est éternelle.

Même si vous ne savez pas vraiment ce qu'il faut croire, je vous invite à poursuivre votre voyage à travers ce livre, en me permettant de partager avec vous les étapes de ma vie personnelle et professionnelle en cours de route.

Pour continuer le processus qui vous amènera à buter contre vous-même, examinez les premières étapes où vous vous êtes d'abord frappé le gros orteil contre la découverte que vous êtes une âme vivant une expérience humaine. Les gens spirituels se présentent en général sous deux formes. Étiez-vous le genre d'enfant qui se réveillait le matin en étant convaincu d'avoir rencontré son ange gardien durant la nuit ? Ou devenu adulte, vous est-il déjà arrivé, comme moi, de souffrir terriblement de l'absence d'un être cher parti dans l'Au-delà ? J'ai vécu cette expérience caractéristique quand j'ai compris que l'âme de mon ami essayait de me « parler ».

En latin, le mot *réincarnation* signifie littéralement « entrer de nouveau dans la chair ». Mais des siècles avant l'époque romaine, plusieurs cultures anciennes, orientales et occidentales, avaient déjà fait de la réincarnation la pierre angulaire de leurs systèmes de croyances. L'hindouisme, le bouddhisme, le taoïsme, différentes sectes mystiques musulmanes, le judaïsme et le christianisme, de même que plusieurs cultures indigènes à travers le monde, reconnaissent non seulement l'existence de l'âme mais cherchent également à faciliter et encourager son voyage sacré d'une vie à l'autre.

Et par-delà les clivages religieux, la science et la spiritualité ont commencé à trouver des terrains d'entente : la physique quantique postule aujourd'hui qu'il existe une énergie si infinitésimalement petite et se déplaçant si rapidement qu'il est à peu près impossible de la mesurer, et encore moins de la voir. Est-ce si difficile d'extrapoler à partir de là que l'énergie de l'âme est bien réelle, qu'elle existe même si elle est physiquement trop petite pour être mesurée ?

De nombreux travaux de recherche montrent que le fait de prier pour les autres, de demander l'aide d'une source supérieure en leur faveur, peut statistiquement améliorer leur santé et leur bien-être. J'irais encore plus loin en proposant que le champ d'énergie spirituelle invisible d'une personne est accessible par l'intermédiaire de diverses pratiques intuitives et énergétiques telles que la prière et la méditation. Pourquoi ? Parce que l'âme est l'énergie de la plus haute forme de conscience, et que cette dernière est partout.

Qui êtes-vous en tant qu'âme individuelle et évolutive ?

Vous êtes venu dans un corps pour le progrès de votre âme. À l'origine, votre âme a été « tirée de l'écheveau du Tao », elle est née sous la forme d'une étincelle provenant de l'essence primordiale de l'Univers. Cette énergie divine a reçu plusieurs noms, tels que Grand Esprit, Tao, Dieu, Source, Élohim ou Conscience Christique. Peu importe le terme que vous préférez, votre âme dérive de cette plus haute énergie vibratoire de sagesse et de vérité. Avant de vous incarner pour la première fois, il est essentiel de recevoir une prise en charge poussée et un enseignement approfondi au sein du royaume spirituel afin que vous puissiez en supporter le choc.

Tout comme un bébé a besoin de manger, de dormir et d'être cajolé, vous ressentez l'impulsion innée en tant qu'âme d'atteindre les plus hauts niveaux d'apprentissage spirituel. Les âmes les plus avancées dans le royaume céleste sont vos « professeurs » tandis que vous débutez l'équivalent d'une formation de niveau préscolaire pour préparer votre âme à vivre sa première incarnation. Pensez au rôle crucial des parents qui doivent veiller à combler tous les besoins d'un nouveau-né et d'un enfant.

Après avoir reçu une éducation préscolaire dans le royaume céleste, vous êtes suffisamment préparé pour aller à l'école de l'évolution d'une vie à l'autre sur Terre. Vers l'âge de cinq ans, un enfant est prêt à faire ses premiers pas vers l'indépendance en allant à l'école sans être accompagné de ses parents. De même, votre incarnation physique et les étapes subséquentes de votre vie sur Terre correspondent à l'intense et difficile « laboratoire d'apprentissage » conçu pour l'évolution de votre âme.

Les éléments de votre apprentissage portent, entre autres choses, sur les relations interpersonnelles, la santé et le deuil, pour ne mentionner que les plus courants. Prenez le temps de réfléchir à ces éléments et d'examiner leur impact dans votre vie. Vos expériences les plus enrichissantes ne sont-elles pas également celles qui vous ont posé le plus de difficulté ? Considérez les problèmes que vous rencontrez comme des occasions d'inspiration divine pour élargir et approfondir vos connaissances. La façon dont vous surmontez les circonstances pas si faciles de la vie correspond souvent au nombre d'échelons que vous avez gravi sur la proverbiale échelle du développement de l'âme et à la vitesse avec laquelle vous avez procédé.

Vous vous incarnez pour avancer en sagesse sur le plan personnel mais aussi pour que nous devenions collectivement plus sages. En passant d'une vie à l'autre vers toujours plus de lumière, vous avancez à partir d'incarnations principalement centrées sur le progrès de votre âme vers des vies qui servent à faire progresser l'humanité dans son ensemble. Le savoir que vous acquérez au cours de chacune de ces vies ne profite pas seulement à votre âme individuelle ; vos épreuves contribuent également à l'amélioration de l'humanité et de l'Univers. La raison intrinsèque pour laquelle vous vous incarnez devient progressivement de plus en plus facile à distinguer. Vous découvrez que vous êtes ici pour servir. Finalement, vous atteignez un niveau de développement où vous pouvez enseigner ou guider les autres âmes. On parle dans ces cas d'« ascension ».

Rappelez-vous que votre niveau actuel d'évolution n'est ni bon ni mauvais. Le niveau où vous êtes n'a pas d'importance, que celui-ci corresponde au niveau primaire, secondaire ou universitaire. Vous rencontrez des obstacles sur Terre pour acquérir l'habileté de fonctionner sous forme humaine à partir du point de vue supérieur de l'âme au lieu de céder à l'égoïsme de votre moi humain. C'est le creuset où vous apprenez à surmonter les peurs et les inquiétudes humaines qui étouffent votre âme en acceptant l'idée que vous êtes toujours aimé et soutenu par le royaume supérieur. Chaque ingrédient de votre vie, aussi simple ou complexe soit-il, contribue au progrès de votre âme.

Donc, quels que soient les choix que vous faites dans la vie, tout est pour le mieux, car on vous donnera toujours de nouvelles occasions d'apprendre. Chaque événement de votre vie est un cours inscrit à votre curriculum terrestre mis en branle par le plan auquel vous avez consenti. Vous comprendrez mieux « pourquoi vous êtes ici » quand vous aurez accepté l'idée que ce qui arrive devait arriver. Ou pour le dire autrement, si vous acceptez que les événements et les personnes dans votre vie ont pour but de faciliter l'évolution de votre âme et de celle des autres, vous comprendrez que ces leçons de vie procèdent de la sagesse de votre âme et des encouragements de vos guides.

Chacune de vos vies suit un cursus particulier conçu par vous pour étendre et élargir la conscience et le potentiel de votre âme. Si vous acceptez que toutes les expériences de la vie ont pour objectif de vous faire passer au niveau suivant à l'école du développement de l'âme, la vie devient beaucoup plus facile à gérer. Tous les événements de votre vie sont une occasion pour vous de découvrir qui vous êtes, pourquoi vous êtes ici, et ce que vous pouvez faire pour l'avancement de votre âme. Des conseillers spirituels bienveillants sont disponibles en tout temps pour vous aider durant votre voyage. Le meilleur conseil que je puisse vous donner est de voir dans la peur le signe qu'une nouvelle occasion de grandir se présente à vous.

UNITÉ, GUÉRISON DE L'ÂME ET EGO

Notre planète, notre culture mondiale, est en crise. Chaque jour, nous entendons parler de catastrophes naturelles, d'exploitation éhontée de nos ressources naturelles, de préjugés contre un mode de vie ou des choix religieux, de ralentissement économique, de politique partisane et de guerres civiles pour acquérir plus d'égalité. Est-ce ainsi que nous exprimons notre respect mutuel pour faire comprendre que tous les êtres humains sont les mêmes sur le plan de l'âme ?

La guérison de l'âme est un facteur d'évolution. Vous êtes une âme vivant une vie après l'autre afin de surmonter les expériences négatives de vies antérieures et de grandir en sagesse en tant qu'âme individuelle et collective d'énergie divine. Sans ce processus de guérison de l'âme, la conscience supérieure de l'unité, où chacun d'entre nous est égal en importance, est inatteignable.

> *L'ego, en tant que somme de nos expériences passées, nous met constamment dans la tête des idées détestables. C'est un peu comme s'il y avait une rivière dans laquelle nageaient des petits poissons et que, chaque fois que l'un d'eux mordait à notre ligne, nous portions un nouveau jugement. L'ego est constamment en train de juger les gens et les choses. Il passe son temps à babiller au sujet de ce qui pourrait arriver ou de ce qui s'est déjà produit, et toutes ces pensées sont pareilles à de petits poissons. Nous devons donc apprendre – et cela demande de l'effort – à ne plus jeter notre ligne à l'eau.*
>
> HUGH PRATHER

La mentalité de l'ego, du « moi contre tous », mènera notre monde sur la voie de la destruction de la trame solidement tissée dont nous faisons tous partie. Chacune de nos incarnations est conçue pour nous donner l'occasion d'évoluer vers un niveau supérieur, en tant qu'individu et en tant que collectivité.

Pour les bouddhistes, le mot *samsara* renvoie au flux continuel du cycle de la naissance, de la vie, de la mort et de la renaissance. Le physicien Sir Isaac Newton (1642-1727) a formulé une loi selon laquelle chaque action entraîne une réaction égale et opposée. De même, la loi naturelle du karma nous dit que nos actions intentionnelles, conscientes et voulues ont pour effet de faire progresser notre âme ou de la faire stagner. Les désirs égoïstes, la malveillance et l'ignorance délibérée peuvent nous mener à choisir des comportements contraires au plan prénatal qui devait aider notre âme à progresser vers un avancement global.

Non seulement devons-nous buter contre le fait que nous sommes une âme, mais nous devons aussi éviter de buter contre notre ego et d'en venir à ignorer les besoins des autres. Quand nous agissons conformément à notre karma pour notre évolution individuelle, ces actions portent des fruits dans la mesure où nous montrons la voie sans propension à l'autoglorification, sachant que toutes les âmes incarnées doivent s'épauler.

VOTRE PLAN DE VIE

À chaque incarnation, vous êtes composé de trois aspects. Votre archétype spirituel est le fondement perpétuel qui demeure inchangé d'une vie à l'autre. Votre plan de vie, à l'inverse, change d'une vie à l'autre pour favoriser la progression de votre âme. Pour soutenir la mise en œuvre de votre plan de vie, vous recevez un corps et une personnalité conçus intentionnellement afin de vous aider à atteindre les objectifs que vous vous êtes fixés pour cette vie.

Ce qu'est essentiellement l'évolution de l'âme est à la fois simple et complexe : votre âme porte en elle une intention englobante qu'elle ne perd jamais de vue d'une existence à l'autre. Chaque vie se déroule selon un plan différent afin d'accroître et d'étendre votre évolution spirituelle. Plus vous montez dans l'échelle du développement spirituel, plus vous pouvez vous impliquer dans la création de votre plan de vie. Cependant, chaque incarnation devient plus complexe et plus difficile, tout comme un enfant de 12 ans, par rapport à un enfant de 6 ans, a plus de facilité à travailler individuellement sur des projets de plus en plus compliqués.

Le processus d'évaluation entre deux vies

Mes clients me décrivent souvent le cadre céleste et la façon dont leur plan de vie a été créé entre deux incarnations. Imaginez que vous êtes assis aux premières loges et que vous pouvez observer le processus de planification d'une prochaine vie. Voici probablement ce que vous verriez.

Dans le royaume céleste, une rencontre a lieu dans ce qu'on appelle communément « la salle de cinéma ». Dans cette salle sont projetées sur différents écrans les options qui s'offrent à vous en vue de votre prochaine incarnation. Il y a souvent trois ou quatre écrans de ce genre sur lesquels sont représentés des corps et des circonstances diverses. Vous verrez peut-être sur l'un d'eux un scandinave de grande taille quelque peu timide ; sur un autre, une chinoise qui a été maltraitée durant son enfance ; et sur un troisième, une femme blanche de taille moyenne souffrant de paralysie cérébrale. Les guides spirituels sont toujours là pour vous soutenir et vous conseiller au besoin. Moins une âme est évoluée, plus la contribution des guides est importante, et vice versa.

Une rencontre avec un ou plusieurs de vos guides est organisée dans un environnement favorable mais propice à la discussion de choses sérieuses. Ces professeurs et conseillers bienveillants sont là pour vous aider à élaborer le plan de vie de votre incarnation suivante. La discussion s'engage, dirigée par le guide le plus expérimenté, et ensemble vous rédigez le scénario de votre prochaine vie. Vous décidez quels seront vos objectifs afin de progresser en tant qu'âme. Vous décidez quelles seront les occasions de progresser qui se présenteront à vous.

N'oubliez pas que vous êtes aimé, soutenu et guidé en tout temps. Chaque pas que vous faites, chaque décision que vous prenez, est perçu avec un amour inconditionnel, même si votre équipe de soutien vous incitera à l'occasion à affronter des obstacles pour votre évolution. Vous ne vous écartez jamais de votre route. Dans la vie, vous rencontrez plusieurs embranchements qui seront autant de défis à surmonter pour l'évolution de votre âme. Prenez le temps de réfléchir à un ou deux de ces embranchements que vous avez rencontrés au cours de votre vie, où vous avez eu l'occasion de mettre à l'épreuve de façon plus stimulante vos habiletés physiques, mentales et spirituelles. Je me souviens encore très bien du sentiment d'appréhension qui m'a envahie quand j'ai décidé d'abandonner ma pratique de la psychologie traditionnelle pour m'adonner à ma passion : diriger des séances de régression et permettre à mes clients d'embrasser du regard l'ensemble de leurs vies.

Durant la conférence de planification prénatale, vous choisissez des problèmes irrésolus qui découlent de vos vies passées. Dans leur grande sagesse, vos guides évoqueront, par exemple, le souvenir d'une vie que vous avez vécue durant la guerre de Sécession, alors que vous étiez un grand propriétaire terrien. Au cours de cette existence, vous possédiez une famille élargie d'esclaves qui s'occupaient de votre maison, de vos enfants et de vos animaux d'élevage, et l'un de ces esclaves avait sauvé votre enfant de trois ans qui était tombé dans un ruisseau. Rongé par la culpabilité et la honte de ne pas avoir été là pour protéger votre enfant, vous n'avez jamais remercié cet esclave ni même souligné sa bonne action. Cette dette karmique n'a jamais été repayée, et par conséquent un déséquilibre est apparu.

Dans cette étude de cas hypothétique, votre équipe spirituelle pourrait fortement recommander que vous soyez, dans votre plan de vie, la sœur aînée d'une jeune fille (l'âme de l'esclave) souffrant de surdité et ayant un pressant besoin d'amour et de compassion. Cette leçon de vie a pour but d'attendrir votre cœur et de vous amener à prendre soin de votre petite sœur dans l'espoir qu'elle s'ouvrira à vous. Votre orgueil égoïste et votre rigidité vous ont souvent empêché de tisser des liens profonds avec d'autres personnes par le passé. L'âme de votre sœur porte en elle une grande douleur qui a également entaché plusieurs vies. Elle ne vous a jamais pardonné de ne pas l'avoir remerciée ce jour-là. Souvent, dans ses relations avec les autres, votre sœur a fait la sourde oreille, se sentant indigne et ignorée. En étant sœurs, vous pouvez vous débarrasser mutuellement de ce bagage en acceptant ce que vous avez reçu en partage.

De même, au cours d'un certain nombre de vies passées, vous avez évité d'avoir des enfants de crainte de les perdre, émotionnellement ou littéralement. Dans votre vie actuelle, vous ressentez peut-être un intense sentiment d'appréhension quand votre partenaire amoureux exprime le désir d'avoir des enfants avec vous. En découvrant l'origine de cette réticence, un code spirituel s'active de lui-même pour déverrouiller votre « porte d'acier ».

Examinons à présent les circonstances troublantes du passé inscrites dans la mémoire énergétique de notre âme. Nous gardons en nous ces traumatismes et les émotions qui leur sont associées jusqu'à ce que nous soyons prêts à chasser et à éliminer l'énergie coincée dans notre conscience spirituelle.

Mes clients découvrent souvent dans leur passé des événements récurrents, comme, par exemple, d'avoir été abandonnés à plusieurs reprises par un parent, physiquement ou émotionnellement. Par rapport à la codification de nos souvenirs, il se peut que nous nous raccrochions au sentiment de victimisation qui en découle. Si nous parvenons à chasser et à supprimer cette accumulation de douleur et de colère, nous pouvons nous libérer de cette détresse émotionnelle et rééquilibrer l'énergie à l'origine de nos souffrances. Nous permettons ainsi à notre âme d'atteindre les objectifs que nous avons inscrits dans notre plan de vie.

Durant ce processus, rien ne nous empêche d'utiliser notre libre arbitre. Au cours de chaque existence, nous pouvons choisir d'évoluer rapidement ou lentement. Les êtres désincarnés supérieurs qui sont toujours à nos côtés nous laissent entièrement libres de gravir les marches quatre à quatre ou d'y aller lentement et progressivement, une marche à la fois. En tant qu'âmes incarnées, nous nous mettons souvent de la pression inutilement parce que nous avons l'impression de ne pas évoluer assez vite, d'être imparfaits. Nos guides sont plus gentils, tout en nous encourageant à entrer dans le laboratoire de l'apprentissage « à pieds joints ».

Exemple de régression

Votre plan de vie sert à la fois pour le développement de votre âme et pour celui des âmes qui vous entourent. Vous ne venez jamais au monde sans avoir un plan qui vous fera progresser, vous, les autres et l'ensemble de l'humanité. Commencez par réfléchir à qui vous êtes, de façon générale et dans vos plus infimes détails. Lisez et méditez l'expérience de l'une de mes clientes dont la séance de régression vous permettra de mieux comprendre de quoi il s'agit.

Ce premier compte-rendu est celui d'une femme dans la quarantaine que nous appellerons Patricia. Sa régression a mené à la découverte d'une vie indigène très enrichissante et d'une période intermédiaire entre deux incarnations durant laquelle deux guides sont venus discuter avec elle de l'existence d'une puissance supérieure.

Laissez vos pensées et vos émotions s'épanouir librement durant votre lecture, et réfléchissez à votre propre archétype spirituel, à votre plan de vie et à la façon dont vous progressez dans votre vie actuelle. Continuez également de porter attention à tous les événements de votre vie qui pointent dans la direction de ce que vous êtes venu faire et incarner dans ce monde.

<u>*Patricia* : Vie terrestre et puissance supérieure</u>

Je suis dehors par une chaude journée dans mon village. Je suis pieds nus et je porte une jupe tourbillonnante avec des imprimés rouges et noirs. J'ai un haut blanc à col carré qui me laisse les bras et les épaules nus. J'ai environ 11 ans et de longs cheveux noirs emmêlés. Mes yeux et ma peau sont de couleur brune. Je suis plutôt souriante.

Je ramasse de longues branches qui sont tombées des arbres. Elles sont sèches et feuillues, et j'en fais un sentier sur lequel marcher. C'est amusant de faire un sentier jusqu'à ma maison dans le village où je vis. C'est une toute petite maison où je dors, mais je prends mes repas dans une autre maison. J'entre dans ma maison, où ma mère et mes frères et sœurs sont assis eux aussi sur un tapis de feuilles étendues sur le sable.

Nous avons beaucoup de fruits à manger, mais je n'aime pas m'asseoir pour manger. J'ai beaucoup d'énergie. Le vent se met à souffler durant l'après-midi. Tout devient silencieux, et nous nous endormons.

Plus tard, je suis avec mes vieux parents. J'ai maintenant 17 ans, et c'est très agréable de vivre ici. Il y a aussi un homme dont je prends soin. Nous mangeons et buvons dehors, près d'une source d'eau et de quelques palmiers. Il n'y a aucun meuble.

Je suis plus veille à présent, avec deux beaux enfants. Ils dorment à l'ombre des arbres tandis que je chasse les moustiques. Mon mari est à la pêche. Nous mangeons uniquement du poisson et des fruits. Mes parents sont toujours vivants et vivent près de nous. La vie est belle. Mon mari est bon, aimable et calme. J'aime être mère et préparer notre nourriture. Nous n'avons pas de livres.

C'est à présent la dernière journée de ma vie, et je suis couchée dans ma maison. Je suis très vieille. Mon mari est mort. Mes enfants et mes petits-enfants sont là, assis à l'extérieur. D'autres personnes viennent parler à ma famille. Tout cela est normal et naturel. J'ai élevé mes enfants et je leur ai enseigné tout ce que je savais. Nous n'avons pas de livres. Nous fabriquons des choses en bois, avec des fleurs et des ossements.

Je suis morte et je flotte au-dessus des arbres. Je vois l'océan Pacifique. Les couleurs de la nature autour de moi auront été l'une des grandes joies de ma vie. Éclatantes, lumineuses et magnifiques. L'autre grande joie aura été ma famille.

Je m'éloigne de la terre. Tandis que je m'élève dans les airs, l'espace autour de moi devient plus léger. Deux hommes se tiennent devant moi. Ils portent la barbe et ont les yeux bleus. Celui qui est le plus près de moi porte une robe de satin bleu. L'autre porte une robe blanche. L'homme à la robe bleue me dit : « Je suis là pour toi. » Il m'entraîne vers un édifice surmonté d'un dôme en verre et d'une boule en or. Nous entrons et nous nous assoyons. Il me tient par la main. Il me montre un grand mât au sommet duquel se trouve une boule bleue pour me faire comprendre qu'il y a toujours une puissance supérieure au-dessus de nous.

Nous sommes entrés dans cet édifice pour sentir la puissance de tout ce qui est. Je sens ma poitrine se dilater, et cela m'indique que je ressens le pouvoir du divin. Je suis venue ici pour nourrir mon âme. L'humidité des lieux rend mon âme plus souple et plus absorbante afin de recueillir en moi cette puissance.

Je suis avec mon guide supérieur, qui me rappelle qu'il est toujours avec moi. Je n'oublierai jamais ses yeux bleus, aimants, compatissants et protecteurs. Il me rappelle de ne jamais oublier que je m'élève de plus en plus haut en tant qu'âme. Tout est bien.

La régression de Patricia est un exemple frappant des progrès importants que peut accomplir notre âme au cours d'une vie axée sur la nature, la simplicité et la famille. Notre ego terrestre présume trop souvent que nous devons réussir dans une carrière socialement valorisée pour progresser en tant qu'âmes. La présence, l'amour et le soutien constants de nos guides sont également soulignés dans cette régression.

Le code mémoriel de l'âme

Avant que Patricia ne refasse l'expérience de cette vie passée au sein d'une culture indigène, je l'ai guidée vers le moment qui a précédé sa naissance en cette vie alors qu'elle se trouvait encore dans le ventre de sa mère. Elle a décrit avoir un corps faible et malingre qui lui poserait certaines difficultés qu'elle allait devoir surmonter durant son incarnation. Néanmoins, le fait d'avoir une « bonne tête » et l'intégration en douceur de son énergie spirituelle avec son corps lui permettraient de bien se débrouiller. Ses parents affectueux en cette vie resteraient à ses côtés.

Comprendre ce qui s'est passé dans le ventre de la mère avant la naissance est souvent d'une grande importance pour le client, non seulement pour ce qui a trait à son corps et aux capacités qu'il a choisi de lui donner avant la naissance, mais également pour comprendre sa vie actuelle d'une manière tout à fait inédite. Le fait de découvrir si le patient était empressé ou non de se réincarner nous ouvre souvent une fenêtre sur son approche de la vie. Il peut prendre conscience de l'existence d'une relation avec sa mère inscrite dans son plan de vie, pour le meilleur et pour le pire, avant sa naissance. Certains découvrent avoir ressenti l'amour de leur mère alors qu'ils étaient encore dans son ventre, un amour qu'ils n'ont jamais ressenti dans leur vie actuelle. Les émotions ressenties par notre mère durant la grossesse ont un effet crucial sur notre façon de voir la vie. La régression spirituelle permet de révéler si nous sommes ou non à l'aise avec l'âme qui nous a donné naissance et de corriger cette perception si nécessaire. De plus, le temps que vous avez passé dans le ventre de votre mère peut jeter un nouvel éclairage sur votre code mémoriel qui englobe les problèmes irrésolus et de tout ordre de vos vies passées, tels qu'une réticence à vous incarner à nouveau.

Le code mémoriel de votre âme est un entrepôt énergétique que vous portez en vous et qui garde l'empreinte des expériences que vous avez vécues durant chacune de vos vies antérieures. Au fond, vous êtes le produit de vos expériences de vie les plus importantes. Chaque expérience vous définit d'une multitude de façons :

- Les vies vécues en tant qu'homme par rapport à celles vécues en tant que femme (ratio pour l'un et l'autre sexe)

- Les vies vécues dans la pauvreté par rapport à celles vécues au sein de l'aristocratie ou d'une classe privilégiée
- Les vies vécues en tant que membre du clergé
- Les vies vécues principalement à deux endroits différents, sous des climats différents
- Les vies au cours desquelles vous êtes mort jeune
- Les vies durant lesquelles vous n'avez pas eu de partenaire amoureux

Les problèmes irrésolus provenant d'une ou plusieurs vies antérieures qui sont emmagasinés dans votre code mémoriel peuvent causer de l'anxiété, de l'évitement, des symptômes physiques, et pis encore. Par exemple, j'ai travaillé avec de nombreux clients qui sont réticents à s'engager dans une relation amoureuse ou qui préfèrent carrément rester seuls. Durant leurs séances de régression, ils décrivent souvent des événements traumatisants tels que la mort d'une épouse ou leur propre mort dans la fleur de l'âge, laissant derrière un partenaire pour s'occuper de plusieurs enfants. Le code mémoriel de l'âme contient des résidus énergétiques, émotionnels et physiques de nos vies antérieures qui peuvent nous empêcher de prendre des décisions éclairées dans notre vie actuelle.

De même, la découverte de ce que vous avez été durant vos vies antérieures peut vous aider à donner un bon coup de balai. Autrement dit, le fait de vous libérer d'un événement passé qui représentait un obstacle dans votre vie actuelle peut vous procurer un sentiment de liberté et d'ouverture comme vous n'en avez jamais ressenti. Il vous sera ensuite beaucoup plus facile de vivre conformément à votre plan de vie.

Il arrive souvent que notre vie actuelle soit limitée par des événements s'étant déroulés au cours de vies successives. Nous avons alors tendance d'une vie à l'autre à porter des jugements erronés sur nos propres aptitudes ou sur la façon dont les autres nous traitent. Vous avez peut-être vécu, il y a 15 siècles, une vie qui permettrait d'expliquer les raisons pour lesquelles vous avez aujourd'hui des croyances que vous hésitez à examiner, même si elles vous semblent énigmatiques ou contreproductives. Peut-être que vos idées étaient trop avant-gardistes pour les gens de cette époque. Aujourd'hui, il vous répugne peut-être de dire tout haut ce qui vous importe vraiment, de peur d'être à nouveau ostracisé. Voyez quelles sont vos appréhensions qui pourraient être liées à des expériences antérieures.

Votre mission spirituelle et les sept archétypes

Deux traditions énergiques et respectées sont à l'origine des sept archétypes, ou styles de caractère, qui définissent la mission centrale de votre âme. La théosophie et les enseignements de Michaël décrivent tous deux un ensemble de sept rôles que nous pouvons jouer pour mettre en lumière la mission ou l'intention prépondérante de notre âme. Ces archétypes peuvent également vous aider à découvrir le thème central de votre propre conception spirituelle.

La théosophie, qui signifie littéralement « sagesse de Dieu », présente une conception métaphysique de la façon dont les royaumes supérieurs créent de l'ordre. Elle explique l'origine même de notre existence tandis que nous gravissons l'échelle du développement spirituel. (Alice A. Bailey a commencé à publier des ouvrages importants sur la théosophie en 1919.) Les enseignements de Michaël fournissent une structure et une compréhension de l'Univers et de l'évolution éternelle des âmes. (Vous trouverez une description des enseignements de Michaël dans les nombreux livres de José Stevens.) Ces deux cadres cosmologiques s'appuient sur du matériel respecté ayant été canalisé sur une période de plus de 150 ans et portant principalement sur la science, l'art et les mystères de l'évolution de l'âme.

Ces deux approches décrivent les mêmes sept possibilités de missions que votre âme peut entreprendre comme étant l'élément essentiel de qui vous êtes et de ce que vous êtes. Au chapitre 6, vous pourrez essayer chacune de ces sept options expliquées en détail pour commencer à réfléchir à qui vous êtes fondamentalement. Vous contemplerez et passerez en revue chacun de ces sept rôles tout en écoutant attentivement votre moi intérieur. La découverte et l'acception de votre style d'âme vous permettra de poursuivre le processus de guérison de votre âme durant toutes vos prochaines vies.

En résumé

Votre âme éternelle brille d'un éclat magnifique, portant en elle le pouvoir de la lumière de la conscience divine. En tant qu'âmes, nous entrons dans un corps humain à la naissance, puis nous quittons ce corps le jour de notre mort pour poursuivre notre voyage sans fin de la densité vers la lumière. Votre âme évolue chaque fois qu'elle surmonte un défi en cette vie. À votre mort, entre deux vies, l'énergie spirituelle qui animait votre corps retourne dans le monde de l'Esprit pour reconstituer l'intégrité de votre âme, cet élément que nous appelons le moi supérieur ou la supraconscience.

Votre âme, comme toutes les âmes, est définie par un rôle principal qui demeure toujours le même durant toutes vos incarnations. Autrement dit, ce que vous êtes fondamentalement est différent des capacités et des intérêts qui sont les vôtres dans le monde et de la façon dont vous interagissez avec lui. Votre rôle en tant qu'âme demeure la caractéristique prédominante de ce que vous êtes (ou de votre archétype), de ce qui s'incarne d'une vie à l'autre, sans jamais changer.

Nous partageons un pouvoir et une beauté quand nous saisissons et acceptons qui nous sommes au plus profond de nous-mêmes. Malheureusement, notre culture mondiale cherche plutôt à nous dénigrer en présentant comme une pathologie ou une anomalie notre nature profonde si ce que nous sommes ne correspond pas exactement à un paradigme donné. Au contraire, ce que vous êtes au plus profond de vous-même est ce qui donne un sens à votre vie et à votre mission. Des fenêtres s'ouvrent chaque jour pour vous donner l'occasion d'être l'âme unique que vous êtes et pour permettre à votre éclat de briller et de soutenir ceux qui cherchent également à avancer. Pendant que vous m'accompagnerez à travers les pages de ce livre, la mission de votre âme vous apparaîtra plus clairement.

À présent, ouvrez votre journal, car vous aurez l'occasion de répondre à des questions à la fin de chaque chapitre. Ou peut-être avez-vous déjà commencé à prendre des notes personnelles au fil de votre lecture.

Demandez-vous :

1. **Ai-je vécu cette semaine une expérience qui m'a fait comprendre que je devais franchir une nouvelle étape pour aller de l'avant avec l'évolution de mon âme?** Ai-je hésité à accepter une invitation lancée par un ami ou un parent? Ai-je eu l'occasion d'accepter un nouvel emploi inusité, de nouvelles responsabilités?

2. **Quel événement, sur le plan national ou international, m'a fait comprendre que l'égalité de tous n'a pas encore été atteinte dans le monde?**

3. **À quel âge ai-je commencé à soupçonner que j'avais déjà vécu d'autres vies auparavant?** C'est une occasion en or de vous rappeler l'instant où cette fenêtre donnant sur votre âme s'est ouverte pour la première fois au cours de cette vie.

Chapitre 2

L'ascension de l'âme pour vous et l'humanité

> « Nous tenons pour évidentes les vérités suivantes : tous les hommes sont créés égaux ; ils sont dotés par le Créateur de certains droits inaliénables ; parmi ces droits se trouvent la vie, la liberté et la recherche du bonheur. »
>
> — Déclaration d'indépendance, 4 juillet 1776

Une planète sacrée

Une planète sacrée est consacrée à l'unité, à la solidarité, à l'amour et à la paix. L'unité signifie que toutes les personnes sont appréciées et traitées en conséquence. Le respect de tous les êtres et leur égalité sont des principes primordiaux sur une planète sacrée.

La population de la terre ne se comporte pas encore de façon pleinement égalitaire ; c'est pourquoi notre planète ne mérite pas encore le titre de « planète sacrée ». Les nouvelles internationales reflètent chaque jour l'existence d'un écart entre les pays et les différentes régions d'un même pays pour ce qui est d'accepter les autres et d'avoir de la compassion pour tous. Mes clients me disent durant leur régression : « Il est important de voir le lien qui unit toute la matière vivante sur la planète Terre ; et ce lien est de nature énergétique. » Cela signifie que les humains et les membres du règne végétal, minéral et animal sont de la matière vivante. Étant donné que la majorité de la population est convaincue que notre planète n'a pas besoin d'aide et peut subvenir à ses propres besoins, cette attitude nous amène à surconsommer, à polluer et à détruire. Quand nous respectons et prenons soin de tous les organismes vivants, alors nous traitons tous les êtes avec impartialité.

De concert avec vos guides, un accord prénatal est conclu qui donne forme à votre vie actuelle. La prémisse de notre intention est que l'évolution de notre âme individuelle contribuera directement à l'élévation de l'humanité dans son ensemble et à un plus grand respect de chacun. Autrement dit, quand votre vie quotidienne inclut un engagement constant pour découvrir vos intentions spirituelles et y adhérer, vous mettez en lumière votre rôle en tant que composante essentielle de l'humanité.

Les 12 éléments de l'évolution spirituelle

Voyez à présent la façon dont vous pouvez intégrer les 12 éléments qui orientent l'évolution de l'âme et qui sont présentés en détail, chapitre par chapitre, dans ce livre. Tous les éléments sont d'importance égale dans le processus de guérison de l'âme menant aux plus hauts niveaux d'illumination. Chacun d'eux peut être défini brièvement par un mot ou une phrase :

- Intuition
- Évolution de l'âme d'une vie à l'autre
- Guidance supérieure
- Les sept archétypes de l'âme
- Plan prénatal
- Évoluer au sein d'une relation
- Réincarnation simultanée après une scission de l'âme
- La vie sur Terre et dans les autres dimensions
- Apprendre en tissant et en détissant des liens
- Choisir son sexe, sa couleur de peau et sa sexualité
- Prendre soin de son corps, de son intellect et de son esprit
- S'engager à faire le saut ici et maintenant

INTUITION

Intuition est parfois synonyme de *clairvoyance*, au sens de posséder une « vision claire » de ce qui se trouve au-delà de votre environnement immédiat, sans avoir recours à vos cinq sens. Nous utilisons aussi l'expression « perception extrasensorielle » ou PES. Vous avez certainement fait l'expérience d'une PES puisque vous êtes intuitif. Il suffit pour confirmer ce trait de vous exercer et d'avoir confiance. Notre cerveau, cette impeccable création de la nature, est capable de recevoir et de transmettre des messages d'esprit à esprit.

Nous pouvons également découvrir les détails essentiels de nos vies antérieures ou le contenu de notre plan prénatal, ou même communiquer avec des êtres chers ou nos guides spirituels, en nous servant de nos récepteurs intuitifs divinement inspirés. Votre capacité intuitive vous sera très utile durant une régression ou quand vous utiliserez une pratique spirituelle pour mettre à jour les éléments de vos vies antérieures dont vous devriez vous débarrasser.

Nous disons : « Sers-toi de ton troisième œil » ou « Utilise ton sixième sens ». C'est une erreur de penser que notre sixième sens fonctionne indépendamment de nos cinq autres capacités à goûter, toucher, entendre, voir et sentir ce qui se trouve dans notre environnement immédiat. Grâce à nos aptitudes intuitives, qui incluent la vision, l'audition, l'olfaction, la sensation (émotion/toucher), la cognition et la gustation intuitive, nous découvrons que nos sens intuitifs peuvent être activés par des souvenirs provenant d'une vie antérieure, tels que l'odeur du foin dans un chariot ou celle du cigare que fumait l'oncle Norman, mort il y a plus de 35 ans. Par sixième sens, nous entendons simplement le fait que nous possédons des récepteurs capables de capter de l'information par-delà le temps et l'espace.

Le chapitre 3 fournit une analyse en profondeur de ce que vous devez faire pour accepter, respecter et renforcer le muscle de votre conscience perceptive sous l'impulsion de vos guides spirituels et du plus haut savoir de votre âme. Suivre notre intuition, tout comme prendre des décisions et des mesures pour avancer dans notre vie quotidienne, nous place dans l'alignement des intentions de notre âme progressiste.

ÉVOLUTION DE L'ÂME D'UNE VIE À L'AUTRE

Cette affirmation audacieuse mais pertinente explique tout simplement ce qu'est la vie : vous êtes venu au monde pour poursuivre résolument l'évolution inexorable de votre âme. Les expériences éclairantes, telles que l'acceptation sereine du décès d'un parent bien-aimé de 42 ans, mènent à un degré de sagesse qui nous donnera plus tard l'occasion de devenir guide spirituel. Vous et moi avançons en tant qu'âme individuelle et en tant que collectif d'âmes, appelé humanité, quand nous vivons notre vie de façon délibérée et orientée. (Les lectures médiumniques du regretté spécialiste de la canalisation et de la réincarnation, Edgar Cayce, décrivent les gens dans cet état d'esprit comme ayant un idéal.) Prenez ce qui vient d'être dit au sens strict, et votre cœur et votre esprit saisiront plus facilement le «pourquoi» de la vie.

Le chapitre 4 porte sur le cœur de la méta-sagesse vers lequel pointent les événements de notre vie quotidienne, ainsi que nos intuitions, tandis que nous gravissons l'échelle de l'ascension de l'âme. Votre voie spirituelle deviendra beaucoup plus évidente si vous êtes à l'écoute de ce qui se passe quotidiennement dans votre vie, qu'il s'agisse de petites ou de grandes choses. Au début de 2006, mes pensées m'ont dit qu'il était temps d'écrire mon premier livre, et c'est ce que j'ai fait. En octobre 2006, j'ai reçu un courriel non sollicité d'un éditeur réputé me demandant si j'avais déjà songé à écrire un livre. La naissance tangible de *Bringing Your Soul to Light* s'est produite en 2009.

Imaginez le voyage de votre âme comme si vous aviez un appareil photo doté de trois lentilles. La première lentille capte de façon rétrospective vos vies antérieures les plus importantes. Le viseur de la lentille du milieu vous montre exactement ce qui se passe présentement dans votre vie. Vous avez une troisième lentille dont la principale caractéristique est la flexibilité. Les événements de notre vie actuelle se déroulent en un lieu où s'entremêlent l'histoire de nos vies antérieures avec les éléments karmiques que nous devons rééquilibrer, le plan prénatal que nous avons signé et les choix que nous faisons librement tous les jours. Cette riche tapisserie illumine la lentille qui nous laisse entrevoir ce qui nous attend en cette vie et quels seront nos options lors de notre prochaine incarnation. Mon premier message est que nous avons tous le pouvoir d'influencer ce qui se produit dès maintenant.

Voici l'explication qu'en donne une cliente :

On me dit que ma décision de prendre soin de ma mère de 92 ans et de l'accompagner jusqu'à la fin de sa vie est pour l'évolution de nos deux âmes. Au cours d'une vie passée, elle était la fille de 10 ans que j'ai abandonnée en mourant de chagrin après que mon mari, son père, m'eut quittée. Nous rééquilibrons à présent les vestiges karmiques de cette incarnation antérieure en mettant fin au conflit qui nous a opposées dans notre vie actuelle. Je me suis portée volontaire pour prendre soin sereinement de ma mère, et elle est ouverte à ce que je m'occupe d'elle.

Au cours de chaque vie, nous rencontrons des occasions de nous amender. Ce qui advient de notre avenir est intrinsèquement lié à notre capacité à prendre conscience du passé pour guérir dans le présent et poursuivre avec assurance notre ascension constante vers une plus grande sagesse dans le cours de notre évolution spirituelle.

GUIDANCE SUPÉRIEURE

Tout comme un nouveau-né dépend des soins qui lui seront prodigués par un ou plusieurs adultes, un nouveau fragment spirituel de l'énergie divine a besoin d'être pris en charge et préparé dans le royaume céleste avant de s'incarner. Les âmes plus expérimentées qui acceptent le rôle de guides ont des habiletés et des attributions uniques dans le royaume spirituel, comme travailler à l'éducation des âmes avant leur incarnation. Entreprendre une première vie sur Terre est plutôt difficile, dans le meilleur des cas. L'enfant humain doit franchir plusieurs étapes avant d'être prêt à commencer sa scolarité et à laisser ses parents à la porte de l'école. De même, les nouvelles âmes, avant de s'incarner, sont soutenues et formées à la maîtrise des éléments complexes qu'implique le fait de fonctionner à l'intérieur d'un corps.

Ici, un client décrit le travail qui est fait à la « garderie des âmes » :

À la garderie des âmes, je travaille à la préparation des nouvelles âmes qui ne se sont encore jamais incarnées sur Terre. Tout d'abord, la nouvelle âme rencontre et apprend à connaître son premier guide spirituel. On me dit que les âmes comme moi qui travaillent à la garderie continuent de s'incarner, mais se portent volontaires, entre deux vies, pour aider à la préparation de ces nouvelles âmes.

J'aide à informer ces nouvelles âmes des choix qu'elles devront faire durant la planification de leur première vie sur Terre : des décisions touchant la structure de leur corps, l'endroit où elles vivront, leurs parents, et plus encore. De plus, je leur parle de l'importance d'avoir des objectifs réalistes durant leurs premières vies. Durant ces premières incarnations, leur rôle n'est pas d'être au service des autres. Leur âme n'a pas encore l'expérience nécessaire pour cela. Il est plutôt question dans leurs plans prénataux de survivre, de socialiser et de communiquer avec les autres. Je donne des cours aux nouvelles âmes sur les réalités terrestres, sur l'environnement, et sur les règnes animal, minéral et végétal. Ces jeunes âmes suivent également des cours de géographie, de sociologie et de physiologie. Essentiellement, le rôle de la garderie est de les préparer le mieux possible afin qu'elles soient capables de survivre en tant qu'âmes dans un nouveau corps sur la Terre. J'aime beaucoup mon travail à la garderie.

L'attribution d'un guide à chaque nouvelle âme est le résultat d'une décision prise par des guides expérimentés qui coordonnent les activités du royaume spirituel. Il est important que nous sachions tous que nous ne sommes jamais seuls, car notre guide principal est toujours à nos côtés. Pensez à votre guide comme à un professeur resplendissant de santé qui vous aime, qui vous pousse à apprendre et qui ne s'intéresse qu'à vos progrès.

Le chapitre 5 décrit en détail ce qu'il faut faire pour devenir guide spirituel. Ce chapitre aborde également la composition du royaume spirituel pour expliquer les différents niveaux d'accompagnement. Certains seront étonnés d'apprendre que le royaume spirituel ressemble au gouvernement d'une démocratie, où ordre et structure sont nécessaires pour que les processus décisionnels se passent le mieux possible. Vous trouverez des conseils pour prendre conscience des messages que vous envoie votre guide aux chapitres 3, 4 et 5.

Les sept archétypes de l'âme

Avant de planifier votre vie sur Terre, votre guide spirituel vous aide à choisir une signature spirituelle, l'archétype de votre âme qui demeurera toujours le même durant toutes vos incarnations. Il doit y avoir un équilibre entre ces sept styles d'énergie spirituelle sur la Terre. Votre guide spirituel vous conseillera au moment de prendre cette décision.

Les sept énergies sont toutes égales entre elles. Idéalement, au sein d'une famille, chacun joue un rôle différent mais important pour créer un équilibre productif. Quand deux personnes tentent de jouer le même rôle, cela peut devenir une source de conflits. Tout d'abord, quelqu'un doit jouer ce qui est probablement l'un des rôles les plus difficiles qui soient, celui de mener la charge au nom du progrès en proposant de nouvelles idées si nécessaire. Souvent, cet « agent du changement » est impopulaire, mais essentiel. Ce pouvoir essentiel et intense, nous l'appellerons « rayon un ». Deux autres rôles sont nécessaires pour solidifier la présentation de nouvelles idées. Le premier est celui du professeur philosophe et amoureux de la sagesse qui met en garde le meneur d'hommes en lui rappelant qu'il est essentiel de présenter ses idées de façon appropriée pour obtenir l'assentiment des autres. Pour compléter cette triade responsable de la coordination du progrès, nous avons l'individu cultivé qui rassemble toutes les informations pour en faire un nouveau paradigme. Quatre autres formes d'énergie sont essentielles, car nous avons aussi besoin d'harmonie, de stratégie et de soins. Finalement, ce que plusieurs nomment la « flamme violette » tient le rôle du sage alchimiste qui transforme ce contenant septénaire de pouvoir divin pour n'en faire qu'un seul.

Le chapitre 6 élucide le mystère de la beauté et de la mission de votre archétype par l'étude de vos vies antérieures et la direction sous-jacente de chacune de vos vies. Aux quatre rôles associés au changement, à la philosophie, à la stratégie et aux soins physiques et émotionnels s'ajoutent trois autres rôles associés à l'intelligence créative, à la beauté et à l'harmonie, et au mélange alchimiste de tous les éléments.

Si nous conservons toujours le même archétype spirituel, nous choisissons au début de chaque vie un archétype différent qui nous servira de personnalité durant cette incarnation. Finalement, nous devons établir un équilibre entre ces sept énergies en nous incarnant à plusieurs reprises avant de pouvoir devenir guide spirituel.

PLAN PRÉNATAL

Voici le récit d'une cliente dans la cinquantaine, récemment devenue veuve, qui a découvert durant une régression hypnotique une vie antérieure en Mésopotamie au sein d'une famille régnante et qui a réussi à laisser la scène de sa mort derrière elle :

Mon mari, le souverain de la Mésopotamie, était toujours absent, et je devais m'occuper de tout. Aujourd'hui, je ne vis plus au sein d'une famille régnante. Cette époque est révolue. Je n'ai plus à faire autant d'efforts pour prendre soin de nos enfants et des autres membres de notre famille. L'important dans notre famille était de demeurer uni.

Cette cliente, que nous appellerons Adélaïde, et son mari étaient deux musiciens de haut niveau. Elle souffre terriblement depuis que son mari bien-aimé, dont les œuvres sont connues internationalement, est mort des suites d'une maladie grave. Adélaïde a laissé de côté sa propre créativité pendant plusieurs années pour élever leurs enfants tandis que son mari voyageait un peu partout dans le monde.

Les liens entre le plan prénatal d'Adélaïde et celui de son mari ont été mis en lumière durant sa régression hypnotique. Laissant derrière elle cette vie antérieure pour retourner dans le royaume spirituel, Adélaïde rencontre son guide spirituel qui lui explique :

Toutes les choses auxquelles tu accordes de l'importance sur Terre n'ont en fait aucune importance. Tu t'agites beaucoup pour rien. Ce qui est important, c'est la conscience et l'amour. Tant de gens sur Terre sont rongés par la peur et l'inquiétude. Ton mari était si préoccupé par le temps et ses réalisations. À la fin de sa vie, à cause de sa maladie, il ne pouvait plus s'inquiéter du temps ni de son travail. C'est à ce moment-là qu'il a découvert le véritable sens de l'amour : l'amour de son épouse et l'amour de sa famille.

Tout le monde peut choisir son destin. Ton mari devait quitter son corps pour apprendre que l'amour est plus important que la réussite. Il n'a pas vu ses enfants grandir pendant de nombreuses années. À présent, tu dois redevenir entière. Tu vas faire travailler tes mains pour pousser plus loin tes habiletés musicales en jouant et en composant. Tu as utilisé tes mains uniquement dans le cadre de tes responsabilités domestiques. Ton mari est devenu célèbre durant la première moitié de votre vie à deux. C'est à ton tour de briller grâce aux dons que tu possèdes.

Ne te laisse pas ralentir par le doute. Tes enfants sont grands maintenant, et tu peux te concentrer sur ton travail. Tu continueras à être proche de tes enfants, et ta famille restera unie. L'âme de ton défunt mari sera ton professeur.

Le chapitre 7 vous invite à saisir la façon dont votre plan de vie prénatal entremêle des éléments issus de vos vies antérieures avec vos intentions actuelles pour répondre à votre besoin d'apprendre. Encore et encore, l'évolution de notre âme passe par nos relations avec les autres, qui sont souvent des âmes que nous avons connues au cours d'incarnations passées. Nos plus grands défis et nos plus grandes joies participent à l'évolution de notre âme. Notre voie spirituelle nous amène à nous concentrer de moins en moins sur le « moi » pour développer un sentiment d'humilité et mieux comprendre les besoins de l'humanité. Chacune de nos vies a été planifiée à l'aide de nos guides spirituels avant notre naissance. Nous pouvons ensuite décider de suivre et de bonifier notre plan ou de le laisser de côté pour vivre une vie plus égoïste. C'est à nous de décider.

ÉVOLUER AU SEIN D'UNE RELATION

Le chapitre 8 est un affluent se jetant dans la grande rivière décrite au chapitre 7. Notre plan de vie prénatal guide la rivière de l'avancement de notre âme tout en mettant en lumière les choix généraux que nous avons faits touchant notre corps, notre santé, notre intelligence, nos relations, et plus encore. L'affluent qui correspond à nos relations avec les autres est le lieu où se rencontrent les eaux de surface et les eaux profondes pour élargir le courant des connaissances charriées par la rivière jusque dans l'océan de l'évolution de l'âme. En 1943, Abraham Maslow a proposé une hiérarchie des besoins menant à l'accomplissement de soi. Le paradigme de Maslow, adapté à un contexte spirituel, représente ce qui est nécessaire à l'avancement de notre âme tel qu'expliqué au chapitre 4. L'un des quatre éléments nécessaires selon Maslow est le sentiment d'être aimé et de faire partie d'un groupe, ou d'avoir des relations avec les autres.

Prenez le temps de réfléchir aux personnes, s'il y en a, qui ont accepté d'être un authentique partenaire durant votre voyage sur la Terre. Un authentique partenaire est quelqu'un — un conjoint, un frère, un enfant ou n'importe qui — surveillant vos arrières en tout temps. Votre partenaire est également celui qui vous tend un miroir avec amour, éclairant aussi bien votre beauté que vos défauts. Et cela est tout aussi important. Vous pouvez faire confiance à cette personne, car vous savez qu'elle est honnête et toujours prête à vous offrir un soutien indéfectible.

Ici, une femme dans la quarantaine vivant le deuil de son fils adulte apprend qu'il y a depuis longtemps un lien entre son âme et celle de son fils :

Dans cette tribu, mon mari est le chef. [Linda Backman lui demande si l'âme de son mari est celle d'une personne qu'elle a connue au cours de sa vie actuelle.] L'âme du chef est celle de mon fils qui est mort récemment. J'aimais beaucoup mon mari. Il y avait un fort sentiment d'amour entre nous. Mon mari n'a jamais négligé son devoir de chef, et néanmoins il était toujours là pour nos enfants et moi.

Je sais que j'ai partagé plusieurs vies avec cette âme, qui a été celle de mon fils dans ma vie actuelle. À présent je comprends l'intensité de mon chagrin et la raison pour laquelle je sens constamment la présence de mon fils autour de moi. Nous ne serons jamais vraiment séparés.

Nous sommes tous liés à au moins une autre âme avec laquelle nous avons partagé plusieurs vies. Souvent, cette âme partage notre vie en étant ce que l'on pourrait appeler notre «partenaire significatif». À l'occasion, notre partenaire peut mourir ou, pour diverses raisons, notre relation peut prendre fin. La plupart du temps, une autre personne se présente pour jouer le rôle de ce partenaire responsable qui nous aidera durant notre voyage en cours.

Réincarnation simultanée après une scission de l'âme

Tous nos plans de vie prénataux sont élaborés en fonction des différents choix qui s'entremêleront pour former un tout dans le cours de notre prochaine vie. L'une de ces décisions porte sur le pourcentage fixe d'énergie spirituelle que nous infuserons dans notre corps à sa naissance. Voici comment cela fonctionne : avant notre naissance, avec l'aide et le soutien de nos guides, nous décidons quelle proportion de notre énergie spirituelle nous permettra de survivre et de vivre. Cette répartition dépend en grande partie des objectifs que nous nous sommes fixés et de notre niveau actuel de développement. Le pourcentage restant d'énergie spirituelle qui demeure dans le monde de l'esprit, et qui n'est pas infusée dans notre corps, est appelé « moi supérieur » ou « supraconscience ».

Le chapitre 9 présente un autre élément énergétique auquel nous devons songer avant chaque vie. En tant qu'âme, sommes-nous capables de gérer simultanément plus d'une existence à la fois dans un dessein important ? Même si cela n'arrive pas souvent, une âme très expérimentée peut diviser son énergie et s'incarner dans deux corps en même temps. Les vies de ces deux personnes, ou de ces deux aspects de la même âme, peuvent-se chevaucher brièvement ou presque parfaitement.

Pensez à l'acrobate de cirque qui fait le tour de la piste debout sur le dos de deux chevaux. Tenant avec soin la bride de chaque cheval, l'amuseur doit veiller à maintenir son équilibre en tout temps. Le cavalier doit s'entraîner de longues heures, tout comme l'âme qui souhaite un jour réussir l'exploit de s'incarner dans plus d'un corps à la fois. En choisissant de vivre plus d'une vie simultanément, ce que l'on appelle une « incarnation scindée », nous pouvons atteindre un objectif double : contribuer à l'avancement de notre âme et à celui de l'humanité.

LA VIE SUR TERRE ET DANS LES AUTRES DIMENSIONS

Le chapitre 10 pourrait surprendre ceux qui croient que la vie existe uniquement sur Terre, alors que les autres lecteurs découvriront par écrit la preuve de ce dont ils sont convaincus depuis longtemps. Voici comment un client, que nous appellerons Dean, décrit son expérience de régression :

Entre mes vies, je vais à un endroit dans le royaume spirituel où nous nous ressemblons tous ; nous avons tous la même nationalité. D'où nous venons, nous n'en parlons pas ; nous comprenons simplement ce que les autres essaient de nous communiquer. Nous sommes d'un naturel très calme. La forme de ma tête est différente à mon port d'attache.

Nous avons décidé de nous disperser et d'aller à différents endroits durant notre vie sur Terre. J'ai un mari dans le monde d'où je viens. Il veut s'incarner avec moi, mais il ne peut pas entrer dans un corps car il est essentiellement composé de lumière, et les corps terrestres sont trop denses pour le contenir.

Je devais m'incarner sur Terre afin de vivre l'expérience de la douleur et du bonheur. J'apporte également avec moi mon savoir spirituel sur la Terre pour aider les autres à comprendre qu'ils sont dans un corps pour des raisons très importantes.

Il serait plutôt égoïste de notre part de croire que la vie n'existe nulle part ailleurs que sur la Terre. Songez à la possibilité que la tendance à situer de plus en plus d'enfants et d'adultes sur le spectre de l'autisme puisse être expliquée par la venue sur Terre d'âmes dotées d'habiletés et de talents spéciaux qu'elles ont acquis ailleurs. En même temps, ces âmes expérimentées venant d'autres planètes ont de la difficulté à s'adapter à leur environnement quotidien sur la Terre et présentent des traits uniques sur les plans social, communicationnel et cognitif.

Apprendre en tissant et en détissant des liens

Nous ne pouvons pas progresser et continuer à évoluer en tant qu'âme sans accepter les hauts et les bas de la vie quotidienne. Il est au contraire essentiel pour l'engagement inné de notre âme à poursuivre l'expansion de sa sagesse de laisser derrière les vicissitudes de la vie incarnée. Tout comme nous tissons des liens avec ceux qui nous sont chers, nous devons apprendre à nous détacher de leur moi terrestre après la mort de leur corps physique.

Le concept d'attachement-détachement nous oblige d'abord à saisir ce dont nous devons nous détourner. Pour faire l'expérience d'une absence de douleur, nous devons vivre des moments douloureux. Prenez le temps de vous rappeler une période de votre vie où vous avez fortement espéré que les choses tourneraient d'une certaine façon, mais en vain. Maintenant, pensez au bon côté de ce triste événement que vous venez d'évoquer. Quel bienfait avez-vous retiré de ces circonstances initialement décevantes et douloureuses ?

Les vies antérieures que nous découvrons se présentent sous différentes formes. Pour simplifier, les clients qui participent à des séances de régression se raccrochent en général à deux types de vies antérieures : celles qui ont été tout particulièrement difficiles et parsemées de ce que les humains appellent traumatismes, et celles durant lesquelles ils se sont épanouis. À l'occasion, nos guides nous rappellent l'importance d'accepter le fait d'avoir vécu des expériences qui ne se renouvelleront peut-être pas au cours de notre vie actuelle, que ce soit avoir des enfants, une vie amoureuse satisfaisante, une grande sécurité financière, une bonne santé, et ainsi de suite. En accueillant ce que nous avons accompli au cours de nos incarnations précédentes, nous sommes amenés à ne plus nous juger aussi sévèrement dans notre vie actuelle.

Le chapitre 11 vous invite à prendre conscience que chacune de vos vies antérieures ainsi que chaque événement notable de votre vie actuelle ont été voulus par vos guides pour vous servir de prise durant votre ascension spirituelle. À l'occasion, nous posons le pied sur du solide, sur des expériences marquantes qui nous ont amenés à accepter les talents et les événements heureux dont nous avons joui par le passé. Dans d'autres circonstances, nous devons reconnaître avoir été influencés de plusieurs façons par un événement difficile. L'étape suivante consiste à supprimer ces traumatismes et à soigner nos blessures. Le code mémoriel de notre âme porte en lui l'empreinte du passé, mais notre moi humain n'a pas à désespérer de ce qui lui est déjà arrivé.

Choisir son sexe, sa couleur de peau et sa sexualité

Pour contribuer à l'évolution de notre âme, à l'évolution de celle des autres et à l'évolution de l'humanité dans son ensemble, nous choisissons à l'avance notre sexe, la couleur de notre peau, notre sexualité et d'autres caractéristiques pertinentes en vue de notre prochaine vie. Toutes les composantes essentielles de notre incarnation ont été choisies après mûre réflexion et dans un but précis. Plus les aspects de notre vie sont exigeants et complexes, plus nous avons d'occasions de grandir et d'aider les autres à grandir.

Chaque fois qu'un nouveau client me décrit sa vie comme une suite ininterrompue de décès, de deuils, de maladies graves et d'abus de toutes sortes, je sais que cette âme n'en est pas au début de son cycle d'incarnation. Les vies extrêmement complexes sont trop exigeantes pour une âme encore jeune. La prochaine fois que vous verrez un sans-abri, songez que cette personne est aussi une âme, en rien différente de la vôtre, et réfléchissez à l'intention derrière son choix de vie. En tant qu'âmes, nous pouvons choisir d'accélérer notre développement et celui des autres en enseignant certaines choses aux autres et en faisant preuve de compassion et d'humilité au cours d'une vie particulièrement difficile.

Le chapitre 12 nous permet d'observer de près le processus de sélection prénatal en vue de l'ascension de notre âme et l'évolution de l'humanité. Laissez-vous imprégner par le récit d'une vie antérieure et le plan de vie d'une grande complexité d'une cliente dans la quarantaine que nous appellerons Lisa. Dans sa vie actuelle, Lisa est infirmière et vit une relation avec une personne du même sexe.

Mes parents ont décidé que je marierais un homme de leur choix parce qu'il a de l'argent et que je suis l'aînée. Je suis à bord d'un wagon, vêtue d'une belle robe. On m'amène à une soirée où lui et moi devons annoncer nos fiançailles. Ma mère me dit que je dois être une bonne épouse et prendre soin de lui, mais je ne veux pas me marier. Je vis en Italie ou en Espagne dans une grande maison entourée de magnifiques jardins, et je ne veux pas partir d'ici.

Après notre mariage, nous avons des enfants, mais je ne suis pas heureuse. Je n'aime pas le voir rentrer à la maison. Il n'est pas gentil et il me prend souvent de force. Plus tard, je suis malade et vieille. Mon mari est mort. Mon fils aîné, que j'aime beaucoup, prend soin de moi. Je reconnais en lui mon fils d'aujourd'hui. Nous avons toujours été très proches.

Je meurs et je sens mon âme flotter doucement hors de mon corps. Plusieurs êtres viennent à ma rencontre et m'encouragent à me diriger vers leur lumière. Ils me donnent le temps de me reposer. Je remarque la présence de magnifiques créatures qui ressemblent à des papillons. Les archanges Gabriel et Uriel sont là et me disent que j'ai peur de mon propre pouvoir.

J'ai vécu six vies sur Terre, mais je ne suis pas de la Terre. Je peux compter sur le soutien de plusieurs guides. L'un d'eux, qui s'appelle Nallah, ressemble à un lion. Nallah me rappelle que nous ne mangeons pas de viande d'où je viens; c'est pourquoi je suis végétarienne aujourd'hui.

Je peux également compter sur un groupe de guides composé de femmes âgées, appelées vieilles femmes ou reines. Elles prennent soin de moi dans le royaume spirituel et sur Terre. Elles me conseillent avec une tendresse toute maternelle pour aider mon esprit égoïque à se calmer. Ma mission actuelle est de prendre soin de quelqu'un dans le besoin. Finalement, elles me disent que je dois demeurer incarnée sur Terre, même si c'est difficile. D'où je viens, les êtres sont sereins, tendres et asexués. Je dois contribuer à conscientiser les humains sur Terre.

La régression de Lisa lui a été d'une aide inestimable pour comprendre les aspects suivants de sa vie actuelle :

- Son orientation sexuelle
- Son travail d'infirmière
- Son désir d'être un bon parent
- Le fait d'être végétarienne
- Le fait de détester le chaos et les mauvais traitements infligés aux autres
- Son amour des animaux
- Son malaise face à plusieurs aspects de la vie sur Terre

Les combats que Lisa doit mener dans sa vie actuelle lui paraissent moins durs depuis qu'elle a participé à cette séance de régression. Elle peut maintenant aller de l'avant, ayant acquis une profonde compréhension de ses préférences prénatales.

PRENDRE SOIN DE SON CORPS, DE SON INTELLECT ET DE SON ESPRIT

Le chapitre 13 s'ouvre sur une vue d'ensemble de notre composition tripartite en tant qu'êtres incarnés : nous avons un corps physique, un intellect doté d'un cerveau physique et une énergie spirituelle. Avant chaque incarnation, nous choisissons un corps et un esprit. Vous pouvez avoir la peau claire ou foncée, être extrêmement intelligent ou souffrir d'un retard sur le plan mental, et ainsi de suite. L'ensemble de ce que vous êtes à la naissance inclut également le code mémoriel de votre âme, comprenant votre archétype éternel et l'empreinte de toutes vos vies. Ce chapitre explore la façon de prendre soin, sans porter de jugement, de votre moi physique, qui a été conçu pour correspondre parfaitement à votre plan de vie. L'intuition doit également jouer un rôle de premier plan, faisant de chaque étape un facteur d'évolution de l'âme.

Des exemples de régression spirituelle jetteront un nouvel éclairage sur votre plan de vie qui peut inclure des ennuis de santé intentionnels et difficiles dans vos vies antérieures ou dans votre vie actuelle. Quand une fenêtre s'ouvre sur la raison pour laquelle vous, ou des personnes que vous connaissez intimement, souffrez de problèmes de santé complexes, le pourquoi de la chose devient évident. Cela vous aidera également à mieux comprendre vos propres expériences corps-esprit. Par l'intermédiaire de la maladie, qu'il s'agisse d'une maladie grave ou mineure, nous avons tous l'occasion d'avancer en tant qu'âmes. Que vous attrapiez un rhume pour éliminer les toxines accumulées dans votre organisme ou que vous développiez une maladie auto-immune, indiquant possiblement qu'un souvenir associé à une vie antérieure doit être supprimé, la santé de votre corps et de votre esprit a un sens et une direction.

S'engager à faire le saut ici et maintenant

Il est temps pour chacun d'entre nous de choisir. Irons-nous de l'avant en sachant qu'il est de notre responsabilité de réaliser l'unité du genre humain sur notre planète ? Comprenons-nous que prendre soin des animaux, des minéraux et des plantes est tout aussi important que prendre soin des personnes ? Serons-nous porteurs d'amour, d'espoir, de compassion, de compréhension et d'acceptation envers toutes les formes d'énergies vivantes, y compris nous-mêmes ? Nous pouvons tous faire une différence quand nous vivons conformément à notre plan de vie prénatal et aux intentions de notre âme.

Il n'est pas facile de vivre dans un corps sur Terre. Nous avons tous l'occasion, durant nos vies antérieures et dans notre vie actuelle, de faire évoluer notre âme en choisissant la voie étroite. Si nous vivons uniquement en fonction de nos sentiments humains, égoïstes et égoïques – en nous répétant « J'ai peur », « J'ai besoin de plus d'argent », « Je n'en peux plus », « Où est mon partenaire idéal ? » ou « Pourquoi moi ? » –, ils peuvent nous faire sombrer dans la dépression et nous amener à abandonner la lutte.

Ou nous pouvons accepter que nous sommes des âmes vivant une existence humaine dans un but précis et que nous avons tous un intérêt commun dans le résultat de l'évolution de notre âme. Des pensées et des émotions nouvelles surgiront en vous quand vous verrez que le verre n'est pas à moitié vide mais à moitié plein, telles que : « Je veux connaître le but de mon existence et vivre en fonction de celui-ci », « Quelles sont les vies durant lesquelles j'ai développé les dons que je dois me réapproprier et vécu les traumatismes dont je dois me libérer ? », « Que dois-je faire pour apprendre à traiter toutes les personnes avec dignité et encourager les autres à faire de même ? ».

Nous pouvons soigner nos blessures en chemin quand nous *savons* que nous sommes une âme dans un corps pour une raison précise. Chaque expérience que nous vivons est importante, tant que notre archétype est le rôle essentiel que nous jouons dans notre vie quotidienne. Faites le bilan de votre vie et voyez de quelle façon vous avez contribué à l'évolution de votre âme et à celle de l'humanité.

Le chapitre 14 conclut ce livre avec des exemples de vies antérieures et d'entre-deux-vies pour que nous puissions mieux comprendre ce que nous sommes aujourd'hui, ce que nous sommes venus être et faire en cette vie. L'exercice de notre intuition nous permet de prendre conscience de la raison d'être de tous les éléments qui composent notre vie actuelle.

En résumé

À ce moment précis de notre histoire, notre soleil et notre planète sont alignés sur le centre galactique, complétant ainsi un cycle de 26 000 ans. Plusieurs observateurs, dans les temps anciens et aujourd'hui, sont d'avis que nous vivons une période d'illumination spirituelle. La rencontre de ces 12 éléments rend possible la guérison de notre âme durant notre existence. Nous devons prendre des décisions essentielles quant à notre façon de vivre sur la Terre, pour l'évolution de notre âme et la paix dans le monde.

Veillez à utiliser votre pratique spirituelle et votre intuition pour sonder en profondeur les questions posées à la fin de chaque chapitre.

Demandez-vous :

1. **La dernière fois que j'ai éprouvé un malaise ou que j'ai été malade, de quoi ai-je dû me libérer pour respecter mon plan de vie ?** Prenez conscience que tout problème de santé est conçu pour vous indiquer que

vous devez examiner votre vie et ce qui demande à être corrigé.

2. **Entre 18 et 25 ans, ai-je vécu une expérience importante en lien avec un aspect de mon plan prénatal ?** (Notez que je crois fermement que la naissance prématurée et la mort de mon deuxième enfant étaient destinées à effacer un traumatisme antérieur et m'amener à changer de carrière.)

3. **Quelle relation dans ma vie ne sert ni mes intérêts ni ceux de l'autre personne ?** Si vous décidez de mettre fin à une relation avec quelqu'un en particulier, assurez-vous de le faire en projetant un sentiment d'amour et d'acceptation vers cette personne. La prière et la méditation sont des moyens efficaces d'envoyer de l'énergie à quelqu'un.

Chapitre 3

Vous êtes intuitif

« Suivez votre instinct.
C'est là où se manifeste la véritable sagesse. »
— Oprah Winfrey

L'intuition vient naturellement

L'intuition est une habileté naturelle accessible à tous. Nous vivons dans une société qui valorise la logique, ce qui amène plusieurs d'entre nous à négliger ou réprimer notre conscience instinctive. Les clients qui participent à des régressions, de même que ceux qui étudient la spiritualité, sont souvent surpris de la facilité avec laquelle ils parviennent à recevoir de l'information ou des messages télépathiques sans qu'il y ait recours à la parole. Dans notre culture mondiale actuelle, la plupart d'entre nous n'avons jamais appris à faire confiance ; et pourtant, nous sommes comme des récepteurs de radio capables de traduire en contenu compréhensible des signaux énergétiques.

Nous sommes tous intuitifs. Si vous êtes le moindrement comme moi il y a 20 ans, vous pensez peut-être quelque chose du genre : « Peut-être suis-je intuitif, mais il m'arrive encore de douter de moi-même. » Plusieurs parmi nous ne savent tout simplement pas comment accéder à leur sixième sens et faire confiance à leurs capacités réceptrices.

Durant une régression hypnotique ou une pratique spirituelle, nous recevons tous des signaux visuels, auditifs, émotionnels, kinesthésiques et cognitifs par des voies télépathiques. L'hémisphère gauche de notre cerveau est chargé de comprendre les contenus intellectuels, linéaires et logiques. L'hémisphère droit est lié à la créativité, l'intuition et l'émotion. Quand nous tirons profit des capacités de nos deux hémisphères, nous savons que notre don de seconde vue nous guide dans la bonne direction, ayant été traité par notre cognition.

Chez le petit enfant, l'hémisphère droit est dominant. Nos émotions, associées à l'hémisphère droit, nous entraînent à réagir en pleurant quand nous avons besoin d'être nourri, changé, cajolé ou simplement placé dans une position plus confortable. Durant notre première année de vie, notre cerveau double de taille, ce qui nous permet de développer nos habiletés cognitives. Grâce au processus de socialisation, nous apprenons à demander au lieu de pleurer. En même temps, nos habiletés intuitives et émotionnelles sont souvent réprimées en raison de la tendance générale de l'humanité à accorder plus de valeur à la pensée qu'à l'instinct ou à l'intuition. Autrement dit, nous mettons un frein à notre réception d'information intuitive parce que cette habileté n'est pas valorisée.

Les jeunes enfants et les animaux sont sensibles aux émotions et au stress de ceux qui les entourent, et réagissent en manifestant des signes de tension ou de malaise, voire en devenant physiquement malades. Les animaux et les enfants sont des miroirs qui nous laissent savoir que l'énergie de nos émotions non verbalisées a un effet sur eux. Nous pouvons réprimander un enfant turbulent alors qu'il ne fait que nous démontrer qu'il est sensible à l'énergie de nos sentiments.

Habilités intuitives

Nos habiletés intuitives sont au nombre de six. Bien que nous possédions tous ces habiletés intuitives, nous maîtrisons mieux certaines que d'autres. Toutes les expériences suivantes sont vécues sans qu'aucune présence physique ne soit responsable de ce qui est perçu :

- **Clairvoyance :** voir comme si votre esprit était un écran de cinéma
- **Clairaudience :** entendre comme si on vous parlait
- **Claircognition :** pensées qui vous traversent tout à coup l'esprit
- **Clairsentience :** émotions qui apparaissent sans raison apparente
- **Clairkinesthésie :** sentir la présence d'un symptôme physique
- **Clairolfaction :** sentir l'odeur de quelque chose qui n'est pas présent

Au cours des 20 dernières années, j'ai pris conscience de mes habiletés intuitives. J'ai découvert lesquelles étaient les plus fortes en moi. À la fin des années 1980, j'ai commencé à me sentir angoissée chaque fois que je prenais l'avion. Après avoir découvert que mon don de clairsentience m'amenait à absorber les peurs des autres passagers, j'ai pu faire la part entre mes propres émotions et celles des autres. Si vous êtes clairsentient, vous êtes comme une éponge qui absorbe les émotions des autres. Je vous suggère de simplement retourner avec amour ces émotions à leur propriétaire légitime.

Les chamans et leurs communautés respectives ont été les premiers habitants de la Terre à accepter leurs dons intuitifs ou extrasensoriels. Il y a des dizaines de milliers d'années, les membres de ces cultures indigènes ont pris conscience qu'ils pouvaient communier avec le royaume spirituel invisible pour demander une guérison, un changement de température, une abondance de nourriture ou autre chose. Ces cultures tribales traditionnelles sont encore vivantes dans diverses régions du globe, honorant le cycle naturel du soleil, de la lune et des saisons. Le chaman ou le sorcier, que ce soit seul ou en groupe, obtient des conseils spirituels et intuitifs en s'exposant aux rythmes répétitifs d'instruments de percussion, en prenant des substances hallucinogènes, en pratiquant des rituels, en dansant ou en provoquant une transe hypnotique.

Par le passé, plusieurs cultures spirituelles et religieuses ont enseigné que les gens ordinaires n'avaient pas accès à une guidance supérieure. La notion communément acceptée était qu'une personne possédant des habiletés uniques devait servir d'intermédiaire entre la communauté et le royaume divin. Aujourd'hui, nous voyons un changement s'opérer au sein de la structure de nos croyances culturelles, et il n'est plus impensable qu'une personne moyenne puisse recevoir des conseils par l'entremise de son intuition ou d'une pratique spirituelle.

Science, spiritualité et recherche sur la conscience

La physique moderne décrit le phénomène de non-localisation quantique comme étant l'absence de modèles réalistes ou physiques correspondant aux prédictions de la mécanique quantique. Autrement dit, une relation causale se produit quand nous sommes capables de recevoir un message intuitif d'une autre personne, d'une âme dans le monde spirituel, ou de notre système de guidance spirituel. Un message nous est envoyé sous forme d'énergie et s'imprime dans notre conscience. La recherche sur la non-localisation montre que la prière d'intercession (demander l'aide du divin pour la guérison d'une personne malade), à distance et à l'insu du destinataire, donne des résultats médicaux positifs.

La conscience définit ce qui fait de nous des êtres vivants. Les chercheurs qui étudient les expériences de mort imminente (EMI) et de perception extrasensorielle, ainsi que les effets de la prière d'intercession, sont tout près de confirmer scientifiquement le fait que nous ne sommes pas uniquement composés d'un corps et d'un esprit/cerveau. Les personnes qui ont vécu une expérience de mort imminente après que leur cœur eut cessé de battre et que leurs poumons eurent cessé de fonctionner peuvent décrire en détail les personnes présentes, leurs actions, leurs vêtements et ce qu'elles ont dit.

Mon récit préféré d'EMI est celui d'un homme qui est cliniquement mort à l'hôpital (ou, comme je préfère le dire, qui a vu sa conscience ou son âme se séparer de son corps). Il a « vu » une chaussure de sport blanche sur le rebord d'une fenêtre à l'un des étages supérieurs de l'hôpital. Après être revenu à la vie et avoir retrouvé l'usage de la parole, il a parlé aux membres du personnel de cette chaussure, qu'ils ont finalement découverte à l'endroit qu'il avait indiqué.

Après avoir guidé pendant 20 ans des clients à l'écoute de leur conscience supérieure, j'ai noté que plusieurs détails tirés de leurs vies antérieures, directement liés à leur vie actuelle ou concernant leurs plans prénataux, des membres de leur famille spirituelle, leurs guides spirituels ou des êtres chers dans le monde de l'esprit, indiquaient fortement que nous n'avions pas qu'une vie à vivre dans un seul corps. Après une régression, plusieurs clients rapportent que leur conception de la vie ne sera plus jamais la même. Tout comme ceux qui ont vécu des EMI, les clients qui participent à des régressions hypnotiques disent souvent se sentir plus satisfaits et plus désireux de vivre qu'ils ne l'auraient cru possible.

Votre intuition est le maître

Il y a plusieurs années, un collègue m'a dit : « Ton intuition est le maître, et ton esprit est le serviteur. Et non l'inverse. » J'ai passé beaucoup de temps à réfléchir à cette idée et j'en suis venue à croire et à enseigner cette conception à mes clients. Il est essentiel d'avoir recours à notre esprit logique dans la vie quotidienne, mais, si nous agissons principalement en nous fiant à notre intellect, en faisant peu de cas de nos instincts, nous risquons de perdre de vue le véritable sens de notre vie. Notre esprit/cerveau est semblable au processeur d'un ordinateur, mais, contrairement à ce dernier, il reçoit aussi des données et des conseils par la voie de l'intuition. Évidemment, nos habiletés intuitives dépendent des mécanismes de notre cerveau pour examiner ce contenu intuitif et décider de la marche à suivre. Néanmoins, notre intuition doit demeurer le maître et ne pas se noyer dans notre esprit humain, qui doit être au contraire à son service. Ne pas tenir compte de notre intuition, c'est négliger l'apport de nos guides spirituels et de notre moi supérieur.

Au chapitre 5, nous examinerons en détail les indications provenant de notre source supérieure, y compris la façon de reconnaître nos guides spirituels et notre moi supérieur. L'intuition est notre seul moyen de comprendre nos guides et notre moi divin et de nous laisser guider par eux, et non uniquement par notre personnalité humaine. Notre société en général ne voit aucun intérêt dans la possibilité de recevoir des informations instinctivement, puis de surveiller nos décisions avec notre esprit humain. On nous apprend plutôt à nous fier à la logique, et nous avalons tout ce que nos aînés nous disent.

Eli : À l'écoute de l'intuition, et non de l'anxiété

Lisez le récit de ce client qui a été réprimandé par ses guides parce qu'il n'accordait pas assez d'attention aux conseils spirituels qu'il recevait de façon intuitive.

Les sept aînés qui me servent de guides sont ici avec moi. Chacun d'eux dégage une énergie différente, une résonance différente, car ils n'ont pas les mêmes talents, les mêmes habiletés et la même sagesse. Ils me disent que le poids de mon corps m'aide à garder les pieds sur Terre. Mais il m'arrive aussi d'être trop terre à terre, et je ressens alors un sentiment d'anxiété qui m'empêche d'entendre clairement mes guides.

J'ai choisi d'avoir des parents dont l'énergie est très différente de la mienne ; principalement parce que je dois apprendre à vivre dans un monde où les gens ont des énergies différentes. Je ne me suis jamais incarné avec l'un ou l'autre de mes parents par le passé. J'ai investi 60 % de mon énergie spirituelle dans mon corps cette fois-ci. Avec du recul, je me rends compte que c'était beaucoup trop par rapport à ce que peut supporter mon corps physique, mais j'avais besoin de cette énergie pour respecter mon plan de vie.

Je dois travailler dur pour prendre conscience de ce qui me vient de mon intuition. Je dois composer avec la force de mon énergie spirituelle et l'anxiété que je ressens, mais il est important d'apprendre à gérer et à surmonter tout cela. Si le fait d'avoir un corps plus lourd que la moyenne m'aide à garder les pieds sur terre, j'ai l'impression que mes sens sont quelque peu émoussés. Mon corps humain essaie de faire face à l'intensité de mon énergie spirituelle, mais c'est difficile. On me dit que je dois méditer et faire mes exercices spirituels avec zèle si je veux maîtriser le pouvoir vibratoire de mon âme dans un corps aussi lourd tout en étant conscient de la contribution spirituelle de mes guides.

Mes guides me pressent avec amour de penser moins avec ma tête et davantage avec mon cœur. Je dois renforcer mes liens avec mes guides pour atténuer le sentiment d'anxiété causé par cette énergie spirituelle que j'ai du mal à interpréter correctement. Quand je ne fais pas attention à ce que je reçois intuitivement, je m'épuise en vain car je suis alors décentré. C'est un peu comme se perdre. Quand je suis anxieux, je ne suis plus au diapason de mon énergie spirituelle et de mes guides. Je dois apprendre à m'accorder comme un instrument de musique pour communiquer avec mon intuition. Quand je suis aligné sur mon moi spirituel, je sais ce que je dois faire dans la vie. Je suis guidé et je ressens la vibration de mon âme à travers des émotions qui réchauffent le cœur.

Il y a ici beaucoup de choses à prendre en considération. Tout d'abord, nous avons tous un corps et un esprit/cerveau unique. Au cours de chacune de nos vies, nous sommes un ensemble différent, avec un corps et un cerveau particulier. Eli doit trouver une façon de rester en contact avec son âme ou sa conscience intuitive et ne pas se laisser écraser par son corps et l'anxiété qu'il ressent. Nous faisons plusieurs choix importants avant de naître. Nous choisissons un corps, un cerveau et une quantité d'énergie spirituelle en fonction du contenu de notre plan prénatal. Le chapitre 7 explique comment sont créées nos intentions prénatales et pourquoi.

Pour évoluer en tant qu'âme et contribuer au progrès de l'humanité, qui en a bien besoin, nous devons être aussi à l'aise que possible dans notre corps-cerveau physique. Le chapitre 13 couvre ce que nous devons faire pour prendre soin et nourrir notre moi humain. Vivre quotidiennement dans le royaume physique tout en étant conscient du langage de notre âme, c'est un peu comme réussir une routine de patinage artistique : nous devons nous tenir droit et garder notre équilibre tout en étant conscient de patiner. En même temps, entendre la musique de notre âme guider chacun de nos mouvements nous permet de compléter la routine que nous avions prévue pour cette vie. Maintenir l'équilibre entre notre âme et notre moi humain est quelque chose que nous apprenons à faire à mesure que nous prenons conscience de l'importance de vivre un jour de plus sur Terre en tant qu'entité spirituelle. Tout d'abord, souvenez-vous de permettre à votre vrai moi ou à votre énergie spirituelle d'être le maître, celui qui vous guidera à l'aide de vos sens intuitifs. Utilisez votre esprit humain comme un processeur cognitif pour prendre des décisions en cours de route.

Le niveau spirituel supérieur de l'être ou l'âme suprême, d'après mon expérience, ne génère qu'une seule émotion : l'amour. L'amour est pratiquement indescriptible en langage humain. Les émotions humaines tirent leur origine de l'âme de notre corps physique (l'inconscient), tandis que l'âme mentale (l'esprit conscient) joue le rôle de directeur, de penseur et de source créative. On pourrait dire que la grande majorité de nos émotions sont en lien avec notre âme. Quand nous examinons une émotion et ce qui l'a déclenchée, nous permettons à notre intuition de nous assister et de mettre en lumière la façon dont chaque émotion approfondit les liens entre nos vies antérieures, notre présent et notre évolution spirituelle. Autrement dit, nos émotions ont leur raison d'être ; elles sont le carburant qui nous fait avancer. C'est pourquoi il ne faut pas les juger, mais les accepter.

L'anxiété est une émotion, un signal envoyé par notre moi spirituel ou notre moi humain. Déterminer l'origine de notre anxiété est essentiel. Quand l'anxiété est le résultat d'une peur, je dirais qu'il est fort probable que vous ayez reçu un signal selon lequel un élément de votre vie humaine doit être compris ou peut-être modifié. Le chapitre 11 examine en profondeur comment la peur peut être éliminée, au lieu de faire obstruction.

La régression d'Eli montre que l'anxiété peut avoir une source différente. Imaginez que vous êtes un grand arbre, peut-être un séquoia de la Californie. Vos racines s'enfoncent profondément dans la Terre pour y puiser de l'eau et vous maintenir à la verticale. Votre tronc s'élance de plus en plus haut, au point de disparaître dans les nuages, pour se nourrir de l'air et des rayons du soleil. Sans l'eau et la terre, mélangées à l'énergie spirituelle de l'air et de la lumière du soleil, vous ne pourriez pas survivre. C'est le message que les guides d'Eli lui ont envoyé au sujet de son anxiété. Quand nous oublions d'honorer notre moi humain et de vivre en lui, nous ne pouvons pas sentir le soutien de la terre, aussi appelée Gaïa ou « Terre-Mère ». De même, il est essentiel d'être en contact avec notre moi spirituel, en utilisant tous nos sens intuitifs et en mettant en pratique les conseils qui suivent dans ce chapitre. L'anxiété peut avoir deux sources : ne pas être à l'écoute des signaux et des symptômes somatiques et ne pas accepter qui nous sommes en tant qu'âme.

Vous êtes l'arbre de votre vie

Être intuitif, c'est ressembler à l'arbre de vie, symbole de notre enracinement dans notre moi terrestre ; c'est aussi permettre à nos émotions et à nos pensées de s'exprimer tout en nous dirigeant à partir de notre plus haute conscience spirituelle. Pour distinguer ce qui est une guidance supérieure, vous devez «vivre» dans votre moi physique et mental, tout en étant confiant de pouvoir recevoir des messages du monde de l'esprit. J'ai découvert une merveilleuse pratique au cours des années que j'ai consacrées à l'étude de la Kabbale, une forme de sagesse spirituelle et mystique très ancienne. Ce rituel vous permet de commencer chaque journée comme si vous étiez cet arbre.

Pour approfondir votre identification à l'arbre de vie, pensez à la croyance orientale selon laquelle votre corps possède sept centres énergétiques (ou chakras). Votre premier chakra (racine) est situé à la base de votre colonne vertébrale, au niveau du coccyx. Engagez-vous à vivre votre vie en tant qu'âme incarnée ayant une mission essentielle en ne perdant jamais de vue votre corps et l'énergie de votre chakra racine qui descend le long de vos jambes jusqu'à la plante de vos pieds.

Adonnez-vous à cette pratique chaque matin en sortant du lit. Ne vous inquiétez pas, cela vous prendra peu de temps et vous aidera à maintenir la solidité de vos fondations en tant qu'âme désireuse d'honorer son serment de vivre ici et maintenant. Vous vous sentirez plus vivant et prêt à affronter chaque journée, car vous jouez un rôle important en tant qu'âme individuelle liée aux besoins de tout l'univers.

Exercice matinal

Placez vos pieds par terre ou assoyez-vous sur le sol. Concentrez-vous sur l'ouverture de l'énergie au niveau de votre coccyx et de la plante de vos pieds. Répétez les mots suivants : « Puissance aimante qui guide notre monde, j'entends faire honneur à la pureté de mon âme et de ma mission. Aide-moi à prendre conscience de ce qui compte dans ma vie aujourd'hui. »

Vous avez commencé la journée du bon pied en reconnaissant que votre force vitale ou spirituelle est ce qui vous dirige à chaque instant. Pour renforcer l'image de votre arbre de vie, soyez conscient que vous êtes quatre énergies fondues en une. Il y a tout d'abord votre énergie spirituelle qui entre par l'ouverture de votre esprit, ou chakra de la couronne, au sommet de votre tête. La glande pinéale de votre cerveau est située tout juste derrière votre front, entre vos sourcils, au niveau de ce que l'on appelle le « troisième œil ». Plusieurs s'accordent pour dire que cet organe est votre instrument de « vision » intuitive.

La deuxième énergie est celle de votre esprit/cerveau qui s'occupe de votre processus de pensée. Imaginez votre esprit comme l'exécutant ou le responsable de votre vie tout entière. Rappelez-vous qui est le maître et qui est le serviteur. La troisième énergie est celle des émotions emmagasinées dans votre cœur. La plupart d'entre nous avons appris durant notre enfance à minimiser l'importance de nos émotions. Nombre de parents n'ont jamais appris à honorer et accepter la signification de leurs émotions. Par conséquent, nous avons peur de reconnaître l'existence de nos émotions. Si nous ne tenons aucun compte de ce que nous ressentons, la vie est pareille à un repas sans saveur.

Le dernier élément, et non le moindre, est celui de l'énergie d'ancrage qui part de votre coccyx (ou de votre chakra racine) et qui est enchâssée dans la plante de vos pieds. Pensez à la totalité du récipient qui est « vous » présentement. Il est nécessaire d'honorer votre corps afin de vivre chaque jour conformément à votre plan de vie. Vos guides spirituels sont maintenant en mesure d'entrer en contact avec vous par l'entremise de votre intuition et de votre conscience.

Ce dont votre arbre de vie a besoin :

- Le sommet de votre arbre, votre chakra de la couronne, doit être ouvert à l'énergie spirituelle de votre âme et de vos guides. C'est l'énergie essentielle de FEU qui sert à vous guider dans votre vie.
- Votre esprit/cerveau, ou l'ensemble de vos habiletés cognitives, doit se coordonner avec votre énergie spirituelle et vos émotions, et non les bloquer. C'est l'énergie capitale de l'AIR qui génère vos pensées et qui vous permet de prendre des décisions par rapport à votre comportement.
- Vos émotions doivent pouvoir circuler librement sans être dirigées vers quelqu'un d'autre. C'est le carburant essentiel de votre vie, l'énergie de l'EAU qui vous guide pour une raison précise.
- Le corps physique est votre «véhicule» durant cette vie, capable de se comporter en accord avec votre plan spirituel. Rappelez-vous que vous êtes une âme incarnée sur TERRE pour évoluer individuellement et collectivement.

En permettant à vos récepteurs intuitifs de fonctionner en s'appuyant sur votre capacité à penser, voir, entendre, ressentir, toucher et sentir, vous dites en fait à vos guides spirituels : « Je suis prêt et ouvert à la prise de conscience et aux instructions de mon moi spirituel. Montrez-moi la prochaine étape à franchir dans ma vie. » En vous adonnant à cette pratique chaque matin à votre réveil, vous invitez votre énergie spirituelle qui s'est relâchée durant la nuit à réintégrer pleinement votre corps. Vous êtes prêt à aller de l'avant avec détermination.

La pratique spirituelle mène à l'intuition

La pratique spirituelle est la clé de la conscience intuitive. À un très jeune âge, plusieurs d'entre nous prenons conscience de notre intuition, soit parce que nous entendons la voix de nos guides spirituels, que nous nous souvenons de nos vies antérieures, que nous pouvons sentir ce que les autres ressentent ou que nous savons à l'avance ce qui va se produire dans certaines situations. Comme vous le savez sans doute, il arrive souvent que les enfants de moins de cinq ans se souviennent de leurs vies antérieures. Nous pouvons même parfois vérifier l'exactitude de leurs descriptions. Mais comme la réincarnation et l'existence d'une conscience éternelle ne sont pas des croyances communément acceptées dans notre société, plusieurs d'entre nous ont dû mettre leur capacité intuitive sous le boisseau.

Aujourd'hui, je vous invite à découvrir ce don divin du troisième œil, aussi appelé sixième sens, et à le développer. Si votre intuition s'est réfugiée au plus profond de vous, vous pouvez la déterrer pour exposer votre conscience spirituelle à la lumière du jour. Je crois qu'il est crucial pour vous d'avoir une ou plusieurs pratiques spirituelles auxquelles vous adonner chaque jour. Vous découvrirez qu'il existe autant de modes contemplatifs différents qu'il y a de gens sur cette planète.

Différents rituels spirituels peuvent mener à des états modifiés de conscience, ou à une transe. Quand nous sommes en transe, techniquement parlant, l'activité électrique de notre cerveau ralentit quant au nombre de cycles par seconde des ondes cérébrales. Ces états modifiés ou de grande détente se produisent tous les jours de notre vie quand nous sommes calmes et sur le point de nous endormir. Sur le plan physique, l'énergie de notre cerveau gauche et de notre cerveau droit, responsables respectivement des processus mentaux et intuitifs, s'équilibre tandis que les ondes bêta cèdent la place aux ondes alpha, puis delta.

Ne réduisez pas inutilement l'éventail de vos options spirituelles et intuitives. Faites preuve de créativité au moment de choisir une routine quotidienne pour activer et approfondir votre réceptivité aux informations provenant de votre sixième sens. Trop de gens s'imaginent que la spiritualité consiste à méditer en silence en position assise. Ce n'est qu'une option parmi tant d'autres. Ce n'est d'ailleurs pas celle que je préfère, n'étant pas le type de personne qui aime le silence et l'immobilité de façon naturelle.

Pour certains, pratiques spirituelles et pratiques religieuses se recoupent. Si vous étudiez les exercices spirituels de plusieurs traditions occidentales, orientales et tribales, passées et présentes, vous découvrirez une multitude de possibilités. Permettez à ce qui déclenche vos passions et à votre être fondamental de vous aider à trouver quelque chose qui fonctionne pour vous.

Voici quelques possibilités.

Aromathérapie

L'utilisation d'huiles essentielles et d'encens remonte à l'antiquité chinoise, où l'on faisait brûler des plantes aromatiques pour créer une atmosphère d'harmonie et d'équilibre. Les Égyptiens, et peut-être les Perses et les Indiens, ont développé une méthode de distillation permettant de créer de l'huile de cèdre à des fins rituelles. Utilisez votre sens de l'odorat pour activer votre intuition en posant une question et en attendant une réponse intuitive. Commencez par frotter n'importe quelle huile essentielle dans la paume de vos mains, puis soyez à l'écoute de vos sens.

Mantra

Inventez un bref mantra, ou une suite de mots que vous répéterez, en vous inspirant de la pratique sanskrit-bouddhiste de l'incantation « Om Mani Padme Hum », qui signifie générosité, sagesse, diligence et patience. La récitation d'un mantra peut vous aider à vous détourner de votre esprit humain au profit de votre pensée intuitive.

Mouvements corporels

L'Islam mystique, comme plusieurs cultures indigènes, utilise le mouvement sous forme de danse tournoyante. Vous pouvez développer votre propre mouvement rythmique corporel, ne serait-ce qu'une façon de marcher, pour vous ouvrir à votre intuition.

Prière

Les chrétiens, les juifs et les musulmans utilisent la prière et le chant pour accéder au divin. Les prières traditionnelles, la musique ou une création de votre propre cru vous feront découvrir vos habiletés intuitives.

Cycles naturels

Les cultures indigènes et païennes suivent les cycles du soleil, de la lune, des étoiles et des saisons depuis toujours. Quand vous créez des rituels autour du rythme naturel de l'univers, vous vous ouvrez à la voix de tout ce qui est.

Voici quelques autres exemples de pratiques spirituelles. Choisissez celles qui touchent une corde sensible en vous.

- Fixer la flamme d'une bougie
- Tenir un journal de vos pensées, de vos émotions ou sentiments et de vos réponses
- Bercer votre enfant
- Préparer les repas dans la cuisine
- Écouter de la musique
- S'asseoir près d'un ruisseau

Tout engagement à s'adonner à une pratique spirituelle nécessite trois choses. Il faut avoir le désir de s'engager, choisir une pratique spirituelle et faire appel à son intuition. Adonnez-vous régulièrement à votre pratique, et vous apprendrez à communiquer avec votre intuition.

<u>*Damian* : Régression, souvenirs de vies antérieures et intuition</u>

Mes clients qui ont une pratique spirituelle régulière et qui ont appris à faire confiance à leurs habiletés intuitives disent souvent avoir l'impression que l'information circule plus librement lorsqu'ils participent à une séance de régression. Ici, durant sa régression, qui contient de nombreux détails, Damian a compris qu'il devait utiliser ses propres habiletés pour déterminer le sens de sa vie et rencontrer son guide spirituel.

Je suis un homme dans la quarantaine, vêtu d'un manteau et d'un pantalon noir en lainage. La frange de mon châle de prière dépasse de mon manteau. Je porte une barbe noire, et un chapeau noir à larges rebords et plat sur le dessus. Je suis à l'extérieur, confiné dans un secteur entouré de murs de pierre. Puis je retourne dans ma maison, chaude et accueillante, où se trouve, sur une table en bois grossièrement équarrie, un napperon en dentelle et un chandelier en bronze dont les bougies sont allumées. À présent, je me sens anxieux. Où est ma famille ? Il n'y a personne dans les maisons adjacentes à la mienne. Je suis terrifié.

Plus tard, je suis dans un secteur clôturé où de nombreuses personnes tournent en rond. Je porte les mêmes vêtements qu'auparavant, mais ils sont abîmés et déchirés. Je vois des baraques en bois. Tous ces gens semblent confus. Je pense que ma femme et mes trois filles ont été amenées quelque part en train.

J'ai consacré ma vie à l'étude de la Bible. Aujourd'hui est mon dernier jour sur terre. Je meurs dans une chambre à gaz. Mes poumons sont en feu. J'étais un rabbin hassidique. Je m'en veux d'avoir déçu mon épouse.

Au début, je suis en colère, et je me mets à douter de Dieu. Il y a une présence autour de moi, blanche et lumineuse. Un sentiment d'abattement m'envahit. Je suis tellement furieux contre Dieu, furieux et déçu. Tu n'étais pas là pour moi. Que veux-tu de moi ? On me dit que je vais découvrir la beauté de la vie. Je vais savoir ce dont les hommes sont capables. De telles choses peuvent se produire, et pourtant ça va. Nous continuons toujours d'avancer. Tu dois faire l'expérience des souffrances de la vie pour savoir ce qu'est la beauté. Tu dois avoir confiance en toi à présent. Tu réprimais tes émotions en raison de la douleur associée à cette expérience passée. Tu étais en colère contre la guerre et ceux qui les déclenchent. Tu dois tourner la page.

À présent, je me dirige vers le royaume spirituel. Je suis dans un lieu lumineux et vaporeux, et je me dirige là où c'est bleu foncé. J'entends les mots : « Bienvenue, nous sommes heureux que tu sois de retour. » Je me sens spécial, en sécurité et en paix.

Mon guide, Ashtan, est là. Il me dit que tout va bien, que je suis sur la bonne voie. « Tu n'as pas beaucoup entendu parler de moi durant ta vie parce que tu es très doué. Tu peux trouver ton propre chemin. Si tu restes en contact avec ton côté intuitif, tu peux sentir ma présence. Ne t'en fais pas au sujet du suicide de ton frère. Il était temps pour lui de partir. Tu repousses souvent l'énergie spirituelle de ton frère, mais tu sais qu'il est là à tes côtés.

Tu es un leader. Je ne te dirai pas quel est le sens de ta vie, car tu es capable de le découvrir par toi-même. Tu as peur de savoir pourquoi tu t'es incarné. Écoute, médite, lis et dors. Tu finiras par savoir ce que contient ton plan de vie. »

La régression de Damian a mis de l'avant une vie traumatisante mais révélatrice qui jette un nouvel éclairage sur les sentiments de colère et de frustration qu'il éprouve à l'égard de ceux qui créent les guerres. Pour nous libérer de ces émotions qui nous habitent depuis longtemps, nous devons souvent découvrir ce qui a activé une telle négativité. Après une séance de régression, plusieurs clients sont capables de neutraliser ces sentiments jusqu'alors inexpliqués.

On me demande souvent comment libérer ou supprimer ces vieilles émotions. Cela doit se faire en deux temps. Tout d'abord, notre esprit humain est puissant ; quand nous savons littéralement pourquoi nous ressentons telle ou telle émotion, nous pouvons nous en libérer. Deuxièmement, une composante énergétique génère de l'énergie. Après une expérience aussi intense et douloureuse que celle de découvrir l'existence d'une vie antérieure, l'énergie « emmagasinée » de cette douleur émotionnelle et physique extrême peut être apaisée par le pouvoir de guérison des sources supérieures.

Damian n'est pas une jeune âme. S'il l'avait été, il est probable qu'il n'aurait pas pu supporter une vie antérieure aussi difficile. Les guides de Damian l'incitent doucement mais fermement à utiliser ses capacités intuitives pour travailler avec son guide et découvrir le contenu de son plan de vie.

<u>*Kenneth* : Vivre le moment présent, apprendre à aimer et se souvenir d'une identité passée</u>

Prenez le temps de lire et de déchiffrer lentement la régression spirituelle de Kenneth. Vous remarquerez que ce client reçoit de nombreux détails sur la façon dont cette vie antérieure est liée à sa vie actuelle. De plus, le guide de Kenneth est tout à fait disposé à lui parler de son plan de vie prénatal. Ce récit commence juste après la mort de Kenneth au cours d'une vie antérieure où il avait été un chef amérindien appelé Aigle noir.

C'est une réunion riche en émotions. Je suis au centre d'un cercle, avec mes guides et les membres de ma famille spirituelle autour de moi. À l'intérieur du cercle, je suis Aigle noir. Je porte un plastron dans le dos duquel une pierre est incrustée. Je sens la présence de cette pierre contre ma peau. Cette pierre est là pour me rappeler d'intégrer les principes et les motivations d'Aigle noir à ma vie et à mes objectifs actuels.

[Le principal guide de Kenneth prend la parole] : « Aigle noir et toi devez soutenir et guider les autres afin qu'ils voient clairement leur propre voie. Tu ne fais qu'un présentement avec Aigle noir ; tu es lui, et il est toi. Quand tu hésites au sujet de ta mission de vie, viens me voir, moi, ton guide principal, pour retrouver des forces. Assure-toi de parler franchement et clairement. N'aie pas peur. Et n'oublie pas de rire. C'est très important pour continuer à aller de l'avant ; tu dois aussi prendre les choses à la légère à l'occasion. Chaque âme s'étend au-delà de toute

compréhension humaine. Tu es toujours plus que tu ne le crois. La partie de ton âme qui habite dans ton corps est entière et pleine, et pourtant cette partie n'est qu'une parcelle de ce que tu es. Ton cœur te permettra d'entrer dans un état de conscience supérieure. N'oublie pas ton cœur. Tu ne peux pas remplir ta mission sans ton cœur. »

Kenneth, grâce à ses capacités intuitives, savait déjà qu'il avait été Aigle noir avant sa régression spirituelle. L'éclairage apporté par son guide et l'essentielle fusion des missions de vie d'Aigle noir et de Kenneth étaient quelque chose de nouveau et de difficile pour Kenneth. Après cette séance, Kenneth avait en main sa feuille de route et était impatient d'aller de l'avant.

Faites confiance et croyez aux capacités intuitives de votre cerveau droit

Nos vies antérieures les plus significatives sont inextricablement liées entre elles à l'intérieur de la conscience du code mémoriel de notre âme. Damian et Kenneth illustrent bien la valeur de nos dons intuitifs, que l'on pourrait décrire comme la « voie royale vers notre âme ». Damian a appris qu'il devait approfondir ce qu'il reçoit par l'intermédiaire de ses clair-habiletés et faire confiance à ces informations. Kenneth s'est servi de ses dons intuitifs pour découvrir sa vie antérieure sous les traits d'Aigle noir. Il est probable que les guides de Kenneth ne lui auraient pas divulgué les détails concernant les liens entre ses vies antérieure et actuelle avant qu'il ne découvre cette vie passée par ses propres moyens.

Vos habiletés instinctives vous permettent d'approfondir votre conscience spirituelle avant et après la séance. Apprendre à faire confiance à son intuition, à y croire et à l'exercer, permet au client de mieux saisir la richesse des informations qui lui sont transmises durant la régression. Pour utiliser une analogie, comme une chaudronnée de soupe qui est toujours plus savoureuse le lendemain, des détails additionnels continuent de remonter à la surface longtemps après la séance, surtout si le client continue de faire confiance à ses habiletés, d'y croire et de les exercer.

En résumé

L'intuition est le seul moyen à votre disposition pour savoir qui vous êtes en tant qu'âme, et non simplement qui vous êtes en cette vie. L'intuition, qui vous permet d'accéder à votre moi spirituel, est comme la levure qui fait lever la pâte. Sans cet ingrédient qui vous vient naturellement de votre cerveau droit, l'évolution de votre âme, d'une vie à l'autre, ne « lèvera » pas. À chaque instant de votre vie, l'intuition est le maître et votre esprit, le serviteur. Faites honneur à ce don qui vous permet d'accéder à votre moi supérieur en vous exerçant à voir avec votre troisième œil.

Grâce à l'intuition et à la progression spirituelle, nous prenons conscience en cette vie de nos vies antérieures, de nos guides spirituels et de notre plan de vie. Quand nous acceptons et renforçons cette révélation, nous avons la chance d'être guidés et de découvrir pourquoi nous sommes aujourd'hui dans un corps. « Soyez à l'écoute de vos émotions » est la devise à adopter.

Quand vous appréciez et acceptez vos émotions, vous êtes en mesure de faire la différence entre une émotion d'origine humaine et ce qui est déclenché par votre âme. La peur est une émotion humaine. Examinez vos peurs pour découvrir leur origine. Cherchez à déterminer en quoi les éléments sous-jacents à cette peur sont liés à votre plan de vie.

L'anxiété est une autre émotion qui doit être examinée. L'anxiété, tout comme la peur, peut signifier que vous avez le feu vert pour plonger profondément en vous-même grâce à l'intuition et découvrir la guidance que vous recevez du royaume spirituel. Plusieurs d'entre vous sont sensibles à l'énergie de la terre. Vous sentez parfois la Terre-Mère s'agiter sous vos pieds lors d'un tremblement de terre, d'une tornade, d'un ouragan ou d'un autre phénomène de ce genre. À d'autres occasions, l'anxiété que vous ressentez est liée à un traumatisme global, tel qu'un massacre.

Laissez l'anxiété ou tout autre signe du même genre être pour vous le signal que vous devez découvrir intuitivement la signification de ce que vous ressentez. Mettez-vous à l'écoute de votre guidance spirituelle pour agir conformément aux intentions de votre âme. Notre responsabilité sur Terre est d'écouter notre âme et d'être un agent de changement. Quand nous restaurons nos vies antérieures, nous restaurons l'humanité. Quand nous sommes à l'écoute des besoins de la terre, nous menons l'humanité vers l'avant.

Demandez-vous :

1. **Est-ce que je m'adonne tous les jours à ma pratique spirituelle ?** Rappelez-vous que vous accédez plus facilement à votre intuition si vous vous exercez sur une base régulière.

2. **Suis-je en mesure de faire la différence entre un sentiment d'anxiété lié à un problème humain qui me préoccupe et des épisodes d'anxiété provoqués par les efforts de mon guide pour entrer en contact avec moi ?** Quand votre niveau d'anxiété semble hors de proportion avec la gravité d'un problème personnel, il est probable que vos guides essaient énergétiquement d'attirer votre attention.

3. **Quelle est ma clair-habileté la plus forte ?** Je vous recommande de vous concentrer régulièrement sur vos clair-habiletés qui vous semblent les plus facilement accessibles. Cela vous aidera à les renforcer et à leur faire davantage confiance.

Chapitre 4

Progresser d'une vie à l'autre

« Regardez dans votre cœur
Si vous voulez y voir clair.
Ceux qui regardent vers l'extérieur rêvent.
Ceux qui regardent vers l'intérieur sont éveillés. »

— Carl Gustav Jung

La voie éternelle de votre âme de l'immaturité à la clarté supérieure

Selon la tradition religieuse occidentale, le divin (le plus haut niveau de sagesse) et l'âme sont tous les deux parfaits. À l'inverse, les Orientaux croient plutôt que le but de la vie au jour le jour est de transcender l'ego, les peurs et les fragilités humaines pour prendre conscience de notre « moi authentique », de notre unité avec la puissance universelle. La perfection est une illusion de notre esprit et de nos désirs qui implique quelque chose d'idéal et d'irréprochable. Ni l'univers ni la plus avancée des âmes ne sont sans défaut.

Pourquoi est-il nécessaire d'avoir des défauts ? La réponse est simple. Réfléchissez à l'affirmation suivante comme s'il s'agissait de vos propres pensées : « Quand il est clair pour moi qu'au cours de cette vie ou d'une vie antérieure je n'ai pas été à la hauteur en raison de ce que j'ai fait ou omis de faire, je peux alors — et seulement alors — prendre conscience que je dois améliorer mon comportement. »

L'univers change constamment. Les explosions se refroidissent et créent de nouveaux corps physiques. Le fragment ou l'aspect de la totalité de votre énergie spirituelle contenue dans votre corps physique est la source de puissance qui vous maintient en vie. Cette énergie spirituelle à l'intérieur de vous et de votre moi supérieur, de même que ce qui reste de votre énergie dans le monde de l'esprit, doit pouvoir se développer dans le cours de plusieurs vies. Je vous invite à jeter à la poubelle l'idée qu'il y a quoi que ce soit de complet et de parfait. Tout va pour le mieux quand nous acceptons que le processus d'évolution et d'expansion est éternel. Continuez à porter attention aux signaux que vous croisez sur votre route, car ce sont eux qui vous mèneront de l'immaturité à une clarté supérieure.

Myriam : Progresser et acquérir de nouveaux outils

La régression de Myriam ainsi que les instructions reçues de son guide spirituel montrent les progrès et les bienfaits de sa conduite au cours d'une vie antérieure. En même temps, Joseph, le guide de Myriam, lui apprend qu'elle aurait pu faire des choix différents durant cette incarnation passée étroitement liée à sa vie actuelle. En prenant connaissance des détails de cette régression, comparez votre vie et celle de Myriam et voyez en quoi elles diffèrent.

Je suis une femme en train de faire du cheval avec quelqu'un à mes côtés. Cet homme est mon mari ; il porte un jeans, une chemise rouge à carreaux et des bottes. Il a de longs cheveux noirs. Je suis ravie de passer de bons moments avec mon mari. Nous ne sommes pas mariés depuis longtemps. Il a un joli sourire.

Quelques années plus tard, je suis avec mon mari et nos deux enfants, âgés de trois et cinq ans. Ma vie est un peu ennuyeuse ; je ne travaille pas. Mais notre couple va bien. Je veux recommencer à travailler, mais je ne sais pas quoi faire parce que mon mari est inquiet pour les enfants si je retourne sur le marché du travail. Néanmoins, il m'appuie.

Je deviens professeur, et j'adore les enfants auxquels j'enseigne. Quelques années s'écoulent. Mes enfants sont à l'université à présent. Je suis prête pour du changement, mais mon mari ne comprend pas. Je veux déménager, mais il ne veut pas. Au début de notre mariage, je me sentais libre, comme ce jour où nous faisions du cheval ensemble.

Je songe à quitter mon mari, mais j'ai peur. Que va-t-il se passer si je pars ? Vais-je m'en sortir ? Nous nous disputons, mon mari et moi, et je comprends que je dois partir. Je retourne au ranch où nous avions loué les chevaux et je trouve un emploi là-bas. Quand mes enfants sont plus vieux, ils viennent vivre avec moi sur le ranch. Finalement, la femme qui est propriétaire du ranch accepte de me le vendre.

C'est à présent le dernier jour de ma vie. Je suis au lit et je regarde par la fenêtre. Mon fils et ma fille sont avec moi. Je suis en colère, car je ne suis pas prête à partir. J'ai besoin de plus de liberté. Mon ancien mari vient me dire qu'il est désolé que nous n'ayons pas pu résoudre nos difficultés. Nous regrettons la façon dont les choses se sont passées, mais il ne m'aurait jamais accordé beaucoup de liberté. Néanmoins, il m'a manqué, et cela me désole de penser à toutes les années que nous aurions pu vivre ensemble.

Je quitte mon corps à présent. Je suis morte. Je m'élève dans les airs, et tout est très clair. Il y a quelqu'un avec moi. Sa robe et ses cheveux sont blancs. Il m'ouvre les bras. C'est Joseph, mon professeur dans le royaume spirituel. Il est prêt à discuter de la vie que je viens de compléter.

Joseph me dit que j'ai bien assumé mes responsabilités en tant que propriétaire d'un ranch. Puis il me réprimande, mais tout ce qu'il dit respire l'amour. Il me dit que je me suis trop concentrée sur moi-même alors que j'aurais dû prêter attention aux besoins des autres. J'ai abandonné trop rapidement la partie en mettant un terme à mon mariage pour être libre. Joseph me dit que j'aurais dû être plus proche de mes enfants pour les guider.

Joseph me dit que je dois travailler sur ma responsabilité envers les autres et apprendre à faire des sacrifices. Néanmoins, il me soutient avec amour.

Myriam a vu une vie passée durant laquelle elle a pris des décisions personnelles de façon précipitée. Elle a laissé son besoin de liberté et sa peur d'être retenue par son mariage la convaincre de tout quitter. Myriam n'a pas voulu relever le défi d'améliorer sa relation avec son mari. De plus, les besoins de ses enfants n'étaient pas une priorité pour elle.

Quand nous « vivons » dans un corps humain, il est facile de nous laisser emporter par nos envies et nos désirs humains au point d'oublier que notre âme est ici pour apprendre. Nos guides spirituels nous pressent de ne pas choisir la voie de la facilité.

Durant une régression subséquente, Myriam est à nouveau une femme, cette fois dans une région secouée par des troubles politiques. Alors qu'elle est cachée dans une cave avec d'autres, un soldat vient la secourir et la protéger. Finalement, elle épouse le soldat, et ils ont un enfant. Myriam découvre que l'âme de ce soldat est aussi celle de l'homme avec qui elle poursuit une relation amoureuse dans sa vie présente, où les croyances culturelles de cet homme ont amené sa mère à faire barrage à leur relation parce que Myriam ne vient pas du même milieu.

Quand Joseph se manifeste à la fin de la régression, il explique que Myriam souhaite être complètement libre ou être sauvée et protégée par l'homme dans sa vie. Myriam doit apprendre à être forte et équilibrée, qu'elle soit impliquée ou non dans une relation amoureuse. Elle doit apprendre à trouver un équilibre entre les deux, afin qu'elle et son partenaire soient en mesure de mener une vie stable ensemble et chacun de son côté. Ni une liberté totale ni un fort sentiment de protection ne peut servir de base à une saine relation quotidienne. Une importante leçon touchant l'évolution de l'âme est mise en lumière.

Hypnothérapie régressive

À mesure que notre âme progresse, d'une vie à la suivante, nous avons constamment besoin d'acquérir de nouveaux outils ou d'aiguiser ceux que nous avons. Durant une séance de régression, je guide mes clients afin qu'ils se détendent et s'ouvrent à leur propre conscience intuitive, leur permettant ainsi d'accéder à la mémoire de leurs vies antérieures, à leur moi supérieur et aux commentaires de leurs guides spirituels. Plus de 10 000 cas de régression indiquent clairement que nous sommes une âme voyageant vers une conscience supérieure, d'une vie à l'autre. Notre but est simplement d'apprendre à cesser de nous concentrer sur nous-mêmes pour subvenir aux besoins de l'humanité.

L'hypnothérapie régressive est un outil ou une technique qui permet à la personne de sortir de sa vie actuelle pour découvrir ses vies antérieures les plus importantes et les périodes intermédiaires durant lesquelles elle est un pur esprit, hors du temps et de l'espace. Grâce à la respiration consciente, à l'imagerie guidée et à d'autres techniques hypnotiques transpersonnelles non invasives, un thérapeute certifié et expérimenté peut guider son client pour le faire entrer dans un état naturel de détende ou de transe qui lui permettra d'accéder aux souvenirs de ses vies antérieures, ainsi qu'à la mémoire de son âme intemporelle (aussi appelée code mémoriel).

Grâce à l'expertise du thérapeute et à l'assistance des guides spirituels du client, il est possible de mettre le doigt sur les vies antérieures pertinentes qui doivent être mieux comprises afin que le client puisse intégrer les expériences de toutes ses incarnations précédentes. Il devra ensuite chasser ou supprimer les éléments pénibles de certaines vies antérieures spécifiques qui continuent de surgir dans sa vie actuelle. D'autres vies se manifesteront également pour démontrer que nous avons vécu plusieurs expériences positives par le passé qui ne se retrouvent peut-être pas dans les circonstances de notre vie présente.

Par exemple, si nous avons perdu un jeune enfant au cours d'une ou plusieurs vies antérieures, il se peut que nous ayons peur de devenir parent cette fois-ci. Si nous avons des problèmes d'ordre financier dans notre vie actuelle, peut-être apprendrons-nous que nous avons déjà vécu dans l'aisance. Ce sont les guides responsables de l'évolution de votre âme qui choisissent la vie passée que vous rencontrerez durant votre régression hypnotique. Peut-être avez-vous vécu durant cette vie antérieure un traumatisme dont vous devez vous libérer, ou peut-être s'agit-il d'une expérience positive passée qui peut servir à vous redonner aujourd'hui confiance en vous.

Durant une régression spirituelle, nos guides spirituels présentent les détails et la raison de notre plan de vie le plus récent à la lumière de nos vies antérieures, de la mission de notre âme et des intentions derrière notre vie actuelle. En découvrant qui nous avons été et ce qui nous est arrivé, nous prenons conscience de la mission de notre âme (ou de notre archétype). Le trait commun à toutes nos vies (qui correspond à notre archétype spirituel, tel qu'avoir l'âme d'un guerrier) remonte à la surface de notre conscience. La vie acquiert alors une clarté et un sens qui nous avaient échappé jusque-là parce que nous ne savions pas quelle était la nature de notre archétype. Vous trouverez au chapitre 6 une description détaillée de ces sept archétypes.

Suivez à présent le parcours d'une cliente qui, ayant passé en revue une vie antérieure, se rend dans le royaume invisible de son moi spirituel, mettant en lumière la façon dont nous prenons conscience de notre « être » complet durant une régression.

Lydia : Reconquérir ma capacité à embrasser la vie

Le récit de la vie antérieure de Lydia nous rappelle l'importance de vivre pleinement tous les événements de notre vie, car ils sont tous porteurs d'un sens en plus d'être une occasion d'avancement pour notre âme. En lisant le récit qui suit, gardez à l'esprit que Lydia a suivi une formation d'aide-infirmière pour prendre soin de son enfant handicapé.

Je suis à la campagne, seule dans un immense champ. J'ai environ 30 ans ; je porte des bottes à bouts pointus et une robe en laine grise avec un tablier. Mon visage est rond, pâle et grassouillet. Mes cheveux sont fins et bruns, et je porte une coiffe blanche d'infirmière sur la tête.

Je suis assise sur le sol ; la tête d'un homme repose sur mes cuisses. Je n'ai pas pu lui sauver la vie. Il est mort durant la bataille. Nous étions voisins, mais je ne le connaissais pas bien. Il dépendait de moi pour survivre, et j'ai échoué.

Nous sommes en 1863 dans le Kentucky. Je suis dévastée, car je ne peux rien faire. Je n'ai pu aider mon voisin qu'en lui adressant des paroles réconfortantes. Tout ce que nous avons, c'est une tente attachée à trois arbres sous laquelle je suis généralement seule à tenter de sauver ces hommes blessés au combat. Je n'ai pas reçu de formation à proprement dit. Un médecin vient à l'occasion, mais il ne se soucie pas des hommes et n'est pas patient. Il me donne des ordres en criant à tue-tête. Je n'ai pas l'impression d'être utile.

Je suis beaucoup plus vieille à présent, avec des cheveux gris ramenés en chignon. Je suis assise dans ma berceuse. J'ai été seule pendant presque toute ma vie adulte ; je ne ressens plus grand-chose. Au plus profond de moi se terre une grande tristesse. J'ai gaspillé ma vie, car je ne crois pas avoir aidé les gens. Ma mère m'a aimée et acceptée telle que j'étais. À présent, je vois un chat à mes pieds. Mon chat me donne de l'amour ; c'est le même amour inconditionnel que celui de ma mère.

À présent, je suis étendue sur mon lit. Je suis seule, mais je suis prête à partir. Je sens mon être profond s'élever et sortir de mon corps de femme. À présent, je flotte dans les airs. Je suis triste d'être seule et coupée de la vie. Je regrette de ne pas avoir dit au médecin qu'il n'avait pas le droit de me parler sur ce ton. Je regrette de ne pas avoir demandé de l'aide et avoué que je ne savais pas quoi faire. Je me rends compte que l'âme de ce médecin est aussi celle d'un patron qui m'avait traitée de la même manière et auquel je n'avais pas osé parler franchement.

Dans ma vie d'aujourd'hui, je dois foncer et reconquérir mon pouvoir. Alors j'aurai l'impression d'être vivante. Je sens une lumière dorée quand je pense à la possibilité de croire en moi. Quand j'écoute mon cœur, je sens cette lumière dorée qui est une force capable de donner la vie. C'est uniquement en puisant à cette source que je peux donner quoi que ce soit aux autres.

Après la régression, Lydia parle de son engagement auprès de sa fille qui souffre de graves problèmes physiques, émotionnels et mentaux. Grâce à sa formation d'aide-infirmière, Lydia sent qu'elle peut subvenir aux besoins de sa fille. Si nous ne prenons pas possession de notre pouvoir personnel en tant qu'âme évoluant d'une vie à l'autre, nous sommes perdus au milieu de l'océan, sans bras ni jambes pour nager. Nos vies antérieures nous donnent l'occasion de grandir sur le plan spirituel si nous sommes prêts à absorber les bienfaits de chaque vie.

La hiérarchie des besoins de Maslow et l'évolution de l'âme

En 1943, le Dr Abraham Maslow, un psychologue américain, a créé ce qu'il a appelé une théorie de la motivation humaine. La hiérarchie des besoins de Maslow est souvent représentée sous la forme d'une pyramide (voir le tableau qui suit). Le génie de Maslow est d'avoir décrit l'évolution de l'âme en élaborant une théorie centrée sur le développement humain. Il l'ignorait, mais il existe un parallèle évident entre les étapes de notre développement sur terre et celles de notre âme éternelle progressant d'une vie à l'autre.

Au cours de nos premières incarnations, alors que nous sommes encore une jeune âme, nous nous concentrons sur nos besoins fondamentaux. Maslow appelle ces conditions élémentaires à la vie humaine des « besoins carencés » qui, quand ils ne sont pas satisfaits, peuvent mener à l'anxiété et au stress. Les émotions importunes, telles que l'anxiété et le stress, peuvent nous faire dévier de notre route et ralentir l'évolution de notre âme durant notre présente incarnation. Ressentir du stress ou de l'épuisement indique la présence d'un manque dans notre vie actuelle et dans celles qui ont précédé.

Considérez chaque étage de la pyramide des besoins développementaux de Maslow :

Besoins physiologiques : nourriture, eau, air et protection contre les éléments.

Besoins de sécurité : sécurité personnelle et financière, absence de violence, d'abus, de catastrophe naturelle et de crise économique.

Besoins d'appartenance et d'amour : besoin d'avoir une famille, des amis et de l'intimité.

Besoins d'estime : appréciation des autres, respect de soi.

Besoins d'accomplissement de soi : moralité, créativité et absence de préjugés menant à la transcendance de soi ainsi qu'à l'expérience d'une intimité et d'une spiritualité au-delà de la vie humaine.

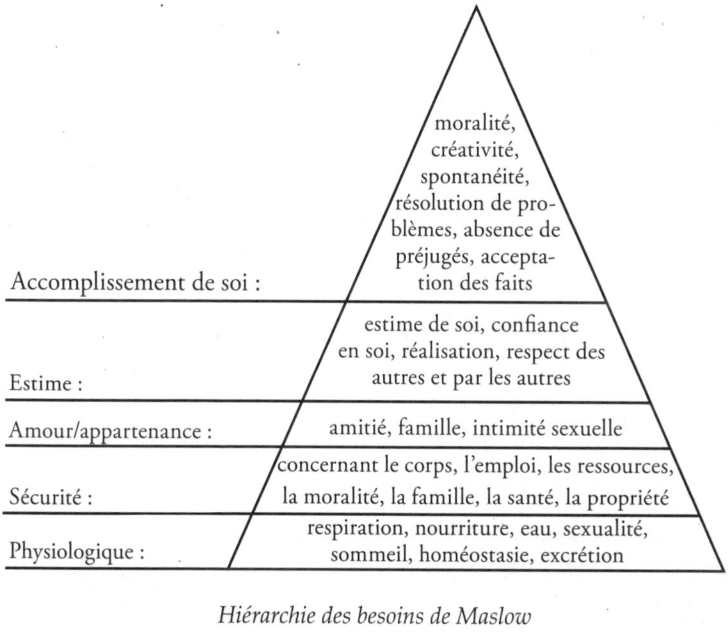

Hiérarchie des besoins de Maslow

Réfléchissez à présent à votre propre processus d'ascension actuel dans le contexte des cinq étapes de Maslow.

Demandez-vous si votre progression de l'enfance à l'âge adulte a été facile ou difficile. Quelles sont les étapes de Maslow qui vous ont semblé faciles par rapport aux périodes de votre vie où vous étiez anxieux et tendu, et qui ont fait de l'atteinte de l'une ou de plusieurs de ces étapes un véritable défi ? Autrement dit, quelles sont les périodes de votre vie qui vous ont semblé faciles et quelles sont celles qui vous ont semblé difficiles ? De tels exercices d'introspection vous permettent de mieux percevoir les éléments de votre vie actuelle qui sont traumatisants et difficiles.

Pour intégrer vos incarnations passées à votre vie de tous les jours, je vous invite à jouer les détectives. Tous les obstacles que vous rencontrez dans votre vie actuelle renvoient à quelque chose qui s'est produit dans une vie antérieure. Votre plan de vie prénatal contient des événements que vous avez choisi de vivre afin d'apprendre et d'avancer à la lumière de ces défis. Par exemple, si vous avez perdu votre mère alors que vous aviez 10 ans et que votre sœur en avait 7, cela peut indiquer une vie antérieure où vous êtes peut-être mort en laissant derrière vous de jeunes enfants.

Le karma est simplement un mécanisme pour rétablir l'équilibre, jamais un châtiment.

Si vous avez été une jeune mère de famille qui est morte dans la fleur de l'âge dans une vie antérieure, alors vous avez accepté d'apprendre à vous débrouiller et à aller de l'avant après le décès de votre mère dans votre vie actuelle. C'est une occasion pour vous de vous libérer de l'anxiété et de la tension qui vous habitent, ou de l'énergie associée à cet événement passé. Vous apprenez ainsi à faire connaissance avec les deux côtés de la médaille.

Les âmes amorcent leur évolution en s'incarnant à plusieurs reprises (des centaines, voire plus d'un millier de fois) afin d'atteindre un niveau suffisamment avancé pour jouer le rôle de guide spirituel. Au début, chaque âme avance à pas de bébé le long d'un parcours qui ressemble beaucoup à la hiérarchie de Maslow. Durant les premières étapes de la progression de notre âme, chaque nouvelle vie est une occasion de nous familiariser avec le fait de posséder un corps. Nous nous concentrons principalement sur la satisfaction de nos besoins physiologiques, de sécurité, d'amour et d'appartenance. Le premier tiers de nos incarnations se concentrent sur les besoins de notre ego plutôt que sur l'importance de rendre service. Pour les jeunes âmes, il est essentiel d'accumuler des expériences élémentaires de la vie liées à notre besoin de sécurité par rapport à la nourriture, à un abri, à l'argent et à nos relations avec les autres.

Imaginez ensuite que vous êtes une âme d'âge moyen qui a appris à maîtriser les principaux éléments de la vie incarnée. Même si cela peut sembler bizarre, vos premières vies en tant qu'âme sont semblables à un petit enfant qui apprend à se débrouiller dans un corps physique : vous devez apprendre à marcher, à vous nourrir, à communiquer, et à aller à l'école sans papa ou maman. Les âmes ne peuvent pas s'incarner automatiquement; elles doivent d'abord recevoir une formation de leurs guides pour comprendre comment la vie « fonctionne ». Vous devez vivre plusieurs vies et franchir plusieurs étapes pour atteindre ce niveau intermédiaire de l'évolution de l'âme.

Puisque vous lisez ce livre, vous êtes probablement une âme de niveau 5 et peut-être même d'un niveau supérieur.

Votre vie quotidienne est bien organisée, reflétant l'atteinte des étapes 1 et 2 de Maslow. En général, vos factures sont payées à temps, vous avez pris votre vie en main et vous êtes conscient des besoins des autres. Vous avez vécu des centaines de vie uniquement pour atteindre ce niveau intermédiaire de maturité spirituelle.

Par la suite, chaque nouvelle vie prend une tangente différente, tandis que vous abordez le deuxième tiers de votre ascension en tant qu'âme d'une vie à l'autre. Les étapes 3 et 4 de Maslow renforcent votre détermination à avancer sur le plan spirituel. Si la formation scolaire de l'âme s'échelonnait sur 12 ans, vous obtiendriez à présent des résultats assez satisfaisants pour vous rapprocher des classes de onzième et douzième années à mesure que votre apprentissage s'intensifie.

Vos besoins d'amour et d'appartenance ne sont plus aussi pressants, étant désormais liés à votre profonde détermination à échanger avec vos parents et amis. Il est essentiel pour vous d'améliorer votre estime de vous-même en parvenant à vous respecter et à vous faire respecter de ceux qui vous entourent. Vous devez apprendre à faire preuve d'ouverture, de vulnérabilité et de transparence dans vos relations intimes sans vous fier uniquement aux reflets que vous renvoient de vous-même les autres. Vous devez trouver en vous-même la certitude que votre vie a un sens.

Au cours de chaque vie, l'évolution de l'âme joue un rôle dans votre progression émotionnelle, comportementale et spirituelle. En fait, vous franchirez plus facilement les étapes 1 à 4 de Maslow si vous êtes rendu au deuxième tiers de votre évolution spirituelle, et plus encore si vous en êtes au dernier tiers de toutes vos vies. En même temps, plus vous êtes avancé dans le développement de votre âme, plus votre plan de vie prénatal sera compliqué et exigeant. L'étape 5 de Maslow est l'intersection où vos progrès dans la vie actuelle rencontrent ceux de votre âme et s'alignent sur ces derniers.

L'étape 5 résume tout : accomplissement de soi — moralité, créativité et absence de préjugés menant à la transcendance de soi ainsi qu'à l'expérience d'une intimité et d'une spiritualité au-delà de la vie humaine.

Vous atteignez l'étape 5 quand l'évolution de votre âme correspond à votre vie personnelle d'aujourd'hui. Autrement dit, nous ne pouvons pas nous maintenir à l'étape 5 de Maslow dans notre vie de tous les jours si notre âme n'a pas elle-même atteint ce niveau d'évolution qui nous prépare à vivre principalement pour l'autre, plutôt que pour soi, et à être utile tous les jours. Rappelez-vous l'exemple de la caméra à trois lentilles au chapitre 2 : vos vies antérieures et les plans de vie prénataux qui leur correspondent tiennent compte de qui vous avez été par le passé et de vos comportements antérieurs qui nécessitent une révision. La deuxième lentille permet de voir comment vous menez votre vie actuelle par rapport à votre contrat prénatal et au niveau d'avancement de votre âme, même si vous êtes toujours libre, quel que soit votre niveau d'évolution spirituelle ou le contenu de votre plan de vie. La troisième lentille se concentre sur les décisions que vous prendrez demain, et tient compte des besoins de l'humanité et des innombrables façons, importantes ou modestes, dont vous pouvez contribuer à son avancement.

Alexandre : Guerre, paix et leadership

Alexandre, un client dans la cinquantaine, a consacré sa vie adulte à décrocher des diplômes et à recevoir une éducation spirituelle formelle. Il travaille dans le domaine de la recherche scientifique pour garantir le respect des critères d'intégrité et d'éthique.

Durant une régression, Alexandre a découvert une vie antérieure durant laquelle il a pris la décision difficile de renoncer à un rôle lié à un conflit entre deux cultures antiques. Lisez et réfléchissez au développement actuel d'Alexandre et à son évolution spirituelle dans le contexte des étapes de Maslow.

Je suis un homme dans une ville près d'un marché. C'est une journée ensoleillée, et il y a beaucoup de monde ici. Je porte des sandales noires attachées autour de mes chevilles, une robe blanche et une lourde cape pour me tenir au chaud. J'ai un visage rougeaud et une barbe poivre et sel. Mes longs cheveux sont enduits d'une substance cireuse. C'est ainsi que la plupart des hommes portent leurs cheveux. Mes cheveux sont retenus à la base du cou par un ruban d'or et une sorte d'objet décoratif. Je crois avoir environ 47 ans.

Il y a beaucoup de mouvement, mais je me tiens à l'écart et garde mes distances. Je suis un administrateur dont on doit respecter l'autorité. J'ai plusieurs autres intérêts dans la vie. Je suis très attentif aux gens et à leurs besoins les plus profonds.

Nous sommes en 980 avant notre ère. Je suis prudent et discute de mes autres intérêts uniquement avec ceux qui sont capables d'apprécier la subtilité de mes préoccupations les plus profondes. J'accepte une réalité que plusieurs ne comprennent pas. Je m'intéresse en particulier à la philosophie et aux sciences. Au début, j'étais très nerveux quand il m'arrivait de discuter de ce que je crois être la vérité avec quelqu'un d'autre. Mais au fil des ans, j'en suis venu à savoir ce qui est vrai. Pourtant, je demeure stoïque car, en raison de ma position au sein du gouvernement, on s'attend à ce que je maintienne une contenance sévère.

J'ai accepté de jouer un rôle de meneur qui m'a permis d'atteindre une position élevée reliée à mes intérêts et à mes connaissances philosophiques et scientifiques. Je dirige un groupe de 30 personnes. Nous nous tenons plutôt à l'écart de la société en général, car nous devons faire preuve de discrétion. Nous avons établi des règles pour protéger les secrets dont nous discutons. Je n'aime pas cacher ce que je sais et en discuter uniquement au sein de ce petit groupe. Je n'aime pas l'atmosphère. Cela crée une distance entre nous et la majorité des gens. Tout le monde devrait avoir accès à ces informations.

Je suis encore à la tête de ce groupe clandestin. Compte tenu de ma position au sein du gouvernement, je dois cacher cette partie de ma vie. Je sais que le gouvernement a déjà enquêté sur l'existence de ce groupe. Les conséquences pourraient être désastreuses si nous étions découverts. Le gouvernement s'oppose à nos idées.

Le gouvernement est sur le continent. Notre groupe est situé sur une île; il y a neuf îles. Nos rencontres sont très ouvertes et amicales. Nous craignons les espions et les intrusions gouvernementales.

Plus tard, les choses se détériorent. Des accusations ont été portées contre nous, et des gens ont été arrêtés.

Certains veulent se battre. Je regarde autour de moi et je constate que notre mode de vie idyllique est menacé. Il est question d'interventions armées.

Il y a au sein du gouvernement une faction plus pacifique, mais ils sont peu nombreux. Je planifie en secret de partir. Certains membres de mon groupe parlent de rester et de se battre, mais je ne suis pas enclin à faire cela.

J'ai grandi sur cette île, mais j'y suis arrivé lorsque j'étais enfant. Je ne suis pas attaché à cet endroit. Je suis attaché à ce que je crois.

Je ne suis pas enclin à soutenir ceux qui veulent la guerre. Je crains une guerre d'extermination totale. Je planifie de partir, mais je ne peux en parler à personne. Une force navale a été assemblée pour nous envahir. Ils seront ici dans deux jours. Les gens courent dans tous les sens avec des plans d'attaque. Ils vont me considérer comme un traître, mais ça m'est égal.

Quand les envahisseurs arrivent, mes amis semblent vouloir passer dans l'autre camp. J'en profite alors pour m'échapper. Je suis ambivalent. J'avais espéré que certains de mes amis viendraient avec moi pour voir s'il était possible de maintenir nos croyances. Je ne vois pas d'autre issue que la fuite. Je ne veux pas me battre. Je veille toutefois à ne trahir personne.

Je passe le reste de ma vie sur une autre île. Je crois qu'il s'agit de l'île de Crète. Je mène une vie paisible et solitaire. Je n'ai raconté mon histoire à personne. Une femme arrive sur l'île et me reconnaît. Elle me cause des ennuis et me rend la vie difficile. Mais je suis vieux et je n'ai pas la volonté d'aller ailleurs.

C'est le dernier jour de ma vie. Je regarde par la fenêtre de ma petite maison d'où je peux voir un coin de ciel bleu. Ma santé décline rapidement. Mes voisins n'ont aucune envie de m'aider. Ils ont entendu les accusations de cette femme contre moi. Je suis si faible, puis je meurs. Tandis que mon âme quitte le corps de l'homme que j'étais, j'éprouve un sentiment de dégoût. Dans cette vie qui vient de se terminer, nous aurions pu faire du bien grâce au savoir de notre société secrète. Tout cela en vain, puisqu'il n'y avait pas de possibilité de changement. La femme qui est venue sur l'île où je suis mort était très en colère. J'ai été troublé par sa négativité, et rien de ce que je lui ai dit ne l'a fait changer d'idée. Je crois que l'âme de cette femme est aujourd'hui celle de ma mère dans ma vie présente. Je sais que je vais devoir me réconcilier un jour avec cette âme, mais pas maintenant.

Je traverse à présent des nuages légers et floconneux. Je me déplace pendant un long moment pour me libérer de la densité de cette expérience. Il y a un point d'entrée qui me fait penser à un œuf. J'attends que la porte s'ouvre. Des âmes, que l'on pourrait appeler des agents d'accueil, en sortent. Il y a beaucoup d'énergie positive et nourrissante autour de moi.

Quand les âmes sentent que je suis prêt, nous entrons dans l'œuf. Pour commencer, je m'assois avec deux amis vêtus de robes blanches, dont les corps sont presque translucides. Nous sommes tous les trois membres du même groupe d'étude. Nous discutons de chacune de nos existences après qu'elles furent terminées pour évaluer ce que nous avons acquis et ce que nous devons encore apprendre.

Mais nous ne restons pas très longtemps ensemble, car nous sommes encore sur le pas de la porte.

Nous ne nous incarnons jamais ensemble. Nous nous sommes engagés à grandir sur le plan individuel afin d'apprendre à maîtriser ce sur quoi nous travaillons. La croissance individuelle est fondamentale. Quand des groupes d'âmes se réunissent dans le monde spirituel, les détails de toutes nos vies créent un tout de savoir-faire. Néanmoins, tout le monde doit occuper différentes fonctions pour être finalement en mesure de jouer n'importe quel rôle. [Le sujet des sept archétypes est abordé au chapitre 6.]

Mes amis et moi passons peu de temps ensemble. Je sais de toute façon que nous nous reverrons plus tard. Je dois bientôt rencontrer mon guide spirituel. Nous discuterons de ce que j'ai accompli durant cette vie passée et des carences sur lesquelles je devrai travailler durant mes prochaines incarnations.

Je suis avec mon guide à présent. Nous nous rendons d'un pas lent et serein dans un endroit où il y a des chutes d'eau. Nous ne disons rien pour le moment. Nous pouvons nous arrêter et partir chacun de notre côté, mais nous nous fixons d'abord un rendez-vous pour discuter de la vie que je viens de compléter. Nos échanges sont calmes et empreints de dignité de façon à ce que ma réintégration dans le royaume de l'Esprit se fasse en douceur.

À présent, mon guide et moi discutons de chaque détail de ma vie passée. Nous parlons pendant très longtemps, l'équivalent de 10 ou 20 années sur la terre. Nous passons en revue chaque détail avec minutie. Il sait que j'ai de grandes attentes. Mon guide me tend un miroir pour que je puisse reconnaître que mon âme est de couleur violette. Puis je prends en note les aspects sur lesquels je devrai travailler au cours de ma prochaine vie.

Nous discutons de mon efficacité en tant que meneur durant cette vie passée. Pour être efficace, il est essentiel de savoir quand s'ouvrir aux autres, quand se retenir et quand prendre ses distances. Il faut maintenir un délicat équilibre pour éviter les complots clandestins et les tentatives d'assassinat. J'hésite beaucoup sur ce point; ce sont des questions extrêmement difficiles quand nos moyens de subsistance et notre vie sont en jeu. Les actions doivent être proportionnées aux circonstances. Le meneur doit savoir quand agir ou non. Je serai à nouveau confronté à ce genre de problème dans mes vies futures. De plus, je pourrai réexaminer plus en profondeur cette vie avec mon guide dans un proche avenir; rien ne presse. Quand je rencontrerai à nouveau mes deux amis, ils m'aideront également à déterminer la meilleure façon d'améliorer mes aptitudes de meneur.

En raison de la façon dont je me suis comporté dans ma vie antérieure, une femme a lancé des accusations contre moi. J'ai agi pour me sauver sans me rendre compte que je trahissais ainsi les membres de mon groupe. Fuir, c'est renoncer à exercer notre esprit de commandement. Mon guide me dit que c'est une question d'expérience; il ne me juge pas. J'apprendrai à mieux définir mon engagement envers les idéaux de mon groupe afin d'éviter ce genre de catastrophe à l'avenir.

LA PROGRESSION DE L'ÂME ET L'APPRENTISSAGE D'ALEXANDRE

La régression d'Alexandre illustre bien le besoin constant d'apprendre qui accompagne la progression de notre âme. Que vous soyez une âme qui entreprend son premier voyage, ou une âme de niveau intermédiaire ou avancé, n'a pas d'importance ; vous avez toujours besoin d'élargir le champ de votre conscience. Les détails que j'apprends au sujet d'un client durant l'entrevue qui précède la séance de régression me permettent de me faire une idée du niveau d'avancement de son âme. La plupart des clients sont de niveau intermédiaire ou un peu plus avancé, car une âme plutôt jeune prendra rarement le temps de participer ou de s'intéresser à une régression spirituelle.

Sur la base d'une dizaine de milliers de régressions, j'ai découvert que les clients déterminent leur niveau d'évolution en fonction de la couleur de leur énergie spirituelle fondamentale. Notre parcours spirituel n'a pas de fin, car chaque âme, de même que l'humanité et l'univers, cherchent à s'élever. Pour dire les choses plus simplement, nous nous incarnons parce que nous voulons devenir des guides et des professeurs dans le monde de l'Esprit. L'énergie spirituelle est une fréquence lumineuse perçue comme une couleur, et nous passons progressivement à travers toutes les couleurs de l'arc-en-ciel à mesure que nous avançons. Dès votre première incarnation, votre fréquence de lumière divine appelée âme amorce une longue ascension vers les sommets de la sagesse. Durant une régression spirituelle, le client peut percevoir la couleur ou la fréquence de son âme.

Le niveau d'évolution de votre âme n'est en soi ni une bonne ni une mauvaise chose. Comme à l'école, vous devez réussir votre première année avant de passer à la deuxième, et ainsi de suite. Le tableau suivant présente les différentes étapes que notre âme doit franchir pour progresser. Même si le parcours de chaque âme est unique, nous mettrons tous des centaines, voire des milliers d'années, pour atteindre le niveau bleu et les niveaux suivants, où nous avons assez de perspicacité pour jouer le rôle de guide spirituel.

Échelle de l'âme						
Rouge	Orange	Jaune	Vert	Bleu	Violet	Or/blanc
1, 2	3, 4	5, 6	7	8	9	10

La régression d'Alexandre nous apprend beaucoup de choses, l'une d'entre elles, et non la moindre, étant que nous devons poursuivre la formation de notre âme. Notre code mémoriel est pur et ressent le besoin d'évoluer, tout comme un jeune enfant est innocent et doit acquérir des connaissances et des habiletés. Rappelez-vous que votre code mémoriel est comme une boule de glaise qui prend forme au cours des nombreuses vies que vous vivez. Dans sa vie actuelle, la formation académique, les intérêts spirituels et le travail d'Alexandre dans le domaine de l'éthique nous indiquent qu'il a probablement atteint l'étape 5 de Maslow concernant l'accomplissement de soi. En tant qu'humain et en tant qu'âme, le niveau 5 ne doit pas être compris comme une destination que nous atteignons une fois pour toutes ; il s'agit plutôt d'un voyage qui demande plusieurs vies.

Dans sa vie antérieure, Alexandre a joué un rôle de meneur à la fois au sein du gouvernement et à la tête d'une société secrète profondément consciente des grandes vérités de la vie. Il était également dégoûté par la guerre. Cela nous indique qu'il s'est incarné à plusieurs reprises pour atteindre un niveau mental, physique et spirituel aussi élevé. Néanmoins, Alexandre s'est enfui de sa communauté lorsqu'un conflit a éclaté en raison de systèmes de croyances disparates. Ses guides lui ont conseillé de ne pas penser uniquement à son ego et à son désir de fuir quand une guerre semble imminente. Les accusations de la femme en colère avaient pour but de lui rappeler qu'il aurait dû penser aux besoins des autres et pas uniquement aux siens. Aujourd'hui, la relation difficile d'Alexandre avec sa mère et l'âme de la femme en colère représentent pour lui une occasion de rééquilibrer le karma de cette incarnation d'un autre temps.

Comme exemple d'entente prénatale, Alexandre a maintenant la chance de nouer une relation plus amicale avec sa mère. En faisant un pas vers la guérison, la dette énergétique de cette vie passée peut être remboursée. Les régressions spirituelles sont souvent pour le client l'occasion de découvrir l'origine d'une discorde, qu'il n'aurait jamais compris autrement, entre lui et une autre personne dans sa vie actuelle. Nous pouvons poser des gestes pour avancer en tant qu'âme et entretenir des relations différentes, non seulement avec les vies passées de notre âme mais aussi avec tous ceux qui partagent notre vie quand des émotions similaires se manifestent.

La couleur violette de l'âme d'Alexandre ainsi que son groupe d'étude comprenant deux âmes avec lesquelles il ne s'incarne pas font penser qu'il a atteint l'étape 5 de Maslow, celle de l'accomplissement de soi. Même si Alexandre rencontre son guide et les membres de son groupe d'étude entre deux vies, nous voyons que l'évolution de son âme se produit essentiellement durant chaque incarnation, où il a l'occasion d'interagir avec d'autres âmes incarnées et de se familiariser avec la vie sur Terre. Pensez aux événements qui ont représenté pour vous un défi et à ceux qui se sont révélés enrichissants. Les éléments les plus polarisants de votre vie sont les meilleurs indices du contenu de votre contrat prénatal et reflètent ce que vous pouvez faire pour poursuivre votre illumination dans votre vie actuelle.

En résumé

En laissant derrière nous les besoins de notre ego pour nous tourner vers les éléments essentiels à la création de liens amicaux et communautaires, nous en venons à comprendre les raisons pour lesquelles nous sommes présentement dans un corps. Si vous passez en revue votre vie actuelle et vos vies passées, vous tomberez sur plusieurs occurrences de ce genre. Quand on sait que les hauts et les bas de la vie ont un sens et ouvrent la porte à l'évolution de notre âme, chaque jour devient une aventure.

On vous présente continuellement des perspectives d'évolution, pour restaurer votre âme et l'âme de l'humanité. Nous sommes tous importants et nous avons tous le pouvoir d'amener la population de notre planète à comprendre que nous sommes en fait un seul et même tout.

Demandez-vous :

1. **Quels sont les indices dans ma vie actuelle qui me laissent croire que j'ai vécu une ou plusieurs vies**

antérieures ? Pensez à ce que vous pouvez faire pour rééquilibrer votre karma ou tirer profit des habiletés que vous avez acquises durant vos vies antérieures.

2. **Ai-je le sentiment d'être apprécié par les autres et de me respecter suffisamment moi-même ?** Sinon, examinez une ou plusieurs vies antérieures pour vérifier si la présence de vestiges karmiques vous empêche d'avoir aujourd'hui une bonne estime de vous-même.

3. **Avec qui ai-je des problèmes karmiques dans ma vie actuelle ?** Nous pouvons atténuer ou résoudre les conflits karmiques de deux façons. Il est parfois possible et utile de discuter avec douceur mais honnêtement de vos préoccupations avec la personne concernée. Il arrive aussi que la personne en question ne soit plus dans un corps ou ne représente pas le genre de personne avec laquelle il est sage et productif d'engager la conversation. Quand vous ne pouvez pas parler directement à la personne, vous avez toujours la possibilité de communiquer avec elle de façon intuitive.

Chapitre 5

Communiquer avec vos guides spirituels

« En étant au service des autres, l'homme découvre le pouvoir de l'amour et sa signification occulte. Il donne et par conséquent il reçoit ; il mène une vie de renonciation, et les richesses des cieux pleuvent sur lui ; il donne tout, et pourtant il ne lui manque rien ; il ne demande rien pour lui-même, et c'est pourtant l'homme le plus riche de la terre. »

— Alice Bailey et le maître ascensionné
tibétain Djwhal Khul

Soyez assuré que vous êtes guidé

Avoir un guide spirituel n'est pas un privilège, c'est quelque chose d'automatique, tout comme avoir des parents pour un enfant et des professeurs pour un étudiant. Alice Bailey a écrit ses livres en canalisant le maître ascensionné Djwhal Khul (DK). Nos guides spirituels nous soutiennent durant chacune de nos vies. Le maître DK nous décrits comme étant au service de l'humanité, ne demandant rien en retour et étant «pleins à ras bord» tandis que nous donnons et recevons.

Avant l'âge de 46 ans, il ne m'est jamais venu à l'esprit que j'avais un guide spirituel. Je croyais en Dieu mais je ne me souciais pas de mon âme, ni de ce qui pouvait la soutenir ou la guider. L'idée que chaque événement de la vie se produit pour une raison à la suite de l'interaction de notre âme avec nos guides était quelque chose de complètement nouveau pour moi. En 1993, tout mon univers a basculé après la mort physique de mon collègue quand celui-ci a effectué sa transition vers le royaume de l'Esprit. À mesure que les messages envoyés par l'âme de mon collègue psychologue se manifestaient dans ma conscience quotidienne, j'ai «vu» intuitivement des scènes tirées de vies antérieures que j'avais partagées avec lui. C'est alors que j'ai acquis la conviction que l'âme survit au corps. Cette acceptation de la continuité de la conscience spirituelle m'est venue si facilement que j'étais certaine que la nature éternelle de notre âme se trouvait tout juste à l'extérieur de mon «savoir».

Tandis que vous vous engagez sur la voie de l'évolution de l'âme, les rideaux s'entrouvrent pour vous révéler la vérité : votre moi supérieur orchestre chacune de vos incarnations. Proportionnant progressivement les détails nouveaux et épineux de chaque vie, vous servez deux «maîtres» : l'évolution de votre âme et celle de l'univers. Lorsque vous êtes une jeune âme, les leçons que vous apprenez sont essentiellement dans votre propre intérêt; quand votre âme est un peu plus accomplie, vous cherchez plutôt à maintenir un équilibre entre votre propre croissance et celle des autres. Finalement, une fois arrivé à destination, vous apercevez un panneau sur lequel il est écrit : «Donner, c'est recevoir.»

Pour entrer en contact avec vos guides au moyen de votre intuition, la clé est de pratiquer et de pratiquer encore. Exercer votre muscle intuitif, c'est un peu comme ouvrir les rideaux pour regarder par la fenêtre. Il y a plusieurs années, je me suis obligée à établir une pratique spirituelle inviolable à laquelle je devais m'adonner tous les jours. J'ai choisi un moment en particulier, aménagé un coin de la maison et entrepris mon rituel quotidien indéfectible sous la forme d'un voyage dans le monde des percussions chamaniques.

L'aboutissement de cette nouvelle routine a été un approfondissement de mon respect et de mon acceptation du fait que je suis une âme intuitive entourée de guides spirituels. Je suis plus à l'aise avec mes croyances spirituelles et je fais davantage confiance à mon instinct. Avec le temps, je suis de plus en plus consciente de mes guides et de leurs conseils.

Les conseils sont partout ; vous devez leur porter attention. Au début des années 1990, à ma grande surprise, ma conscience spirituelle a commencé à germer. Un exemple de mes capacités extrasensorielles s'est manifesté le jour où j'ai décidé d'ouvrir les rideaux. J'ai d'abord vécu une expérience de clair-kinesthésie. Comme la clochette ou le sifflet qui se fait entendre quand on gagne un animal en peluche à un jeu d'habileté sur le site d'un parc d'attraction, j'ai remarqué la présence d'un son soudain et aigu dans une oreille me signalant de porter attention. Avec le temps, mon interprétation intuitive de cette sensation auriculaire s'est affinée, et j'ai finalement compris qu'il s'agissait d'un message venant de mes guides. Par exemple, si mon mari me suggérait de téléphoner à ma vieille mère, mon oreille se mettait à bourdonner pour me confirmer que c'était la chose à faire. Plus je me fiais à ces « symptômes auditifs », plus ils se produisaient, et ce que sous-entendait chacun de ces signaux se révélait la plupart du temps valide.

En octobre 1993, j'ai vécu une expérience extrasensorielle surprenante mais utile qui m'a amenée à prendre une importante décision d'affaires. Après la mort de mon collègue, la situation au sein de mon groupe de travail était devenue chaotique. Tandis que l'on s'efforçait de résoudre ce problème interpersonnel au bureau, mon mari et moi sommes partis pour notre ville de repos préférée. Après lui avoir cassé les oreilles pendant les cinq heures qu'avait duré le trajet en voiture, nous sommes entrés ce soir-là dans la cour d'une historique hacienda pour nous retrouver au bout d'une longue file de clients qui attendaient une table dans notre bar préféré, célèbre pour ses serveuses chantantes. Pour moi, c'était peine perdue, mais mon mari a insisté pour que nous inscrivions nos noms sur la liste d'attente.

Après avoir pris place au bout de la file, nous avons remarqué la présence de plusieurs couples impatients devant nous. Quelques instants plus tard, nous avons entendu notre nom et nous sommes passés d'un air penaud devant les autres couples. Je revois encore l'hôtesse nous invitant à nous asseoir à une table devant la scène ; elle nous a donné les menus, les lumières ont été tamisées, et une serveuse toute menue à un mètre de nous s'est mise à chanter une chanson célèbre tirée de la comédie musicale *Les Misérables*, « Mon histoire ». Je ne dis pas cela pour être mélodramatique, mais je me suis mise à pleurer, car je savais que le maillet cosmique en caoutchouc venait de me frapper sur la tête. Du royaume spirituel, mes guides et mon collègue me disaient qu'il était temps de prendre congé de ces histoires de bureau ; pour moi, cela ne faisait aucun doute. Deux semaines plus tard, je trouvais l'endroit parfait pour ouvrir un bureau et dénichais deux nouveaux collègues.

Mes dons de claircognition et de clairsentience avaient fait leur travail. Mes pensées et mes émotions m'avaient fait comprendre que j'avais besoin de changement. Quand vous savez que votre intuition vous met en contact avec votre équipe de guides et de professeurs spirituels, vous pouvez avancer dans la vie en étant certain de jouir d'un soutien éternel.

Régression spirituelle, hypnose et moi supérieur

En tant qu'êtres spirituels, nous semblons nous diviser en deux catégories. Certains sont plus à l'écoute de leurs émotions que de leur raison ; quand leur instinct leur dit de faire quelque chose, ils le font. Je dis souvent que ce sont des gens qui utilisent surtout leur cerveau droit, qui font confiance à l'hémisphère créatif de leur cerveau. Pour d'autres, c'est exactement le contraire. Ce sont des gens, comme moi, qui utilisent surtout leur cerveau gauche. En demandant des explications rationnelles, ils font preuve de ce que j'appelle un « sain scepticisme ». *Comment* avons-nous accès à nos guides par l'intermédiaire de l'intuition ? Quels sont les mécanismes cérébraux qui nous mettent en contact avec le royaume de l'invisible ?

Tout comme il n'y a pas de bons ou de mauvais niveaux de développement spirituel, il n'y a pas de bonnes ou de mauvaises habiletés intuitives, quelles que soient celles qui vous viennent le plus facilement. Autrement dit, peu importe où vous en êtes dans votre développement spirituel ou le genre de personne que vous êtes sur le plan perceptif : tout est pour le mieux. En fait, quand vous acceptez vos principaux facteurs spirituels, tels que vos habiletés intuitives, cela contribue à votre évolution. Réfléchissez à votre niveau de développement spirituel, à votre cerveau dominant, à vos clair-habiletés les plus fortes et aux relations que vous avez nouées durant vos vies antérieures.

Les ondes de votre cerveau sont la clé pour comprendre l'hypnose, la régression spirituelle et la réception de messages intuitifs. En simplifiant un peu, disons que l'électroencéphalographie enregistre l'activité électrique de notre cerveau. Les fréquences les plus élevées, appelées bêta, correspondent à l'état de veille et aux activités de notre cerveau gauche. Quand nous nous détendons ou que nous nous adonnons à une pratique spirituelle, notre activité cérébrale est dominée par des fréquences plus basses, appelées alpha. Avant de nous endormir (ondes delta), nous entrons dans un état de profonde détente associé aux ondes thêta.

Durant une régression, nous faisons appel à l'hypnose pour soutenir et guider le client vers un état de conscience altéré, proche de celui d'une personne plongée dans une profonde méditation, appelé transe. Tous les jours de notre vie, nous nous détendons, et la fréquence de nos ondes cérébrales décroît jusqu'à ce que nous nous endormions. C'est dans cet état associé aux ondes alpha et thêta que nous pouvons accéder au savoir spirituel de notre moi supérieur. Un thérapeute qualifié et expérimenté aide le client à accéder et à se maintenir plus facilement dans cet état de conscience altéré.

Existe-il un dépôt où sont emmagasinées toutes nos vies antérieures et toutes les données se rapportant à notre âme? Si oui, comment accédons-nous à ces informations durant une régression ? Chaque fois que vous vous incarnez, vous transposez un aspect holographique de votre énergie spirituelle dans votre nouveau corps/cerveau. Bien qu'il s'agisse uniquement d'une partie de votre être divin total, cette énergie est le carburant qui vous garde en vie. Ce qui reste de votre « moi » fondamental dans le royaume spirituel est votre moi supérieur. En accédant à votre intuition par l'intermédaire d'une pratique spirituelle ou de la transe, vous utilisez votre hémisphère cérébral droit pour créer un conduit entre votre cerveau humain et votre moi supérieur.

Votre moi supérieur peut ainsi accéder à vos guides et aux informations contenues dans la « bibliothèque » de votre âme. Durant une régression, votre hémisphère gauche est le superviseur mental qui vous permet de comprendre le contenu intuitif provenant du royaume spirituel. Je vous encourage à faire confiance aux habiletés de votre cerveau droit et de votre cerveau gauche et à les exercer le plus souvent possible. L'équilibre est la clé.

Vos guides spirituels

Chaque existence nous donne l'occasion de poursuivre notre développement au niveau le plus fondamental à mesure que nous laissons derrière nous notre personnalité ou notre ego pour nous aligner toujours davantage sur notre moi supérieur. Au niveau de l'âme, nous travaillons tous étroitement avec nos guides spirituels : des professeurs très expérimentés, ayant souvent cessé de s'incarner, qui offrent bénévolement de nous aider durant nos années de « pèlerinage » pour atteindre la sagesse d'une âme hautement évoluée.

Voici comment des clients ont décrit leur rencontre avec leurs guides après une régression :

Davita : Une rencontre avec mon guide à la bibliothèque

Je laisse cette vie antérieure derrière moi. Ils me laissent me reposer. La vie ici-bas [sur Terre] n'est pas facile. Je préfère être ici et libre. J'étais prête à quitter cette vie.

J'avance dans un couloir, puis je descends un escalier. Au début, je trouve que cela ressemble un peu à une vieille université. Puis j'ai l'impression de me trouver dans une église décorée de vitraux. Je croise une bibliothèque où des gens travaillent en silence.

Je sors dans une cour où se trouve une fontaine. Tous les autres sont en classe. Je vois des enfants en train de jouer, et quelqu'un travaille dans le jardin. Mon guide vient à ma rencontre. Je sais que nous aurons un échange d'idées.

Mon guide porte une courte barbe de couleur foncée. Il ressemble à un professeur d'université, à un intellectuel, avec son veston en tweed. Je sais qu'il est l'un de mes professeurs. Je veux qu'il respecte mon intellect. J'ai l'impression d'être obligée d'investir toute ma passion dans des activités intellectuelles. Il dit que j'en fais trop. Je dois trouver quelque chose à faire qui en vaut la peine si je veux me sentir utile. La façon dont je passe mon temps n'a pas d'importance pourvu que j'aie l'impression d'être utile à quelque chose.

Je dois apprendre à me sentir autonome en tant que femme. Mon guide me dit de ne pas m'inquiéter au sujet de ma mission actuelle. Il dit qu'à l'occasion nous allons aussi loin que nous pouvons aller durant une vie et accomplissons ce qui reste à faire de notre engagement au cours d'une prochaine incarnation.

Samantha : Rencontre avec mon guide dans une grotte pour y être régénérée – préparation des bébés âmes

Tandis que je laisse cette vie antérieure derrière moi, je me retrouve en train de flotter dans un endroit rempli d'étoiles. Je m'y sens la bienvenue. Rien ne presse. J'entre à présent dans ce qui semble une grotte hérissée de stalactites et de stalagmites. Je me dirige vers un disque au sommet d'un escalier. Sous le disque se trouve un espace en forme de croissant où je m'étends. Le disque renferme un plus haut niveau de conscience. Tandis que je suis étendue sous ce disque, je suis soignée et régénérée. Je me sens soutenue et entourée d'amour. Puis j'aperçois mon guide; il s'appelle Rakesh.

Rakesh me dit que je peux venir ici pour recevoir des soins énergétiques à n'importe quel moment, car mes cellules en conservent le souvenir. Je me lève et descends une allée bordée de piliers blancs de chaque côté. Je vois à présent des petits fragments de conscience. On dirait des graines qui ont besoin d'être nourries.

Ces sont des bébés âmes fraîchement sorties de la Source. On les prépare petit à petit à s'incarner. J'aide ces toutes jeunes âmes à se reposer jusqu'à ce qu'elles génèrent assez d'énergie pour s'incarner. Ces jeunes âmes, composées de matière primordiale, se développent avec le temps. Elles finissent par prendre conscience d'elles-mêmes et acquérir suffisamment d'expansion pour amorcer le long voyage de l'incarnation.

Les récits de Davita et Samantha illustrent bien le sentiment de bien-être et de paix régulièrement décrit par les clients au moment où leur dernière vie s'efface et que leur arrivée dans notre vraie demeure dans le monde de l'Esprit est imminente. Repos et détente sont les deux premières choses à l'ordre du jour, surtout quand nous avons connu une vie difficile. Davita brosse un tableau de la vie après la mort avec ses jardiniers et ses enfants enjoués. En même temps, le respect sacré de Davita pour l'étude colore sa description de son entre-deux-vies. Un guide d'une grande sagesse aux allures d'universitaire lui offre des conseils fermes mais amicaux, l'invitant à se créer une vie riche de choix ; dans la vie quotidienne, Davita doit moins se tracasser et suivre sa passion. Les critiques constructives offertes par le guide de Davita, présentées ici pour votre considération, incluent des incitations à jouer davantage, à prendre contact avec la terre et à choisir un centre d'intérêt. Rakesh souligne la conscience supérieure de l'espace personnel de Samantha dans le monde de l'Esprit. À n'importe quel moment, elle peut s'étendre ou s'immerger dans son espace en forme de croissant. Étant depuis longtemps infirmière et sage-femme, Samantha comprend son rôle auprès des bébés âmes. Vivre dans un corps demande une préparation, et c'est pourquoi ces « graines » de conscience doivent progressivement développer les aptitudes nécessaires avant d'affronter les défis de l'incarnation. L'un des rôles de Samantha consiste à aider énergétiquement ces « toutes jeunes âmes ».

Votre premier guide — votre guide spirituel

Imaginez à présent que vous êtes un bébé âme qui possède les ressources nécessaires pour s'incarner. C'est un peu comme si vous étiez un marsupial prêt à quitter la poche de sa maman. Des êtres supérieurs vous invitent à vous joindre à un petit groupe d'âmes, des camarades de classe en quelque sorte, avec lesquelles vous demeurerez en contact durant toutes vos incarnations. Même si vous ne partagerez pas chacune de vos vies avec l'ensemble de ces 8 à 15 âmes en même temps, vous finirez par les connaître intimement. Vous les soutenez, et elles vous soutiennent en retour. Vous partagerez avec l'un ou, à l'occasion, deux de ces esprits un plus grand nombre d'incarnations et forgerez avec eux des liens puissants.

Au début, le royaume spirituel ne vous laisse jamais à vous-même sans le soutien d'un guide ou d'un professeur. Ce n'est tout simplement pas une option. À la pouponnière des âmes où vous passez du temps dans la « poche de votre maman », des guides spirituels sont là pour prendre soin de vous.

Imaginez la scène : c'est la rentrée des classes en première année à l'école primaire de l'âme où tous les membres de votre famille spirituelle se réunissent. Un professeur bienveillant se tient à l'avant, souriant mais sérieux. Le professeur vous indique un pupitre sur le dessus duquel est inscrit votre nom. Des manuels d'arithmétique, de lecture et d'orthographe se trouvent devant vous. Vous retrouverez dans ces livres des notions de sagesse élémentaire, ainsi que des matières spécifiques aux intentions de votre groupe. Votre groupe peut aussi avoir une prédilection pour la musique, les arts, la politique ou la famille. Il est temps de vous y mettre et d'entreprendre votre évolution spirituelle d'une vie à l'autre.

Le professeur à l'avant de la classe est votre premier guide spirituel. Tout comme votre âme évolue au cours de vos différentes incarnations, passant de la première année à la deuxième année, et ainsi de suite, durant vos vies physiques, les guides spirituels suivent également une trajectoire ascendante. Quand vous êtes une jeune âme mûre et prête à s'incarner pour une première fois, votre premier guide est l'équivalent d'un professeur du primaire.

Ces guides moins évolués sont parfaitement capables de vous conseiller et de vous soutenir dans vos progrès lors des premières étapes de votre croissance spirituelle. Tout comme les étudiants qui arrivent à l'université reçoivent souvent des cours donnés par des étudiants diplômés, votre premier guide possède l'équivalent d'un baccalauréat et poursuit ses études de maîtrise et de doctorat pour les guides.

Le système éducatif sur Terre est une analogie utile pour comprendre l'évolution de l'âme. Après avoir complété les trois premières années du primaire, vous êtes prêt à approfondir et élargir vos connaissances de base. Une équipe de guides de niveau intermédiaire, plus avancés que votre premier guide, assureront la direction de vos études à partir de la quatrième année.

Votre premier guide, appelons-le Satya, demeure à vos côtés en tant que membre de votre équipe de soutien la plus proche. Périodiquement, Satya accompagne votre moi supérieur à une réunion où sont également présents vos guides plus avancés. Ces professeurs plus accomplis, dont le nombre varie de 3 à 10 selon votre niveau d'évolution et l'objectif de votre vie actuelle, forment une sorte de conseil des aînés. Mes clients les appellent à l'occasion les « gros canons », les « cerveaux », etc.

Joignez-vous à présent à Joséphine en réunion avec son conseil des aînés.

Joséphine : Surmonter une perte – tourner la page

Je suis une femme âgée vêtue d'une robe blanche en coton. Mes cheveux sont gris et frisés et m'arrivent aux épaules. J'ai un petit visage et les yeux bruns. Je suis dans une petite pièce avec un lit, une fenêtre et une cuvette sur une table. Les murs sont gris ; le plancher est en bois, et il y a un tapis près de mon lit.

Je me mets au lit ; je suis très fatiguée. Je remonte les couvertures, ferme les yeux et m'endors. Je ne me réveillerai plus. J'ai quitté ce corps que je regarde d'en haut. Quelle pauvre femme qui aura été triste et seule la plupart du temps. La plupart des gens qu'elle connaissait étaient morts. Elle éprouvait un terrible sentiment de perte. Au cours de cette vie, je devais apprendre à surmonter la perte d'êtres chers. Je vois une religieuse en train de prier à mon chevet. Elle est si triste.

Je flotte à présent dans le noir. Il est temps de me reposer et de retrouver mon groupe. Souvent, à la fin d'une vie, je prends le temps de laisser derrière moi douleur et colère ; il est nécessaire pour moi de le faire. La douleur et la colère peuvent s'agripper à nous. Je dois me débarrasser de ces sentiments pour éviter de les emporter avec moi. J'ai appris comment me libérer de la douleur d'une vie antérieure. Auparavant, un guide m'aidait à me purifier, mais à présent je sais le faire moi-même.

Oh, je suis en paix à présent. Tandis que je m'avance, je rencontre quelqu'un. C'est mon guide principal ; il sait que j'ai besoin de temps pour faire le ménage et que je viendrai quand je serai prête. Nous joignons à présent nos énergies et nous allons ailleurs.

Je rencontre mon comité [conseil des ainés] et je peux sentir leur amour pour moi. Il est si agréable d'être de retour et de passer en revue mon travail. Ils sont sept. Je vois leur silhouette, mais pas leur visage, et ils parlent tous d'une même voix.

Les membres de mon conseil me disent que j'ai bien fait au cours de ma dernière vie. Je comprends à présent ce que signifie perdre quelqu'un. Ma vie actuelle est une récompense pour avoir laissé la douleur derrière moi. Je ne peux pas progresser si je ne traite pas la douleur de la façon qui convient. Mais je dois tourner la page sur mon apprentissage de la douleur pour découvrir la beauté qui m'attend au chapitre suivant.

Tout cela me donne un sentiment de grande humilité. Ils disent que je suis ici pour aimer et aider ceux qui m'entourent. J'ai du mal à croire qu'il s'agit essentiellement de l'énergie qui se dégage de moi. J'ai parfois l'impression que je devrais en faire plus. Ils veulent que j'apprenne à me connaître. Je vais continuer à découvrir petit à petit qui je suis; il est question d'une énergie qui a la force et le pouvoir de créer du changement.

Je suis à présent avec les membres de ma famille spirituelle. Cinq âmes sont assises autour d'une table simplement pour s'échanger les dernières nouvelles. C'est un peu comme retourner au travail après les vacances, comme si on vous demandait : « Qu'as-tu fait durant ton absence ? » Il se dégage de ces êtres un immense sentiment d'amour et de joie. Ces émotions sont si intenses que, sur le plan terrestre, je ne peux pas en saisir la profondeur. Pour commencer, je vois ma mère. Elle me dit que je fais du bon travail; elle m'aime et m'apprécie. Je vois ensuite mon mari, et on me dit que nous sommes toujours en contact. Puis, voilà mon fils. Il est exubérant et ne pense qu'à vivre de nouvelles aventures. Il veut toujours nous faire rire. Nous devons parfois lui rappeler de se mettre au travail. Michaël est là. C'est lui qui m'a initiée à la spiritualité dans ma vie actuelle. Il aime le travail bien fait et il est prêt à devenir guide.

Je suis la plus timide et silencieuse du groupe. Je m'informe de mon frère, car je me fais du souci pour lui. Ils me disent que son apprentissage n'est pas terminé. Quand ma mère sera morte, son apprentissage et son rôle passeront à un niveau supérieur. Mon frère a choisi un corps difficile pour cette vie. Son moi supérieur est très différent dans le monde de l'Esprit. Dans son corps actuel, il a des problèmes de débalancement chimique, et c'est pourquoi il est difficile pour lui de trouver un équilibre.

La régression de Joséphine nous permet d'observer à vol d'oiseau la riche expérience d'une cliente.

Examinons sa séance en ses diverses parties. Tout d'abord, chacune de nos vies est consacrée à ce qui nous motive à aller de l'avant. Nous avons tous connu des vies de douleur et de souffrance. La plupart du temps, nous acceptons de vivre des deuils durant notre voyage. À 25 ans, j'ai donné naissance à mon deuxième enfant de façon prématurée, et il est mort. Cela m'a dévastée. Aujourd'hui, plus de 40 ans plus tard, je ne doute pas un seul instant que la profondeur de vue que j'ai acquise en surmontant le décès de notre deuxième fils m'a été plus qu'utile. J'ignorais posséder la force intérieure pour survivre à une telle douleur et à une telle déception. En ne tenant jamais rien pour acquis, je suis devenue plus lucide. La naissance de notre fille, deux ans plus tard, a été pour nous une indescriptible bénédiction.

Se purifier après une vie intense, c'est un peu comme prendre un bain de soleil. Nos guides savent précisément ce dont nous avons besoin à chaque instant. À l'instar de ce vieil adage « Quand l'élève est prêt, le maître apparaît », quand il est temps de nous débarrasser et de nous libérer de notre « shmutz » (un mot yiddish signifiant « saleté ») accumulé au cours d'une vie antérieure, le processus se met en branle. Joséphine est comme une fillette de huit ans qui a appris à prendre son bain toute seule. Elle prend le temps nécessaire pour se reposer et se détendre avec un thérapeute, sans crainte de rester silencieuse quand elle en sent le besoin.

Remarquez que Joséphine peut rester aussi longtemps qu'elle le désire dans son espace de purification ; elle n'a qu'à faire signe à son guide quand elle est prête. Elle parle de joindre son énergie à la sienne, une façon courante de décrire la force spirituelle d'un guide en train d'envelopper celle d'un client. Quel réconfort.

Joséphine a gagné ses galons pour avoir su s'adapter à la perte d'un être cher et apprendre de cette expérience ; elle a persévéré malgré tout. Grâce aux capacités accrues de son âme, elle peut venir en aide aux autres grâce à son énergie sans avoir à poser un seul geste. L'humilité de Joséphine indique son avancement. Sans même qu'elle n'ait à le demander, ses aînés lui apportent leur soutien en lui présentant quelques-uns des membres-clés de sa famille spirituelle. Le fait d'apprendre que les problèmes de son frère sont d'ordre physiologique plutôt que spirituel lui permet d'y voir encore plus clair. Votre guide et les membres de votre conseil sont au courant des problèmes spécifiques auxquels vous êtes confrontés. La régression de Joséphine illustre la façon dont son équipe de guides et de professeurs partage avec elle des vérités essentielles pour l'aider dans son voyage spirituel.

Guides : apparence et êtres chers

L'une des questions que l'on me pose le plus souvent est : « À quoi ressemble mon guide ? » Les possibilités sont infinies. L'apparence de votre guide et son caractère s'expliquent de deux façons. Premièrement, les guides possèdent une qualité ou une nature qui leur est inhérente. Tout comme vous avez votre propre caractère, un guide spirituel peut être intense, stimulant, intellectuel, et ainsi de suite. Deuxièmement, durant une régression, les guides et les professeurs nous transmettent implicitement des messages en se présentant sous les traits d'un homme, d'une femme ou d'un être asexué. Si vous devez prendre mieux soin de votre esprit, de votre corps ou de votre intellect, votre guide apparaîtra sous la forme d'une femme au sourire éclatant et aux longs cheveux bouclés, portant des vêtements flottants. Si vous prenez la vie trop au sérieux, votre guide peut se présenter en dansant, déguisé en bouffon vêtu de couleurs vives. Votre guide vous « textera » un message par rapport à son apparence extérieure. Si vous en saisissez le contenu, le guide n'ira pas plus loin ; si vous ne comprenez pas le sens de ce message, votre guide en rajoutera.

Les êtres chers décédés qui résident à présent dans le royaume spirituel peuvent aussi vous servir de guides, mais rarement en tant que votre guide principal. Néanmoins, quand vous visitez l'Au-delà au cours d'une régression et que votre défunt grand-père bien-aimé vous parle, l'expérience est extraordinairement enrichissante. Prenez la régression de Francesca durant laquelle elle a rencontré sa mère biologique dans le monde de l'Esprit. Francesca a été adoptée à la naissance. Elle voulait se sevrer des médicaments contre l'anxiété qu'elle prenait depuis plus de 15 ans et espérait que sa régression pourrait l'aider en ce sens.

Francesca : Parler avec ma mère biologique

Mon mari et moi sommes anglais. Il est capitaine dans la marine britannique, et nous vivons en Inde. Il rentre à la maison et me dit que nous devons retourner en Angleterre. Nous partons à bord d'un navire. C'est horrible. Nous sommes frappés par une tempête ; le navire coule, et nous mourons tous les deux noyés. Je voulais mourir en Angleterre et non de cette façon.

Mon âme quitte le corps de la femme que j'ai été. Mes guides me disent que je peux rester dans le monde de l'Esprit pour me remettre de la façon dont je suis morte ou retourner rapidement sur Terre. En passant, mon mari dans cette vie antérieure est aussi mon mari dans ma vie actuelle. Mes guides me disent que je peux retrouver l'âme de mon défunt mari si je le désire. Alors je choisis de me réincarner sans prendre le temps de me remettre de la façon dont je suis morte.

Mes guides m'expliquent qu'il est difficile pour moi de ne pas me sentir anxieuse, étant morte noyée et ayant une mère adoptive qui prend peur et panique pour un rien. À présent, l'âme de ma mère biologique s'avance vers moi. Elle me dit qu'elle avait honte d'être enceinte à un si jeune âge. Elle me dit que je suis une enfant de l'amour, mais elle avait peur de ne pas être prête à m'élever. Mes guides me disent que parce que j'ai été donnée en adoption, j'ai pu aider ma mère adoptive, qui avait besoin d'apprendre à aimer un enfant. Aider ma mère adoptive à guérir est l'un de mes engagements actuels. Je pourrai à présent me libérer de mon anxiété car je comprends le rôle qu'a joué la façon dont je suis morte au cours de ma dernière vie.

Durant sa régression, Francesca a reçu des réponses claires et nettes à quelques-unes des questions qui la préoccupaient le plus. Premièrement, la cause de notre mort au cours d'une vie antérieure peut persister et influencer nos expériences subséquentes. Les problèmes d'anxiété de Francesca dans sa vie actuelle s'expliquent en partie par le traumatisme qu'elle a vécu en se noyant. Quand nous complétons une existence, notre âme retourne dans le monde de l'Esprit où elle a l'occasion de faire la paix avec les émotions qui ont entouré la façon dont nous sommes morts. Si une énergie émotionnelle liée aux circonstances de notre mort demeure attachée à notre ADN spirituel, des symptômes venus du passé referont surface pour être traités durant notre présente incarnation.

Deuxièmement, nous avons toujours le choix, comme Francesca, de rétablir les éléments d'une vie antérieure durant le temps que nous passons dans l'Au-delà entre deux vies. Francesca a choisi de se réincarner avec l'âme de son ancien mari de façon quelque peu précipitée. Dans sa vie actuelle, elle souffre d'un déséquilibre énergétique ou karmique à cause de ces événements troublants qui devront être compris et enterrés une fois pour toutes.

Troisièmement, durant une régression, un être cher peut communiquer avec nous pour nous fournir des informations essentielles. La mère biologique de Francesca, sous la supervision de ses guides, lui a expliqué pourquoi elle avait décidé de donner son bébé en adoption. Au lieu de vivre les émotions de quelqu'un d'autre, Francesca a maintenant le choix de se délivrer de cette douleur lui venant de sa mère adoptive et de retrouver sa liberté.

Finalement, Francesca a découvert deux éléments essentiels concernant sa mère adoptive : sa personnalité craintive et angoissée ainsi que son besoin d'apprendre à aimer un enfant sont à l'origine de bien des choses dans la vie de Francesca. Rapidement, cette cliente dans la soixantaine a pu résoudre ce mystère et s'en détacher. Les éléments retenus dans le code mémoriel de Francesca ont été énergétiquement oblitérés grâce au soutien de ses guides et aux démarches qu'elle a entreprises pour accepter ses émotions et tourner la page.

Votre ascension spirituelle

Rappelez-vous la hiérarchie des besoins de Maslow : vous êtes ici pour une seule raison, c'est-à-dire pour grandir en tant qu'âme, dans votre intérêt et celui des autres. D'un point de vue plus sophistiqué et englobant, votre travail actuel, en tant qu'âme, consiste à devenir un jour un guide spirituel. L'ascension de votre âme, de l'humanité et de l'Univers est en cours, et nous en avons tous terriblement besoin.

Selon une vieille croyance occidentale, l'âme est statique et d'essence spirituellement parfaite ; si c'est le cas, pourquoi nous réveillons-nous à répétition dans un nouveau corps au cours de vies successives ?

Je vous invite à approfondir cette vision trop simpliste des choses qu'on veut nous faire avaler au détriment des capacités de notre esprit et de notre conscience intuitive. *Vous* êtes celui ou celle qui peut faire changer les choses sur notre planète. Quand vous faites l'effort de comprendre et de corriger les déséquilibres de vos vies antérieures tout en contribuant à l'avancement de l'humanité à votre propre façon, ce processus de guérison mène alors à plus d'unité.

Votre guide spirituel a pour mandat de mettre de la pression sur vous — parfois avec douceur, parfois presque avec dureté — afin que vous augmentiez la cadence et alliez toujours de l'avant. Pensez à votre guide spirituel comme à un être exigeant, direct et affectueux tout à la fois. L'interaction entre votre guide, vous-même et la façon dont vous réagissez aux circonstances de chacune de vos vies entraîne un développement réciproque. À mesure que vous évoluez, votre guide évolue avec vous ; à mesure que vous évoluez, votre premier guide cède la place à un guide plus expérimenté. Plus loin dans ce chapitre, il sera question de la croissance spirituelle des guides. Pour l'instant, examinons ce que vous pouvez faire pour aller de l'avant.

Votre objectif a pour nom « ascension ». Par le passé, le mot *ascension* évoquait une destination plutôt qu'un voyage continuel. Grâce à mes régressions et mes études en spiritualité, je me suis rendu compte que nous cherchons à devenir des guides spirituels qui doivent eux aussi progresser. Vous montez les échelons de l'évolution de l'âme au cours de nombreuses vies successives. Votre fréquence spirituelle augmente progressivement, et la couleur de votre âme s'élève sur l'échelle allant du rouge au blanc doré, puis vous devenez un guide débutant qui passera un jour l'examen pour servir en tant que guide expérimenté.

FAMILLE SPIRITUELLE D'ORIGINE, GROUPE D'ÂMES ÉCLAIRÉES ET CONSEIL

Caitlin : Mourir de rire – évolution constante de l'âme

Caitlin est une jeune femme biraciale dans la fin trentaine, fruit d'une aventure amoureuse. À six ans, elle a perdu sa mère emportée par l'alcoolisme, puis elle a été élevée par différents membres de sa famille.

C'est le chaos. Les gens sont hystériques. Cela a quelque chose à voir avec le roi, car nous sommes en guerre avec un pays voisin. Nous sommes dans les Highlands écossaises. Aucun d'entre nous ne peut faire la moindre différence. Notre chef s'imagine qu'il peut faire tout ce qu'il veut. Je vois des chevaux qui se rapprochent, et ces gens veulent nos terres. Je ris bêtement à la barbe de notre chef, et cela me vaut la peine de mort. Il déclare des choses ridicules. L'un de ses hommes de main me transperce le cœur de son épée, et je meurs en riant. Cela ne me dérange pas.

Je sors de ce corps. J'aime bien mourir en riant. Je quitte rapidement cette vie. Je peux à nouveau voler dans les airs. Bientôt, je retrouve mes copains. Nous nous asseyons en cercle sur le gazon comme sur un campus universitaire. Quatre membres de mon groupe sont là, et le cinquième s'en vient après avoir complété une vie. Ce ne sont pas les membres de mon premier groupe d'âmes ; nous formons un groupe d'âmes éclairées ayant une mission toute particulière. Nous avons vécu beaucoup de vies ensemble. Nous venons tous de vivre une vie durant laquelle nous n'avons pas fait grand-chose ; alors, nous n'avons pas besoin de nous purifier en profondeur.

Je reconnais une seule des âmes de mon groupe ; il s'agit de mon amie Andréa. Son âme est de couleur bleue. J'aimerais en avoir fini avec mes vies sur Terre, et c'est pourquoi ma vie actuelle est un effort pour grandir un bon coup. Comme Andréa s'en tire mieux que moi sur Terre, elle peut m'aider.

Nous rencontrons les membres d'un autre groupe. Ils sont sept, et la couleur de leurs âmes est plutôt lavande. Ils sont de bonne humeur et impatients de connaître la suite. Je ne connais aucun d'eux dans ma vie actuelle. Nous allons essayer de faire changer les choses sur Terre.

C'est un énorme défi, mais je suis intelligente et je trouverai une façon d'y arriver. Ce qui se passe sur Terre me met quelque peu en colère. Ma farouche détermination me propulsera vers l'avant. Et travailler avec les membres de ce groupe m'aidera à rester forte. Ma vie d'aujourd'hui porte entièrement sur notre besoin de vérité et de justice. L'énergie circule difficilement sur la Terre, car ses conduits sont tordus et emmêlés. En formant un groupe, nous pouvons obtenir des résultats positifs.

Les gens sur Terre regardent partout sauf au bon endroit. Nous pouvons soulever un peu le voile pour limiter les sources de distraction. Cela aidera les gens à voir qui ils sont vraiment. Vous vous rappellerez plus facilement ce que vous êtes venus faire ici. Vous tournez en rond, vous mourez, puis vous devez tout reprendre à zéro. Souvent, ce n'est qu'à leur retour dans le royaume spirituel que les gens voient ce qui les a empêchés d'avancer. Nous allons les aider à découvrir qui ils sont et pourquoi ils sont sur Terre avant la fin de leur vie. Ils doivent compter sur l'aide de Dieu et de leur énergie spirituelle. Je suis à présent avec les membres d'un conseil. Je suis assise à la même table qu'eux. Nous sommes huit ; je suis membre de ce conseil. Nous discutons des mots qui doivent être employés pour cibler la mémoire spirituelle des âmes sur Terre. Dans moins de deux ans, je serai prête à guider d'autres âmes pendant que je suis sur la Terre.

Ce conseil dont je suis membre se situe entre les deux ; cela signifie que nous guidons certains guides spirituels. Au-dessus de nous se trouve un niveau supérieur qu'on pourrait appeler celui de la hiérarchie ou des maîtres. Notre groupe élabore des plans et les met en œuvre. Ceux au-dessus de nous nous disent ce qu'ils veulent voir advenir, et nous faisons ce qu'il faut pour cela. La plupart des membres de notre conseil ne s'incarnent plus. Quelques-uns d'entre nous iront sur Terre pour aider les êtres humains et régler quelques détails concernant notre propre progrès spirituel. Je viens du côté des anges, mais je voulais connaître la vie sur Terre. Ce n'est pas habituel, mais on m'a permis de le faire.

Caitlin nous présente l'essentiel de la formation d'une âme en vue de son évolution. Après avoir examiné chaque élément de la régression de Caitlin durant une entrevue, j'ai appris que cette cliente avait connu une enfance compliquée. Sa mère avait eu une aventure avec un homme d'une autre race et était tombée enceinte ; sa mère était alcoolique et était morte alors que Caitlin n'était qu'une enfant ; son beau-père se droguait et n'était pas intéressé à élever sa belle-fille ; et ma cliente avait été déplacée d'un membre de sa famille à l'autre durant toute son enfance. On peut raisonnablement supposer que Caitlin est une âme éclairée du simple fait qu'elle ait survécu à de telles épreuves tout en demeurant hautement fonctionnelle. Caitlin a accepté de s'incarner pour remédier à ses propres problèmes karmiques et aider d'autres âmes à apprendre et à progresser.

Sa capacité à se moquer de l'ego d'un roi qui croit avoir le pouvoir de déclarer qu'un territoire est sien même si celui-ci appartient à une autre communauté depuis des générations est un autre signe m'indiquant que nous avons affaire à une âme éclairée. L'âme de ma cliente laisse ensuite cette dernière vie derrière elle pour aller travailler avec un groupe d'âmes dont l'objectif principal est d'amener les gens à respecter les besoins des autres. Elle ne côtoie plus ses anciens camarades de classe spirituelle car ces âmes évoluent à des rythmes différents. C'est un peu comme si Caitlin avait complété ses études secondaires et travaillait à présent avec un groupe de jeunes diplômés.

La vie actuelle de Caitlin, en plus des détails fournis par sa régression, confirme qu'elle possède à présent la persévérance et la sagesse nécessaires pour siéger sur un conseil de professeurs aînés. Les membres de ces conseils sont responsables d'âmes moins développées qu'ils ont pour mission de guider. Toutes les âmes, qu'elles soient bébés ou membres d'un conseil, sont obligées de poursuivre leur élévation et leur apprentissage.

Guides ascensionnés et hiérarchie des maîtres

Par le passé, j'ai cru comprendre que la destination finale de l'évolution de l'âme était de devenir guide spirituel, le but suprême étant atteint une fois que nous avons cessé de nous incarner; un peu comme le professeur émérite qui est libre de lire, d'écrire et de se promener comme bon lui semble durant les dernières années de sa carrière. D'innombrables clients venus me voir pour une régression, ainsi que du matériel canalisé dont la fiabilité ne fait aucun doute, m'ont convaincue du contraire.

Quand une âme arrive à la fréquence bleue, le niveau nécessaire pour devenir guide spirituel débutant est atteint. Dans un premier temps, la décision de se mettre au service des autres en tant que guide spirituel est prise par l'âme, de concert avec ses guides. Une autre décision importante, concernant la suspension de vos incarnations, est également prise conjointement avec votre équipe de guides et de professeurs. Bref, si vous êtes une âme aguerrie ayant atteint la première étape de son ascension, la décision de devenir guide (et de continuer ou non à vous incarner) est quelque chose de fort complexe. L'humanité retire de grands bienfaits de l'expérience et des enseignements qu'une âme de haut niveau peut offrir, qu'elle soit dans un corps ou non. Présentement, un grand nombre d'âmes éclairées sont incarnées sur Terre parce que notre planète est confrontée à une grave situation concernant le manque de respect envers soi, envers les autres et envers la planète.

L'évolution de l'âme tend vers un but plus sophistiqué et plus difficile à atteindre que ce que nous croyons communément. Prenez l'échelle de 1 à 10 qui se trouve au chapitre 4. Si vous êtes un guide spirituel de niveau 8 (ou de la fréquence bleue), vous allez probablement continuer à vous incarner et à servir de guide pour des âmes sur la Terre et dans le monde de l'Esprit. Rappelez-vous que ce niveau correspond à celui de guide débutant, soit le niveau d'un étudiant chargé de diriger des travaux sous la supervision d'un professeur membre en règle d'une faculté. Mais ne vous méprenez pas : un guide de niveau 8 connait beaucoup de choses et est responsable de guider des âmes moins évoluées.

Les âmes de niveau 9 et 10 sont à un tournant où certaines viennent encore sur Terre pour aider directement l'humanité à changer, alors que d'autres choisissent de travailler dans le royaume spirituel pour guider ceux d'entre nous sur la Terre dont le plan de vie consiste à inciter et à pousser les autres à progresser. Les âmes les plus sages gèrent et coordonnent les activités dans le royaume spirituel et sont appelées la hiérarchie ou les maîtres de sagesse.

L'évolution de l'âme et le royaume céleste sont des réalités solides et fonctionnelles. J'entends par là que le processus d'avancement, l'organisation et la coordination de toutes les âmes peuvent être décrits comme étant démocratiques, justes et rationnels. L'idée qu'il existe une gestion transcendante des âmes et des consciences semblera sans doute à bien des gens incroyable ou incompréhensible. Avec l'ordre mondial actuel livré au chaos — comme en font foi les conflits, les tueries et les guerres ; l'instabilité économique ; les désastres naturels ; et notre manque de respect pour l'environnement –, notre mode de vie est un véritable gâchis.

Notre seul espoir, pour que la Terre devienne un lieu sacré et pour que nous nous comportions à la manière impartiale et respectueuse du royaume céleste, est que les maîtres guides les plus avancés sur le plan spirituel travaillent à travers nous et avec nous en tant qu'âmes incarnées. Comme je le dis souvent : « Nous sommes les troupes au sol des maîtres. »

Prenez le temps d'apprécier le récit d'un client dont le guide est membre de la hiérarchie. Tandis que vous assimilez toutes ces informations, rappelez-vous que nous avons tous un guide, et souvent plus d'un.

Carl : Les conseils de Michaël

Je reste plus longtemps que je ne le devrais sur la scène de ma mort à cause de la personne qui était mon mari au cours de cette vie antérieure. Il ne s'est jamais remis du décès de notre fils. Il m'a fermé la porte de son cœur. Je ressens à présent l'appel, l'envie de laisser cette vie derrière moi. Je suis à la maison ; il fait bon d'être à la maison. Il y a de la lumière, une énergie et un sentiment de libération. J'ai l'impression qu'on a rechargé mes batteries. Il est si agréable d'être de retour à la maison, mais je suis triste de laisser mon cher mari derrière dans cette dernière vie.

Je sens à présent qu'il y a un guide avec moi. C'est Michaël, l'archange. Il me dit que je suis entièrement ici dans le monde de l'Esprit, mais je sens qu'une partie de moi-même est restée là-bas. Je devrai m'occuper de ce sentiment de perte à un autre moment, pas maintenant. Je saurai quand le temps sera venu de m'occuper de cette coupure entre mon âme et celle de mon ex-mari dans ma vie actuelle, qui était également mon mari dans cette vie antérieure. Je redis à Michaël à quel point nous étions heureux dans l'intimité de notre tipi quand notre fils était petit. Tout cela a disparu avec la mort de notre fils.

On me dit que je me suis marié (dans ma vie actuelle) avec cette même âme pour travailler sur les blessures de notre vie précédente. Mais nous n'avons pas fait ce que nous avions conclu de faire. Il a commis des erreurs. J'ai fait de mon mieux, mais j'ai trop insisté. Je ne dois pas être aussi dur envers moi-même. Nous avons partagé plusieurs vies ensemble et nous en vivrons encore plusieurs autres. Durant ces vies antérieures, nous nous sommes souvent tournés le dos. À l'avenir, nous aurons la chance d'apprendre à ne plus commettre les mêmes erreurs.

La régression de Carl soulève quatre points importants. Tout d'abord, nous avons tous vécu une ou plusieurs vies dans la peau d'une personne de l'autre sexe. En général, nous vivons la plupart de nos vies sous les traits d'un homme ou d'une femme, mais nous devons aussi apprendre en quoi « Mars est différent de Vénus ». Deuxièmement, l'âme de Carl a partagé plusieurs vies avec celle de son ex-mari, ce qui m'indique qu'ils font partie du même groupe d'âmes. Michaël avertit Carl de ne pas se juger trop durement, car il a fait tout ce qui était possible de faire par le passé. Troisièmement, lors d'une prochaine incarnation, ces deux âmes se retrouveront pour essayer de découvrir une façon d'ouvrir leur cœur à l'autre. Tout n'est pas perdu, puisqu'ils auront encore la chance de renouer des liens pour apprendre à trouver un équilibre l'un avec l'autre.

En résumé

Accepter que nous sommes toujours aimés, soutenus et dirigés par nos guides spirituels est la clé pour accepter que le royaume de l'invisible ne nous laisse jamais tomber. Le nettoyage à fond de nos vies antérieures les plus significatives sera un baume pour notre âme.

Les maîtres de sagesse sont un groupe de 64 maîtres ascensionnés qui ont progressé à la suite de multiples vies transformationnelles sur la Terre pour atteindre les niveaux 9 et 10 sur l'échelle spirituelle. Responsables des progrès de l'humanité, ces maîtres supervisent les guides de tous les niveaux pour faciliter l'évolution des âmes. L'âme qui vous sert de professeur principal ou de premier guide spirituel aura toujours un peu d'avance sur vous sur le chemin de l'illumination.

Demandez-vous :

1. **Quels sont les indices dont vous disposez pour identifier la personnalité ou le style de votre guide ?** En utilisant votre intuition ou une pratique spirituelle, imaginez tout simplement à quoi ressemble votre guide. Prenez le temps de mettre dans votre journal un dessin ou une description détaillée de votre guide.
2. **Quels événements de votre vie semblent avoir été guidés ?** Concentrez-vous sur un ou deux événe-

ments marquants qui ont amené votre vie à prendre une direction inattendue.

3. **Soupçonnez-vous que l'un de vos guides soit un être cher dans le monde de l'Esprit?** Vous arrive-t-il, à l'occasion, de sentir l'énergie d'une personne spéciale pour vous ayant transité dans le royaume spirituel? Que pourrait-elle essayer de vous dire?

Chapitre 6

Les sept archétypes et les rayons de l'âme

« Cherchez cet attribut mental qui vous donne l'impression d'être extraordinairement vivant, celui qui amène votre voix intérieure à se dire : "Voilà ce que je suis véritablement." Et quand vous l'aurez trouvé, suivez-le. »

— William James

VOTRE ARCHÉTYPE ÉTERNEL

Votre âme a un parfum qui est distinct, sans âge et fixe. Comme un bébé âme au seuil de sa première incarnation, vous apprendrez que la sélection d'un archétype spirituel est gravée dans la pierre à la suite des discussions et des consultations avec vos guides spirituels. Une myriade de facteurs concourt à votre signature d'âme, à votre nature spirituelle. Tout d'abord, la valeur et la raison d'être des sept énergies doivent être comprises. À partir de ces sept options vous choisirez un seul parfum qui servira d'ossature à votre âme pendant toutes vos vies.

SEPT ASPECTS ÉGAUX DE L'ÉNERGIE DIVINE

Les « sept rayons » sont associés à une croyance mystique, remontant à l'an 600 avant notre ère, selon laquelle la force divine est divisée en sept énergies d'égale importance. De nombreux enseignements spirituels et religieux séculaires mettent en lumière la valeur essentielle de chaque aspect divin. La somme de ces sept rayons résume l'évolution spirituelle à laquelle nous aspirons au cours de toutes nos existences.

Prenez le temps de réfléchir à quel moment de votre vie vous avez commencé à comprendre l'importance de ces rayons.

La religion et la spiritualité contiennent les enseignements des rayons. Certaines icones chrétiennes des premiers siècles, comme celles du monastère Sainte-Catherine du mont Sinaï, représentent la transfiguration sous la forme de sept rayons émanant du corps lumineux de Jésus. Dans les enseignements de la Kabbale juive, l'arbre de la vie représente les sept éléments nécessaires, d'égale importance, pour créer l'équilibre qui émane de la puissance céleste descendant ici-bas à travers l'esprit et le cœur pour résider sur la Terre sous la forme de notre âme incarnée.

Continuons à explorer cet usage fort répandu du chiffre 7. Les enseignements de l'hindouisme expliquent comment Vishnu, le Dieu suprême, entre dans les sept rayons solaires qui se dilatent pour former sept soleils à la fin de toutes choses. La tradition chaldéenne de la Perse antique présente ces rayons comme les agents purificateurs d'Hélios, représentant lui-même le soleil. Au cours de l'histoire, le chiffre 7 est apparu à la suite d'importation de concepts – qu'on pense aux sept jours de la semaine, aux sept chakras du corps ou aux sept notes de musique –, et en hébreu, le mot sept signifie « porter serment ». On pourrait consacrer un chapitre entier à ces exemples d'utilisation culturelle du chiffre 7.

Plus important pour vous est de commencer à examiner le pouvoir et l'importance de chaque rayon ; considérez ce qui constitue l'ossature de votre âme et quel est le rayon qui vous définit. Ne soyez pas surpris ni troublé si cela vous semble un peu confus au début.

Les sept rayons et la théosophie

L'objectif général de ce chapitre est de faciliter la découverte de votre rayon spirituel, ou du moins de vous aider à ramener de sept à deux le nombre des possibilités. À la fin du XIXe siècle, Helena Blavatsky a fondé la Société théosophique pour moderniser ce qu'elle appelait la sagesse archaïque ou la doctrine ésotérique qui existait dans les premiers temps de la civilisation. Blavatsky a introduit les sept rayons dans la culture occidentale. Sur les traces de Blavatsky, Alice Bailey est devenue une importante auteure dans le domaine de la théosophie ésotérique avec ses livres dont le contenu serait du matériel canalisé provenant du maître ascensionné Djwhal Khul, aussi appelé le « Tibétain ».

La croyance fondamentale de Bailey, telle que présentée dans ses écrits, est que tout est énergie. L'intellect, le corps et l'esprit de tous les êtres humains et de toutes les choses – d'origine minérale, végétale ou animale – sont constitués d'une énergie supérieure. Une énergie essentielle et divine produit les rayons qui sous-tendent la vie humaine et le monde tel que nous le connaissons.

Plusieurs croient que la phrase « Ce qui est en bas est comme ce qui est en haut, et ce qui est en haut est comme ce qui est en bas » nous viendrait d'Hermès, aussi appelé Thot ; dieux respectivement grec et égyptien, qui ont porté ces deux noms au cours du deuxième et troisième siècle de notre ère. Sir Isaac Newton, le célèbre physicien et mathématicien du XVIIe siècle, a mis de l'avant un paradigme semblable à celui-ci, pour montrer que le divin se reflète en nous en tant qu'humains, et vice versa. Bref, les sept rayons existent sous la forme d'une énergie divine « au-dessus » qui se manifeste sur la Terre « en-dessous » à travers notre archétype spirituel individuel.

On me pose souvent la question : si l'âme et le divin sont parfaits, pourquoi devons-nous nous incarner pour évoluer en tant qu'âmes ? La réponse est simple : rien n'est parfait. L'Univers dans son entier existe et devient éternellement. À mesure que les âmes évoluent, les guides évoluent ; et quand les guides font des progrès, toutes les âmes font des progrès. Chaque âme, de même que chaque guide spirituel, est imprégné de l'un des sept rayons d'énergie.

Tandis que vous lirez la description de chaque rayon, je vous invite à l'essayer. Ce rayon d'énergie correspond-il à ce que vous êtes, à votre nature, à votre force et à votre orientation ? Prenez votre temps et prenez des notes. Y a-t-il un rayon en particulier dont les caractéristiques vous ressemblent davantage que les autres ?

PREMIER, DEUXIÈME ET TROISIÈME RAYON

Réunis, ces trois premiers rayons sont la divinité manifestée ou la force vitale inscrite dans la réalité. Ces trois rayons sont considérés actifs, car ils fournissent l'énergie qui permet aux quatre autres rayons d'exister.

Le premier rayon est l'émanation du point de puissance et du point de lumière. C'est la volonté du premier rayon qui génère un changement associé à l'attitude consistant à « ne pas poser de question ». Ce rayon doit semer la mort et la destruction dans une perspective impersonnelle. C'est l'agent du changement. On pourrait dire qu'il est celui qui « ouvre la porte », car cette énergie spirituelle a pour but de nous faire progresser. Dans votre environnement familial ou professionnel, la personne caractérisée par le premier rayon n'a pas peur de changer les règles du jeu. Considérez cette personne comme un roi ou un chef. Le premier rayon est le moins courant de tous les archétypes spirituels, en raison de la difficulté inhérente à imposer des changements et à soutenir la critique.

L'amour et la sagesse provenant du cœur divin sont le but du deuxième rayon. On pourrait dire de l'âme incarnée du deuxième rayon qu'elle apporte la plus haute lumière du mystère cosmique sur la Terre.

Une âme incarnée du deuxième rayon désire vous inspirer à être tout ce que vous pouvez être. Un tiers du spectre complet de cette énergie divine enchâssée à travers chaque incarnation sur Terre correspond à ce philosophe prêtre, qui soutient et exhorte les autres de façon publique et explicite à respecter et être ce qu'ils sont vraiment.

Le troisième rayon est la dernière portion de l'énergie divine canalisée sur Terre à travers la force personnifiée. En raison de leur intelligence créative, les personnes du troisième rayon sont des penseurs et des philosophes qui apportent une sagesse supérieure sur la Terre. Les âmes du troisième rayon adaptent la conscience ou l'esprit universel au mode de vie et à la moralité de l'existence humaine quotidienne. Ce sont des érudits qui désirent comprendre et assimiler une grande variété de sujets sociaux, politiques, médicaux et autres de première importance. Avant de partager avec vous la régression d'un autre client, passons en revue la liste des choix professionnels typiques et des personnages historiques qui correspondent à ces trois premiers rayons d'énergie :

Premier rayon : politiciens, meneurs, explorateurs, cadres, dictateurs (Abraham Lincoln, Winston Churchill)

Deuxième rayon : professeurs, guérisseurs, humanistes, philanthropes, membres du clergé (Paramahansa Yogananda, Albert Schweitzer)

Troisième rayon : philosophes, astrologues, économistes, historiens (Steven Spielberg, Albert Einstein)

Ces exemples de carrières pour les trois premiers rayons sont de caractère général. Prenez le temps d'approfondir votre compréhension de ces rayons divins. Ne vous inquiétez pas si vous ne trouvez pas immédiatement lequel de ces rayons correspond à votre archétype spirituel.

Quatrième, cinquième, sixième et septième rayon

Les trois premiers rayons représentent le complément exhaustif de l'énergie divine qui s'est abaissée pour transmettre la force de la lumière plus près de la Terre par l'intermédiaire des quatre derniers rayons. Le quatrième rayon est le pouvoir ou l'agent de stabilisation qui transforme l'absence de forme de la divinité en matière. Ce rayon est souvent appelé le lien entre les trois premiers rayons et les trois derniers, ou l'intermédiaire divin. L'harmonie apparaît grâce à l'intention du quatrième rayon. À l'occasion, il doit y avoir des conflits pour que nous puissions parvenir à un terrain d'entente, où l'accord, en tant qu'objectif du quatrième rayon, préserve l'honneur de toutes les parties impliquées. Une âme du quatrième rayon prend sur elle d'inciter les membres de sa famille ou de son groupe de travail à trouver un accord ou un compromis en mariant divers éléments comme le ferait un artisan.

Le cinquième rayon est peut-être le plus facile à définir : le plan divin prend tout simplement forme à travers la cinquième énergie. Les connaissances concrètes et les démarches entreprises pour amener les changements nécessaires sur Terre sont le résultat de la puissance du cinquième rayon. Cet archétype spirituel est celui du guerrier et du stratège. Persévérance et grande précision sont des traits que l'on retrouve chez ces individus. Si vous connaissez quelqu'un qui est doué pour mettre en œuvre un projet ou faire que les choses se passent comme prévu, vous avez affaire à un exemple classique d'âme du cinquième rayon.

L'âme du sixième rayon correspond à une personne qui préfère agir en coulisse, et dont le modus operandi consiste à se dévouer aux besoins des autres. Dévotion et idéalisme sont au fondement de cette personnalité qui ne connaît ni la pitié ni la peur. La puissance du sixième rayon est d'ignorer les désirs personnels pour le mieux-être de tous, respectant et maintenant la vie et l'amour en toutes choses. Travailler en équipe et au sein d'une communauté est la priorité inébranlable de cette âme désireuse de prendre soin des autres.

Le septième rayon fusionne tous les éléments de l'énergie divine, conduisant à l'alchimie des six premiers rayons. Magie, mystère et rituel sont réunis sous la force du septième rayon. C'est l'énergie du sage et des Merlin de toutes les époques qui fusionne la vérité fondamentale de tous les rayons pour n'en faire qu'un seul, une fondation où se rencontrent le Ciel et la Terre. Un intérêt pour les présages, les rêves et l'occulte — le savoir spirituel que nous sommes des consciences éternelles — est typique de ce rayon. Cette énergie divine septénaire qui s'élève à partir du premier rayon pour culminer avec le septième rayon détient tous les moyens de transformation.

Quatrième rayon : artistes, médiateurs, poètes et psychologues (Vincent van Gogh, Léonard de Vinci)

Cinquième rayon : chercheurs, ingénieurs, analystes et inventeurs (Jonas Salk, Alexander Bell)

Sixième rayon : pasteurs, missionnaires, parents et orateurs (Jean le Baptiste, Johnny Cash)

Septième rayon : ritualistes, magiciens, designers et constructeurs (J.R.R. Tolkien, Buckminster Fuller)

VOTRE RAYON SPIRITUEL

Le fait de découvrir et d'accepter qui vous êtes en tant qu'âme, et en tant que personne dans votre vie actuelle, est d'une grande importance. Tandis que vous examinez chacun des sept archétypes, prenez votre temps et dressez une liste des possibilités. Quand vous aurez réduit cette liste à deux ou trois choix, laissez-la de côté pendant au moins quelques heures, voire quelques jours.

Revenez ensuite à votre liste pour l'examiner à nouveau. Pensez aux phrases suivantes qui définissent chacun des rayons :

Premier : l'agent de changement

Deuxième : le professeur qui fait ressortir le meilleur en chacun de nous

Troisième : l'élève qui s'intéresse à plusieurs disciplines

Quatrième : l'instigateur d'équilibre et d'harmonie

Cinquième : le planificateur en logistique et en stratégie

Sixième : le joueur d'équipe attentionné

Septième : la fusion des éléments en vue d'une transformation

Rappelez-vous que le rayon de votre âme demeure le même durant toutes vos vies. De plus, avant chaque incarnation, vous choisissez également un rayon qui deviendra l'énergie caractéristique de votre personnalité humaine. Pour atteindre le niveau 10 sur l'échelle de l'âme, le royaume spirituel vous demande d'apprendre à maîtriser ces sept rayons d'énergie durant vos incarnations humaines.

Tandis que vous continuez à retourner dans votre tête ces deux ou trois possibilités, soyez à l'aise et dites-vous qu'il est probable que deux de ces rayons d'énergies soient les rayons de votre âme et de votre personnalité. Avec le temps, vous découvrirez peut-être d'autres vies antérieures et vous finirez par mieux connaître qui vous êtes dans votre vie actuelle. Vous serez alors en mesure de vous arrêter sur ce que vous croyez être l'énergie de votre âme et de votre personnalité. À tout le moins, je vous recommande d'examiner la description de chaque rayon d'énergie et de vous concentrer sur les trois possibilités qui définissent le mieux votre âme et votre personnalité. Laissez ensuite le temps faire son œuvre et revenez régulièrement à votre liste pour réfléchir à vos premières intuitions.

Gaylord : Énergie du septième rayon

Je m'adresse au roi. Je suis un conseiller du roi et je lui dis que s'il engage le combat, ce sera une catastrophe. Le roi est inquiet, mais il sait qu'il doit livrer bataille. Je lui répète que dans ce cas, nous allons tout perdre, et tout sera dispersé. Il se sent prisonnier de la politique de son temps.

Nous élaborons donc un plan pour que sa femme et ses enfants, ainsi que la sagesse des siècles, demeurent en sûreté. Des gardes veillent sur un traité de sagesse. Celui-ci ne doit pas tomber entre les mains des envahisseurs français. Je ressemble à Merlin et je dirige une école des mystères. J'enseigne aux autres la guérison, l'alchimie et la maîtrise de l'énergie. Si les Français s'emparaient de cette information, ils en feraient peut-être un mauvais usage.

Encore plus de destruction pourrait s'ensuivre. Ce document doit donc être protégé.

La bataille s'engage, et nous avons très peu de temps pour agir. Des gens se précipitent dans les corridors du château et emportent les parchemins, les cristaux et autres objets. Je prends les parchemins que je dois cacher. Je m'enfonce profondément dans la forêt vers un lieu où personne ne pourra me trouver. Il s'agit d'une zone invisible que j'ai créée.

Je sens une énorme pression, car je dois garder ces informations en lieu sûr. Je suis triste que le monde soit entraîné ainsi dans le chaos et la destruction. Je sais que je sème pour les générations futures en prenant ces informations et en les enterrant. Nous sommes en 1216. L'environnement ressemble à celui des îles britanniques, à celui de l'Angleterre, de l'Irlande ou du pays de Galles. Il est temps de reprendre la route. Tandis que je cache ce savoir en lieu sûr, je sais que je reviendrai un jour le chercher.

Il n'est pas essentiel de déterminer si l'âme de ce client est réellement la même que celle de Merlin. Seul le client peut déterminer si c'est le cas. Rappelez-vous qu'il y a trois possibilités : le client est un aspect de l'âme de Merlin, le client était présent et proche de Merlin, ou le client est suffisamment évolué pour être capable de puiser dans la conscience énergétique de Merlin.

Il y a ici deux choses importantes. Les détails concernant cette vie antérieure fournissent un excellent exemple de l'alchimie de la vérité spirituelle de l'énergie du septième rayon. Au cours de l'histoire, plusieurs cultures, entre autres celles de l'Atlantis, de la Lémurie, de l'Égypte, de la Mésopotamie et de l'Inde, ont connu la conscience fondamentale de tout ce qui est. En raison de la peur et du manque de soutien des humains, cette profonde sagesse est entrée dans la clandestinité avant de finalement refaire surface plusieurs années plus tard, sans doute à une époque où le climat était plus adéquat.

Deuxièmement, ce client a reçu une confirmation qui explique pourquoi il est aujourd'hui un professionnel de la santé, un guérisseur et une personne ayant vécu de profondes expériences intuitives et télépathiques depuis sa plus tendre enfance. Après avoir lu et assimilé le récit de Gaylord, prenez le temps de penser à vos possibles expériences de vies antérieures qui pourraient être à l'origine de vos intérêts et de vos émotions dans votre vie actuelle.

Elena : Vivre dans le monde aujourd'hui

Je suis dans ma chambre à l'intérieur d'un château médiéval et aristocratique. Quelqu'un se tient dans l'ombre. J'ai un grand lit entouré de rideaux. Je porte de souples pantoufles en cuir et une longue robe blanche cintrée à la taille d'un cordon d'or à la mode empire. Je suis très belle, avec de longs cheveux bouclés ; j'ai 17 ans.

Je suis triste et je pleure. L'homme qui se tient dans l'ombre est mon père. Je me sens prise au piège. Il veut que j'épouse quelqu'un que je n'aime pas. Je ne suis qu'un pion entre ses mains. J'ai l'impression d'avoir été trahie par mon père. Nous avons toujours été proches, et maintenant il est furieux. Je veux m'enfuir ; j'aimerais mieux entrer au couvent.

Mon père appelle le garde pour qu'on m'emmène au donjon. J'apprends à accepter mon sort, car on peut faire ce que l'on veut de mon corps, mais on ne peut pas vraiment m'atteindre. Je me dissocie de mon corps que j'observe d'en haut. Mais j'ai peur de mourir.

Plus tard, j'écris une lettre à mon père de ma cellule : « Je sais que tu as fait ce que tu devais faire, mais je ne suis pas ta propriété. Je t'aime et je te pardonne, mais tu dois comprendre que tu ne peux pas toujours faire ce que tu veux. Je préfère mourir. »

Je commence à chanter et à psalmodier régulièrement. Les anges me disent que tout va bien. Mais j'ai froid, je suis sale et j'ai faim. J'essaie de m'envelopper dans la jupe de ma robe. Je n'ai que 17 ans et je ne veux pas quitter cette vie. Je ne suis pas prête à partir; j'ai encore tant de choses à faire.

Je suis déchirée entre quitter cette vie pour rejoindre les anges et essayer de rester en vie. J'entends une musique divine. Puis mon père vient et m'entend chanter. Il a ma lettre entre les mains. Il me demande ce que je veux et me dit que je ne peux pas rester avec lui car il perdrait la face. Je lui dis de me placer dans un couvent dans une autre ville. Il ne pourra pas me rendre visite. Un garde vient pour m'amener à un petit couvent dans les montagnes. J'ai l'impression d'être en Méditerranée; près d'Assise ou peut-être en Sicile.

Je suis plus vieille à présent; j'ai environ 30 ans. Je suis l'abbesse; je chante et j'écris. J'aime les autres religieuses mais quelque chose nous sépare. Quand je marche, j'ai l'impression que mes pieds ne touchent pas le sol. Je sens toujours la présence de Marie Madeleine à mes côtés. Je reçois un savoir supérieur.

Je veux enseigner l'équilibre entre l'homme et la femme. Je me sens proche des religieuses. Nous aimons et nous faisons l'école aux enfants. Pourtant, l'attitude des gens est déséquilibrée ; ils ne pratiquent pas l'égalité.

Un jour, alors que je suis beaucoup plus vieille, je vais me promener dans nos jardins. L'une des religieuses m'apporte du thé. Les arbres et les oiseaux m'appellent. Je m'étends et je meurs. C'est si facile. J'entends à présent des chants célestes. Mon âme flotte au-dessus de mon corps ; j'observe et je souris.

Marie Madeleine m'aide à comprendre que j'ai fait ce que je devais faire durant cette vie. Je n'aurais pas eu la liberté dont j'avais besoin si je m'étais mariée. Je remercie mon père de m'avoir laissée partir. On me dit que le but de cette vie n'était pas de vivre dans le monde. Dans ma vie actuelle, je dois trouver une façon de vivre dans le monde tout en restant vivante. Dans ma vie actuelle, je dois apprendre à être ce que je suis, à protéger mon énergie spirituelle même si je ne suis plus à l'abri derrière les murs d'un couvent.

La régression d'Elena est riche d'enseignements et comprend de nombreux éléments. Tout d'abord, Marie Madeleine en tant qu'âme avancée sert de guide à Elena. Deuxièmement, Elena a rendu honneur à la substance de ce qu'elle était dans cette vie antérieure en risquant de mettre un terme à sa relation avec son père et même de perdre sa vie. En même temps, elle a réussi à pardonner à son père et à comprendre ses motifs. En exonérant son père et en demeurant fidèle à son éveil spirituel, elle a trouvé la paix dans un couvent.

Elena a pris conscience que l'intention de son âme est d'enseigner l'équilibre entre le masculin et le féminin. Elle doit aujourd'hui vivre sa vie sans le sentiment de sécurité que lui apportait son cloître. Elle doit aller dans le monde pour mettre en œuvre ses projets et enseigner les vérités intérieures qu'elle connaît. Votre quête pour trouver la vérité intérieure qui vous aidera à déterminer votre rayon spirituel est semblable au parcours d'Elena dans les tréfonds de son cœur et de son esprit pour *connaître* qui elle est. L'énergie d'Elena correspond à une âme de rayon quatre, dont l'objectif est d'atteindre l'harmonie même si cela doit engendrer des conflits.

Durant sa séance, Elena entend ses guides et son être intérieur. Être guidé durant une régression n'est pas essentiel pour ce qui est de respecter l'intention derrière votre vie actuelle et de rendre possible votre évolution et celle de l'humanité. Si vous faites confiance à la voix qui vient des profondeurs de votre être, le langage de votre moi supérieur et de vos guides se fera clairement entendre, comme ce fut le cas pour Elena durant cette vie antérieure.

En résumé

Vous n'avez pas besoin de choisir précipitamment parmi les deux ou trois rayons possibles celui qui semble correspondre le mieux à l'archétype spirituel et à la personnalité archétypale de vos vies antérieures et de votre vie actuelle. En ciblant toujours mieux les caractéristiques de l'énergie de votre rayon spirituel, vous accepterez plus facilement qui vous êtes et le trait commun à toutes vos vies.

Demandez-vous :

1. **Connaissez-vous des détails de vos vies antérieures qui pourraient confirmer votre intuition par rapport à la nature de votre archétype spirituel ?** Assurez-vous de comparer au moins une vie antérieure avec votre vie actuelle pour vous aider à vérifier quel est votre rayon spirituel.
2. **Êtes-vous plutôt un meneur ou un assistant ?** Les cinq premiers rayons agissent davantage en public. Les deux derniers agissent davantage en privé ou en coulisse.
3. **Êtes-vous quelqu'un, ou connaissez-vous quelqu'un, qui possède le courage et l'endurance nécessaires pour employer l'énergie du premier rayon afin d'apporter des changements dans le monde ?** L'énergie du premier rayon est la plus exigeante, car prendre les devants pour amorcer des changements ne nous rend pas toujours très populaires auprès des autres.

Chapitre 7

Votre plan de vie prénatal

« Tout travail dans lequel on met tout son cœur est, en bout de ligne, d'égale valeur. L'infirmière qui injecte le contenu d'une seringue ; l'écrivain qui fait glisser son stylo ; le fermier qui laboure son champ ; l'humoriste qui nous fait pouffer de rire. Rien ne correspond moins à la valeur d'un homme que son revenu. »

— Criss Jami, chanteur du groupe Venus in Arms

Évolution de l'âme et plans de vie prénataux

Le génie de l'âme crée un programme prénatal très élaboré afin d'assurer votre progression. Les éléments spécifiques de votre plan de vie peuvent être complexes ou simples, et le but de votre incarnation peut être de vous concentrer sur votre propre évolution, de vous mettre au service des autres, ou les deux. Pour évoluer, nous devons tous en tant qu'âmes vivre dans le présent, tout en reconnaissant notre passé et nous en libérant afin de pouvoir nous donner de nouveaux objectifs pour l'avenir.

Tenez compte à nouveau des trois lentilles de votre passé, de votre présent et de votre avenir. Les événements-clés de votre vie actuelle dialoguent avec vos vies antérieures et bâtissent votre avenir. Entre votre plus récente vie antérieure et votre dernière naissance, en collaboration avec vos guides, vous avez créé un plan de vie prénatal. Tous les événements de votre vie actuelle jouent un rôle vital, aussi anodins ou importants soient-ils, dans l'évolution de votre âme.

Pour mieux comprendre comment nos vies antérieures se manifestent dans le présent, pénétrez-vous de cet exemple tiré de ma vie actuelle. À l'âge vénérable de 17 ans, j'ai rencontré lors d'un rendez-vous planifié celui qui est aujourd'hui mon mari depuis 46 ans. Je ne me doutais pas à l'époque de la raison pour laquelle nous étions si puissamment attirés l'un vers l'autre. Vingt ans à déterrer nos vies antérieures ont mené à la découverte que nous avions :

- partagé plus de vies ensemble qu'avec toute autre âme ;
- vécu des relations en tant qu'amoureux, professeur/élève, amis, etc. ;
- connu plusieurs relations amoureuses de courte durée, car l'âme de mon mari dans ma vie actuelle (Earl) quittait sans cesse son corps au combat.

Je suis une âme du troisième rayon, et Earl est une âme du cinquième rayon. Résultat : Earl meurt encore et encore, car les âmes du cinquième rayon sont sans cesse impliquées dans des conflits. Au cours de ses vies antérieures, Earl a été un croisé, un chevalier templier, un samouraï, un général de l'armée du roi David, un officier durant la guerre de Sécession, un résistant français durant la Seconde Guerre mondiale, et un soldat de Genghis Khan.

En tant qu'âme du troisième rayon jalouse de sa vie privée, j'ai découvert dans le «journal intime de mon âme» que j'avais vécu plusieurs vies retirée du monde après avoir perdu mon bien-aimé. Les âmes du troisième rayon sont généralement introverties, car notre désir d'apprendre à fusionner des connaissances nous amène souvent à perdre de vue tout le reste. Une âme du cinquième rayon doit prendre garde de ne pas se concentrer uniquement sur des stratégies et des plans élaborés par son cerveau gauche. À l'inverse, une âme du troisième rayon doit faire attention de ne pas passer tout son temps à lire et à étudier au détriment de ses relations avec les autres.

Mon plan de vie actuel incluait l'occasion en or de rencontrer à nouveau l'âme d'Earl. Rappelez-vous le titre de ce chapitre : vous avez signé un contrat de vie. La création de notre plan de vie se déroule entre deux vies avec l'aide de nos guides spirituels et de nos professeurs comme facilitateurs. Les détails concernant nos relations avec les autres, notre santé, nos deuils et autres facettes du même genre forment les éléments de notre plan de vie et nous donnent la chance d'avancer dans la vie.

Tandis que votre âme atteint les plus hauts échelons de l'évolution, votre tâche consiste principalement à créer un plan de vie en faisant appel le moins possible à vos guides spirituels, alors que c'est plutôt l'inverse quand vous êtes une jeune âme. Le point crucial : vous apposez votre signature au bas de votre plan de vie avant de naître. Au niveau supraconscient, vous vous engagez à respecter cette liste d'engagements. Sans l'apport de notre intuition et d'une conscience aiguisée, nous risquons de ne pas reconnaître les poteaux indicateurs de notre intention première. L'anxiété peut nous amener, délibérément ou inconsciemment, à éviter les occasions d'évolution qui nous passent sous le nez.

LIBRE ARBITRE

Une phrase suffit pour définir notre libre arbitre en tant qu'humains : dans la vie de tous les jours, nous pouvons choisir, consciemment ou inconsciemment, de déroger aux accords que nous avons inclus dans notre plan de vie prénatal. Pensez à votre plan de vie comme à quelque chose qui ressemblerait au plan d'une maison. À mesure que vous gravissez les premiers échelons de l'âme, vos guides se chargent de développer l'essentiel de votre plan de vie prénatal. Les vies « élémentaires » sont moins complexes que les vies correspondant aux échelons suivants. On peut comparer les éléments de base de ces vies à des « activités de la vie quotidienne », que ce soit prendre un bain, s'habiller et préparer des repas simples. Votre sagesse s'accroît progressivement, car les guides préfèrent se charger de vos décisions concernant vos accords de vie.

À partir du niveau cinq, vous avez davantage votre mot à dire dans l'ébauche de vos accords prénataux, toujours en tenant compte de l'apport de vos guides. Les enjeux deviennent plus importants à mesure que vous gravissez les échelons, et les défis s'intensifient. Par conséquent, vos guides tiennent de plus en plus à ce que vous atteigniez les objectifs convenus.

Vous mettrez peut-être de 10 à 15 vies pour passer d'un échelon au suivant ou cela peut demander plus de 50 vies.

Vous pouvez poursuivre votre ascension avec ténacité ou opter pour une attitude de laissez-faire ; c'est à vous de décider. À la fin de chaque incarnation, vous déposez votre bilan durant un examen en profondeur de votre vie avec votre conseil des aînés afin d'évaluer vos progrès durant votre plus récente personnification. Règle générale, on vous accorde tout le temps dont vous avez besoin pour passer d'une étape à la suivante.

Durant une incarnation, votre libre arbitre joue également un rôle essentiel pour votre moi supérieur. À notre époque de grand bouleversement et d'intense besoin de respecter tous les habitants de cette planète, plusieurs âmes ayant atteint le septième échelon ou un échelon supérieur ont accepté, à la demande de leurs guides, de bonifier leur plan de vie original. On les presse de signer sur la ligne pointillée, quel que soit le sacrifice que cela représente.

Un autre aspect de notre libre arbitre nécessite d'obtenir des commentaires. On me demande souvent de fournir une explication raisonnable du comportement des gens qui semblent faire des choix inappropriés. Les exemples vont des actions haineuses des grands personnages de l'histoire qui ont fait mourir et souffrir des victimes innocentes à des situations plus personnelles concernant des membres d'une même famille ou des amis. Un exemple récent est celui d'une cliente dans la quarantaine qui a quitté les États-Unis pour l'Europe afin d'échapper au traitement cruel et délétère de sa mère.

Bien qu'il soit difficile de déterminer l'origine d'un comportement toxique, je suis sûre que notre capacité à nous gouverner nous-mêmes explique ce genre de situation. Notre libre arbitre est la raison pour laquelle quelqu'un peut décider de ne plus tenir compte du scénario convenu.

Autrement dit, nous pouvons choisir de suivre notre plan de vie ou de l'ignorer. Si nous nous éloignons sensiblement de nos engagements, nos guides nous donneront peu de liberté d'action et intensifieront leur pression pour que nous reprenions notre cap.

Se libérer de ses vies antérieures pour évoluer

Votre plan de vie peut être fort simple (par exemple : élever des enfants en santé) ou complexe. De nos jours, alors que des bombes explosent durant des événements sportifs, que des innocents se font massacrer et pis encore, savoir que les événements mondiaux dépendent des choix de certaines âmes incarnées peut mettre notre patience à rude épreuve. Nous devons malgré tout persévérer pour élever la conscience de notre planète.

Il est facile pour moi de décrire ce sentiment d'être confronté à des obstacles toujours plus difficiles à surmonter car c'est ce que je vis tous les jours, tout comme vous. Commencez votre processus d'évaluation en examinant votre vie et vos raisons de vivre. Prenez le temps de réfléchir à ces points ayant fait l'objet d'une discussion lors de votre consultation prénatale sous la direction de vos guides.

Votre accord de vie comprend une grande variété d'éléments :

- votre rayon spirituel
- vos liens avec des membres de votre famille spirituelle
- votre mission

- votre évolution spirituelle
- votre karma
- votre apport à l'humanité

Je suis la compagne d'Earl depuis 1964, et jusqu'ici notre parcours a davantage ressemblé à une promenade dans un jardin qu'à la traversée d'un champ de mines. Mais ne vous méprenez pas ; nous sommes, nous aussi, tombés sur notre part de mines, sans doute volontairement. Imaginez un long document juridique contenant une litanie d'engagements visant à vous faire découvrir vos erreurs passées et à vous en libérer. Cela me fait invariablement penser à trois de mes incarnations précédentes, qui sont plutôt représentatives de nos motivations prénatales en général. Tandis que vous réfléchissez à votre propre plan de vie et de guérison (que cela aboutisse ou non), considérez les exemples suivants de vies antérieures.

Nous pouvons découvrir des vies antérieures remontant à 500 ans et plus, voire à la période préhistorique. À la suite d'un long processus de dévoilement qui m'a permis de découvrir les vies antérieures que j'avais partagées avec certaines âmes en particulier, je suis tombé sur Earl et une autre âme que nous appellerons Bram.

Au cours d'une vie antérieure remontant à moins de 150 ans, un aspect de mon âme s'est incarné dans le corps d'une jeune femme d'origine Perse (nous l'appellerons Ruth) issue d'une famille zoroastrienne bien en vue et qui était tombée éperdument amoureuse d'un homme musulman, plus vieux qu'elle et ayant de fortes convictions politiques. Malgré mon jeune âge, je désirais épouser cet homme des plus attirants. Ma famille s'est opposée à ce mariage en raison de notre différence d'âge et de religion. Quand je suis devenue majeure, deux ans plus tard, nous nous sommes mariés en secret après ma conversion à l'Islam, comme l'exigeaient les chefs religieux.

Il va sans dire qu'en ville on ne parlait que de notre couple. Pour mon plus grand malheur, les profondes convictions politiques de Bram ont commencé à prendre toute la place à la suite d'une tentative pour calmer le jeu entre nos deux religions. Notez que l'âme d'Earl était alors un proche collaborateur de mon mari, l'âme de Bram, dans la défense de cette cause. Après quatre ans de mariage et la naissance de notre petite fille, je me suis retrouvée cruellement isolée, Bram étant la plupart du temps en voyage d'affaires. Notre fille avait 10 ans lorsque je suis morte de chagrin en ayant pratiquement rien fait pour soutenir les efforts de mon mari afin d'équilibrer les choses entre ces deux religions mondiales.

Un trait commun de mes vies s'est présenté dans mon plan de vie prénatal ; en 1964, à l'âge de Ruth, je suis tombée amoureuse d'Earl. Ma mère, qui insistait pour dire que nous ne pouvions pas nous marier en raison de nos différences religieuses, m'a interdit de poursuivre notre relation. Je lui ai expliqué sans détour que, si elle me forçait à choisir entre elle et lui, je choisirais l'homme que j'aime. Earl a finalement accepté de se convertir, et nous nous sommes mariés quelques années plus tard.

Bram est mon collègue psychologue mort en 1993. La familiarité et l'aisance de notre relation professionnelle, que je ne m'expliquais pas avant son décès, se sont éclaircies lorsque j'ai appris que nous avions vécu ensemble par le passé. La flamme de la compréhension consciente s'est allumée en moi quand j'ai commencé à recevoir des messages de lui après sa mort et à revoir intuitivement des scènes de notre vie commune, m'invitant à poursuivre mon programme d'études spirituelles du troisième rayon.

Quels détails associés à Earl et Bram étaient contenus dans mon accord de vie ? Vous me direz peut-être qu'aucune explication n'est nécessaire à ce moment-ci, car cela est évident. Pour développer le lien spirituel entre Earl et Bram, songez au fait qu'ils ont adopté la même position dans leur lutte pour les droits d'une communauté ou d'une cause.

Bram a été un joueur-clé dans plusieurs de mes vies. J'ai souvent croisé l'âme de Bram au cours des quatre ou cinq derniers millénaires. Dans ma vie actuelle, Bram est venu et reparti pour catapulter ma spiritualité, ce qui contraste grandement avec sa grande douleur d'avoir négligé notre mariage. Après la mort de Bram en 1993, je me suis rendu compte que sa présence spirituelle me soutenait.

Sans doute l'un des apports les plus importants d'Earl et de Bram au cours de cette vie est la question de la diversité. Examinez mes vies avec Bram et Earl et songez au parallèle entre les circonstances de cette vie antérieure et de celle d'aujourd'hui par rapport au besoin actuel de l'humanité d'atteindre un équilibre politique et religieux. Notre planète adoptera-t-elle un point de vue non dualiste de qui a raison et de qui a tort ?

Pour approfondir le lien entre l'âme d'Earl et la mienne, voici deux autres exemples de vies antérieures qui compléteront le portrait. Il y a 3 000 ans, Earl était un général d'armée respecté et séduisant et moi, sa fiancée. La sœur de mon père a tenté d'empêcher notre mariage parce qu'elle était jalouse de notre amour. Les propres hommes d'Earl se sont retournés contre lui sous la contrainte de ma tante. Mon bien-aimé est mort poignardé dans le dos sur le champ de bataille. Le processus pour effacer le traumatisme associé à cette vie s'est mis en marche quand des plaies sont apparues sur le corps d'Earl à l'endroit où l'épée l'avait transpercé.

Profondément attristée, j'ai passé le reste de ma vie à déshonorer ma famille en refusant de me marier. Finalement, je suis morte seule, sans soutien émotionnel et financier. Une occasion de guérir le passé s'est présentée dans mon plan de vie sous la forme de notre rencontre planifiée de 1964. Durant les derniers instants de notre première rencontre, j'ai accepté d'assister le week-end suivant à une soirée de danse printanière organisée par son collège militaire. Quatre jours plus tard, laissant présager l'occasion de me remettre du sentiment de tristesse et d'abandon que j'avais éprouvé durant cette vie antérieure, je faisais une crise d'appendicite. L'endroit où Earl avait été frappé mortellement et où je ressentais aujourd'hui une douleur à l'abdomen était identique. Ma mère, que mon état de santé inquiétait beaucoup, m'a conseillé de renoncer à cette soirée. Par bonheur, j'ai fait preuve de persévérance en insistant pour que cette deuxième rencontre avec Earl ait lieu comme prévu. Deux ans plus tard, ma décision était prise, et j'ai à nouveau tenu tête à ma mère en lui annonçant que j'épouserais cet homme étroitement lié à l'histoire de mon âme.

Une autre perle sur la chaîne de mon évolution spirituelle illustre les innombrables possibilités incluses dans notre accord de vie pour faciliter notre évolution. Durant un voyage au bord de l'eau, j'ai remarqué que je me sentais anxieuse le soir venu. La dernière nuit de nos vacances, j'étais si agitée que je n'arrivais pas à trouver le sommeil. Dans l'obscurité de notre chambre, des images intuitives sont apparues dans mon esprit. C'était une scène champêtre, où je vivais seule dans une cabane équarrie à la main près d'un lac. Les journées étaient splendides ; je faisais pousser des herbes et je communiquais avec les animaux. Mais la nuit, tourmentée par les hommes, je craignais pour ma vie.

Grâce à mon intuition, les détails de cette vie antérieure ont pris forme dans mon esprit. Earl, le chef et le leader spirituel de la tribu, pouvait communier avec notre Mère la Terre et notre Père le Ciel. La sorcière était morte, laissant au chef le soin de choisir une autre femme pour étudier et apprendre auprès de lui à devenir la nouvelle guérisseuse. J'ai été choisie, et mes dons se sont développés plus rapidement que prévu. Par conséquent, les guerriers avaient peur de moi, car je menaçais selon eux la position de leur chef. Ostracisée par la tribu, j'ai été forcée de partir et de vivre seule dans la forêt. La nuit, les guerriers me provoquaient. Avec le temps, mon absence a fait sombrer le chef dans la dépression. Mais, par obstination et par fierté, j'ai refusé de retourner.

Dans ma vie actuelle, Earl et moi travaillons de concert. Après avoir découvert l'existence de cette vie tribale, Earl a perdu son emploi à la suite d'une réduction des effectifs. Nos guides spirituels se sont manifestés, nous plaçant devant la possibilité d'un changement de carrière. Aujourd'hui, Earl et moi équilibrons notre travail en nous partageant et en nous réservant certaines responsabilités. L'harmonie et le respect nous permettent de travailler ensemble dans une atmosphère de grande stabilité.

Votre plan de vie

Il est temps d'examiner les différents aspects de votre plan de vie. Accepter le fait que chaque élément de votre vie sert un objectif vous rendra plus fort tandis que vous allez chaque jour de l'avant.

Voici une série d'éléments qui vous aident à établir les grandes lignes de votre accord prénatal :

- Sexe
- Type de corps : couleur de la peau, structure osseuse, grand/petit, grassouillet/mince, etc.
- Esprit-cerveau : grandes ou faibles capacités cognitives, telles qu'une facilité à apprendre une langue étrangère ou un trouble d'apprentissage
- Orientation sexuelle
- Membres de la famille durant l'enfance et autres premières relations
- Religion
- Lieux géographiques où vous vivrez votre enfance et votre vie adulte
- Les gens qui partageront votre vie, que leur compagnie soit agréable ou non
- Problèmes de santé physique et émotionnelle
- Deuils
- Relations amoureuses

- Éducation
- Préférences en matière d'activités récréatives
- Intérêts professionnels et passe-temps

Chacun de nos accords de vie est un mélange complexe de ces éléments et beaucoup plus encore. Acceptez-les et passez en revue chaque aspect de votre vie tandis que vous considérez les raisons derrière votre plan de vie. Inspirez-vous du récit suivant pour approfondir la lecture de votre vie actuelle et mettre à jour le contenu de votre plan de vie. N'oubliez pas de vous demander quel est votre rayon spirituel.

Thomas : Douleur physique pour apaiser l'esprit

Je suis dans le ventre de ma mère peu de temps avant ma naissance. Je ressens une forte émotion qui me bouleverse. J'ai l'impression de ne pas être du bon sexe ; je me sens femme, mais je suis un homme. À présent, je comprends pourquoi j'ai choisi ce portail conventionnel à travers le corps d'un homme. Ma vie sera consacrée au développement du féminin dans le masculin. Cela aidera les autres à comprendre qu'un homme peut aussi être doux, ouvert et à l'écoute des autres. Je n'ai pas à me conformer à l'idée traditionnelle que la société se fait des hommes.

Je suis un prêtre portant une longue robe noire boutonnée sur le devant. Mes cheveux sont bruns et longs ; j'ai la trentaine. Je me sens serein tandis que je regarde le port du haut d'une colline ; cela ressemble à l'Italie. Je suis enclin à la prière et à la contemplation, car je ressens une grande sérénité, de la gratitude et la présence du divin.

Je n'ai pas honte; je suis une courroie de transmission sans inhibition. Il y a ici des musulmans. Je vois des édifices des deux côtés du canal. Je vois des mosquées tout en bas. J'apprécie énormément les hommes qui font partie de mon ordre. Nous ne sommes pas chrétiens au sens traditionnel du terme; nous sommes différents. Je ne veux pas partir mais j'ai une mission à remplir. J'adore ces moments trop rares de solitude. Mon groupe est unique.

J'ai la peau brune ou basanée. Je viens du Moyen-Orient. Je me trouve maintenant à Jérusalem dans une église. Il fait sombre, mais il y a beaucoup de cierges. L'atmosphère est respectueuse et mystique. C'est un jour de fête joyeux et plein de rencontres. Je fais ce que je fais le mieux. J'offre mon amour à tous ceux présents. Les gens ont la peau couleur olive; les femmes portent le voile. Il y a des petits enfants, et la plupart de ces gens sont pauvres.

Ce n'est pas une grande église, et je ne domine personne. Nous sommes simplement ensemble, ces gens et moi. Ils sentent qu'on prend soin d'eux avec joie. Je porte une longue robe foncée et je suis barbu. J'éprouve un sentiment de grande humilité.

Je suis plus vieux à présent, seul dans ma chambre. Mes cheveux sont gris, je suis malade et je ne resterai pas ici-bas encore longtemps. Je porte une longue chemise de nuit. Je dois me lever pour faire quelque chose. Nous sommes au XIIe *ou XIII*^e^ *siècle. Je ne suis pas censé quitter ma chambre, car j'ai le don d'exciter les foules. Je les secoue, et les gens se rendent compte qu'ils ont le pouvoir de changer les choses.*

Je découvre maintenant que la porte de ma chambre est verrouillée. On me retient captif car je dérange ceux qui détiennent le pouvoir. Néanmoins, les gens cherchent à m'approcher car je leur ai montré la voie à suivre. Je sais que je serai pendu. Je suis sur la place principale à présent. Les gens crient : « Arrêtez ! » Ceux qui vont me mettre à mort sont armés de lances et portent de drôles de casques de métal pointus qui ressemblent un peu à des bateaux à voile. Leur peau est plus foncée que la mienne.

J'ai les mains attachées derrière le dos. Je n'ai pas peur. Je sais que ce n'est pas la fin. C'est si triste d'en être venu à cela. Le pur amour, et non la colère, change tout cela. Ils me pendent. J'ai l'impression d'être sur un nuage. Je suis content, car je crois avoir fait une différence en touchant le cœur des gens et en leur montrant ce qui est réel. J'ai permis aux femmes de faire partie de notre église. Je n'étais pas censé faire cela, mais les femmes ont vécu une expérience unique. Peut-être suis-je pendu pour avoir aidé ces femmes. J'étais chrétien, mais je n'étais pas associé à l'Église. C'était l'époque des croisades.

Je suis à présent dans le royaume spirituel, dans la cité d'or. Il fait bon de rentrer à la maison. J'absorbe les rayons de lumière. Mon guide spirituel est lié à l'énergie du divin féminin. Mon guide me dit que je peux l'appeler Vierge Marie, Isis ou Kwan Yin. Elle ajoute que nous devons enseigner la paix, la joie et l'amour, et non la colère et la guerre.

On me montre la couleur de mon âme qui est d'un bleu profond. Ma mission de vie est de me libérer des traditions et des dogmes. Mère Marie me dit que je m'en sors bien, car cela vient du cœur. Elle ajoute : « Dernièrement, tu as été distrait. Tu as commencé à écrire, mais tu t'es arrêté.

Tu sais ce que tu dois dire, mais tu fais semblant de ne pas le savoir. »

Quand je suis terrifié ou anxieux, je perds le contact avec le savoir de mon âme. La Vierge Marie me dit que j'oublie alors qui je suis. Elle me dit que je n'ai qu'à la regarder et à sentir sa présence avec mon intuition. Je m'empêtre dans les possibilités de mon esprit et je dois apprendre à éviter cela.

La douleur physique à laquelle je suis confronté est liée à un sentiment d'incomplétude. Cette vie antérieure était sereine. Ma vie actuelle est beaucoup plus exigeante. La douleur est une source de distraction pour l'esprit ; c'est une forme-pensée qui nous rive dans le moment présent. On me dit que j'ai trop tendance à ruminer et que je dois apprendre à vivre le moment présent.

Je suis censé jouer avec l'énergie de mon cœur et puiser dans l'expansivité qui est mienne. Au cours de cette vie antérieure, j'ai établi un lien de cœur à cœur avec la pureté de qui je suis. Je dois être brave et courageux, exprimer ce que je sais et arrêter de penser que ma conscience des choses est folie pour les autres.

Je suis une âme du septième rayon (l'alchimiste). Mère Marie est liée à maître Saint-Germain, seigneur du septième rayon. La divine mère touche mes chakras pour m'aider à retrouver l'équilibre. Le septième rayon est entièrement dédié à l'équilibre de toutes les énergies.

Considérez les éléments-clés du plan de vie de Thomas. Les grandes lignes de la vie actuelle de Thomas, c'est d'être dans le corps d'un homme et d'enseigner que la douceur et l'humilité sont divinement inspirées et ne concernent pas que les femmes. L'énergie de Marie, Kwan Yin et Isis en tant que maîtres guides est la définition même de la compassion et du pardon. N'allez pas croire que cette énergie du divin féminin est simplement douce et apaisante. Yin est également forte et décidée.

Thomas était un prêtre orienté vers le mysticisme, conformément aux enseignements des premiers chrétiens, avant l'an 350 de notre ère, quand l'Église enseignait encore la réincarnation et la conscience immortelle au lieu de chercher à établir sa domination. Dans sa vie actuelle, Thomas a longtemps travaillé pour de grandes entreprises, au point de se laisser emporter par l'intensité et l'égoïsme propres à ce milieu. Une douleur chronique l'a forcé à demeurer immobile dans le moment présent et à se distancier de l'autorité de son cerveau gauche afin de se détendre et d'apaiser sa douleur physique.

Les guides de Thomas l'ont encouragé à offrir des soins aux autres dans le cadre de sa pratique thérapeutique, en maintenant le savoir que nous sommes tous d'importance égale. Le septième rayon est l'alchimie de toutes les énergies divines fondues en une seule et honorées en tant que creuset du futur égalitarisme sur Terre.

Lena : Affronter la douleur dans une vie antérieure et aujourd'hui

Je suis à l'extérieur avec mon petit frère, en train de jouer sous un grand arbre. Le soleil baisse ; c'est le crépuscule. Il fait encore chaud dehors, et je vois des fleurs roses. J'ai les pieds nus. Je suis une fillette d'environ neuf ans. Je porte une jupe bleu clair, un tablier et un haut sans manches. Mes cheveux sont épais, brun foncé et coupés de façon grossière. Mes yeux sont bleus. Je regarde mon frère jouer dans la poussière. Je l'aime tellement.

Je suis à présent dans une chambre en bois sombre. Mon frère n'est plus vivant. Il est étendu avec deux ou trois chandelles près de lui, et sa peau est couleur de cendre. Je tombe à genoux ; je n'arrive pas à croire que ce soit arrivé. Ma mère est tout près dans la cuisine. Elle me laisse l'espace dont j'ai besoin. Mon frère a eu une maladie accompagnée de fièvre et de sueurs importantes. Je me rappelle avoir vu ses yeux se révulser juste avant qu'il ne meure.

J'ai à présent 17 ans. Je porte une robe de couleur foncée, un bonnet et un manchon blanc. Je vis en ville sur une rue passante. Vivre ici est quelque chose de nouveau et d'excitant. Je rentre dans un bar. Je passe du temps avec un groupe d'hommes que je ne connais pas vraiment. L'un d'eux me plaît bien.

Puis je sors et traverse la rue sans faire attention, et je me fais presque renverser. Je vais bien. J'étais simplement perdue dans mes pensées. Je retourne au bar. Je passe beaucoup de temps avec des hommes que je ne connais pas très bien. Je suis souvent en train de boire accoudée au bar.

À présent, je suis vieille et je porte des lunettes. Ma vie a été plutôt terne, mais normale. Je me suis mariée et j'ai eu quatre enfants ; l'un d'eux est mort. Mon mari n'est plus ; il est mort il y a quelques années. Nous n'avons jamais été proches l'un de l'autre. Au cours de cette vie, j'ai simplement fait ce que l'on attendait de moi, et cela voulait dire me marier et avoir des enfants.

La mort de mon frère est mon talon d'Achille. Je ne me suis jamais occupé du chagrin que m'a causé sa disparition. J'ai simplement fui mes émotions. J'ai caché ma tristesse aux autres en faisant semblant d'être heureuse. J'ai appris avec succès à feindre d'être en paix avec moi-même, mais j'ai constamment vécu dans le déni. À présent je meurs et je suis contente que cette vie soit terminée.

J'étais fatiguée de cacher ce que je ressentais. Durant toute ma vie adulte, j'ai cru que mon frère était mort par ma faute. Mes guides me disent que ce n'est pas vrai. Ils ont de l'empathie pour moi. De plus, ils me disent d'une voix forte que je dois m'occuper de la douleur que je ressens aujourd'hui au lieu de la pousser sous le tapis comme je l'ai fait au cours de ma dernière vie. Fuir cette douleur est ce qui me rend vraiment malheureuse.

La vie actuelle de Lena est le reflet de son passé. Durant notre entrevue, elle m'a parlé de son mariage malheureux déconnecté de toute émotion. Néanmoins, elle hésite à s'amender et à faire progresser son mariage, tout comme elle et son mari hésitent à reprendre leur liberté pour aller de l'avant avec leur vie. La régression de Lena a révélé qu'elle continue à éviter ce qui l'a fait souffrir, et que cela la pousse au désespoir. Les traumatismes émotionnels du passé enregistrés dans le code mémoriel de notre âme continuent de couver tant que nous ne faisons rien pour transformer nos vies. Le plan de vie de Lena lui a offert la chance de se débarrasser de cette vieille habitude de sublimer sa culpabilité. Elle est maintenant libre de choisir son propre bonheur et celui de son mari.

Nalanda : Comment les regrets peuvent mener à la guérison après une terrible perte

Je suis dans le ventre de ma mère peu de temps avant ma naissance. Je suis impatiente de sortir, car j'ai l'impression d'être enfermée ici. Je suis contente de ce corps, car c'est un bon corps qui sera capable de faire beaucoup de choses.

Je revis à présent une scène tirée d'une vie antérieure. Je marche avec un jeune enfant. Je porte des chaussures lacées noires et une longue robe noire en coton. Je porte un petit chapeau et une voilette. Mes cheveux sont ramassés en un chignon. Je suis une gouvernante. Je suis plus âgée.

Les parents de cet enfant sont morts. C'est à moi de prendre soin de lui, mais cela me met en colère. Je ne veux pas élever un enfant. Néanmoins, j'adore ce garçon de 10 ans. Je sais ce que je dois faire, mais je fais le contraire. Je lui achète un billet de train et je l'envoie vivre avec des parents éloignés dans l'ouest. Je ne crois pas être capable de lui fournir ce dont il a besoin. Il est triste et il pleure. Nous nous tenons la main par la fenêtre, et le train part.

Je trouve une note qu'il a laissée dans mon sac disant : « Je t'aime. » Je m'endurcis le cœur et je quitte la gare. Je suis très triste.

Nous sommes maintenant 20 ans plus tard. Je veux lui expliquer pourquoi je l'ai envoyé et lui dire qu'il me manque terriblement. Je me rends compte que l'âme de mon fils actuel est la même que celle du garçon qui est monté dans le train.

Je suis à présent alitée et malade. Je ne veux pas partir avant d'avoir revu ce garçon qui est maintenant un homme. Mon frère et ma nièce sont avec moi. Je n'ai pas revu ce garçon depuis qu'il est monté dans le train. Il n'y a plus eu

de contacts entre nous. J'abandonne et je meurs. Oh, à présent je peux « voir » le garçon que j'ai mis dans le train. Il a 32 ans, une épouse et des enfants. Il est heureux. Nos deux cœurs entrent en contact. Tout va bien à présent. Des êtres spirituels m'accueillent. Je me sens aimée, mais je dois me libérer de la tristesse de cette vie. Des anges venus à ma rencontre me rappellent que je suis comme eux, une âme aimante et bienveillante. Ils sont enjoués, affectueux et libres comme l'air. Ils me disent que tous ces fardeaux que nous portons sont des créations de notre esprit ; tout ce que nous avons à faire, c'est de voir les choses sous un autre jour. C'est aussi simple que cela.

Aujourd'hui dans mon travail, j'aide les autres avec leur douleur. On me dit que je devais vivre une terrible perte et regretter de ne pas savoir comment aider les autres. Tandis que j'aide les autres à dissiper leur douleur, je dissipe la mienne et celle de la planète. Je fais l'expérience de la douleur des autres afin qu'ils n'aient plus à porter ce fardeau ; c'est faire preuve de miséricorde et de compassion.

On me dit de me traiter et de traiter les autres avec plus de douceur. On m'appelle sur la voie de la guérison. Tandis que j'apprends à aider les autres à se libérer de leur douleur, je dois aussi apprendre à ne pas prendre sur moi l'énergie de cette douleur. Je peaufine mes techniques afin de pouvoir les enseigner aux autres. Mon corps se déplace facilement et rapidement ; je peux tolérer une énergie intense. C'est une bonne chose.

Nalanda, qui est conseillère dans un établissement de soins palliatifs, travaille dans un domaine où elle doit constamment côtoyer la mort. Le fait d'avoir été cette gouvernante qui a souffert pendant 20 ans du départ de ce garçon relie son passé à son plan de vie actuel. Le karma que Nalanda a pris sur elle en envoyant au loin ce garçon est compensé par sa rencontre avec l'âme du garçon après sa mort. Mieux encore, Nalanda s'est libérée de son karma douleur-culpabilité en comprenant, en soutenant et en aidant sur le plan énergétique les mourants et les membres de leur famille dans le deuil.

Aujourd'hui, le fils de Nalanda, Bradley, en plus d'être le garçon du passé, est aussi un membre de sa famille spirituelle immédiate. La providence de son plan de vie apparaît, indiquant la raison du fort lien qui unit Nalanda et Bradley comme mère et fils. Nos relations actuelles sont une occasion de corriger les erreurs du passé.

En résumé

Votre plan de vie prénatal est complexe et conçu pour « corriger » les bévues que vous avez pu commettre à une époque aujourd'hui révolue. Nous pouvons tous laisser de côté notre ego et notre tendance à ne penser qu'à nous pour chercher, avec modestie et humilité, un terrain d'entente convenant à tous. Au jour le jour, les événements et les gens qui traversent votre vie vous indiquent, tels des guides, quelle sera votre prochaine étape dans la vie. Tandis que vous soignez intentionnellement votre âme en respectant le scénario de votre incarnation, vous soignez l'énergie de tous les êtres vivants.

Demandez-vous :

1. **Pour quelle raison ai-je choisi d'être un homme ou une femme ?** Prenez le temps d'examiner vos expériences et votre attitude par rapport au fait d'être aujourd'hui un homme ou une femme. N'oubliez pas de pratiquer régulièrement vos exercices spirituels pour développer votre sixième sens et vous préparer à réfléchir aux questions à la fin de chaque chapitre.

2. **Ai-je vécu en cette vie un événement difficile qui semble lié à mon plan de vie prénatal pour équilibrer une vie antérieure ?** Concentrez-vous sur les personnes impliquées dans cet événement et sur la probabilité qu'ils aient accepté, spirituellement, de contribuer à votre évolution.

3. **Quelles sont les relations dans ma vie actuelle qui pourraient m'aider à guérir le passé ?** Pensez à ce que vous avez gagné à connaître quelqu'un, même si cette relation n'a pas été sans heurts.

Chapitre 8

Évoluer grâce à nos relations avec les autres

« Mais si entre-temps je pense à toi, cher ami, toutes les pertes sont restaurées et les chagrins ont pris fin. »

— William Shakespeare

Votre famille spirituelle

Je vous invite à entreprendre la lecture de ce chapitre en vous rappelant que vous êtes une âme incarnée avec une mission spirituelle et un plan de vie pour vous orienter. Les guides qui connaissent bien la trajectoire de votre âme vous offrent un soutien inconditionnel, ne quittant jamais leur poste consacré à votre âme évolutive. La solitude, pour une âme, cela n'existe pas.

La plupart de vos guides ont partagé une ou plusieurs vies avec vous en tant qu'êtres incarnés. Par exemple, un grand-père bien-aimé qui est mort lorsque vous aviez 10 ans peut aujourd'hui vous servir de guide. D'autres n'ont pas habité un corps avec vous dans votre vie actuelle, mais vous soutiennent quand même d'instant en instant à partir du royaume céleste.

À la naissance, vous vous joignez à une famille composée de parents et de personnes spéciales : parents, grands-parents, frères et sœurs, tantes, oncles et amis intimes de la famille. Dans le royaume céleste, vous avez également une « famille » composée des âmes avec lesquelles vous partagez le plus souvent vos vies. Certains membres de cette famille sont présentement incarnés, tout comme vous. La personne qui est aujourd'hui votre meilleur ami a peut-être été votre mère dans une vie antérieure ou votre fils dans une autre. Il est également probable que certains membres de votre groupe d'âmes ne soient pas dans un corps à l'heure actuelle.

Il existe deux types de « naissance » : tout d'abord vient l'inauguration de votre étincelle spirituelle tirée de la source divine. Ensuite vient le moment de votre première respiration dans un nouveau corps. Dès le début de votre existence sous la forme d'une étincelle spirituelle, un guide vous prend par la main, puis vous présente à votre groupe d'âmes ; c'est un peu comme entrer dans une classe de première année à l'école primaire. Vous devenez membre d'une famille d'âmes. Cette famille spirituelle compte entre 8 et 15 âmes. Plus d'une fois, vous vous incarnerez avec chacune de ces âmes que vous finirez par très bien connaître. Votre plan de vie contient des ententes avec les membres de votre famille spirituelle pour vous libérer des expériences antérieures irrésolues qui sont demeurées incrustées dans l'énergie de votre code mémoriel et qui entravent l'évolution de votre âme.

Tandis que vous passez du niveau 1 à 7 sur l'échelle de l'âme, votre horaire, lorsque vous n'êtes pas incarné, est rempli d'activités avec les membres de votre famille spirituelle. Cette « famille nucléaire spirituelle » possède son propre style ou sa propre signature. Ma famille spirituelle semble plutôt sérieuse. En tant que groupe, si nous ne faisons pas attention, nous oublions facilement l'importance d'être enjoués et frivoles à l'occasion. Notre famille assume la lourde responsabilité de défendre ce qui nous semble juste et équitable dans la vie. Dans notre engagement à maintenir un certain niveau éthique au sein de la population, nous perdons régulièrement de vue qu'il faut aussi savoir « vivre et laisser vivre ». Une fois que vous avez dépassé le niveau 7, vos efforts sont enfin récompensés, car vous pouvez désormais consacrer votre temps entre deux incarnations à accomplir des tâches pour et avec les membres de « l'administration supérieure », aussi appelés maîtres de la sagesse.

Imaginez votre famille spirituelle comme une grappe de raisins. La tige principale se divise en plusieurs petites tiges, chacune portant de nombreux raisins. Votre famille spirituelle est l'une de ces petites tiges. Tout comme la tige principale est reliée à toutes les tiges individuelles et les supporte pour former un ensemble, de même chacun d'entre nous appartient à la fois à une famille spirituelle immédiate et à un conglomérat d'âmes beaucoup plus important. Nous nous incarnons avec divers membres de ce groupe d'âmes, mais moins souvent qu'avec ceux de notre propre famille spirituelle.

Les membres de votre famille « nucléaire » représentent différents archétypes. Même s'il y aura moins d'âmes du premier et du septième rayon au sein de votre famille spirituelle, votre groupe sera composé d'un mélange de chefs, de prêtres, d'érudits, d'artisans, de guerriers, de soignants et de sages. Toutes ces énergies sont utiles et nécessaires à notre planète et au sein de notre famille d'âmes. Chaque rayon joue un rôle complémentaire par rapport aux autres.

Le conglomérat compte des milliers d'âmes qui travaillent de concert pour atteindre des objectifs importants de nature globale comme inaugurer la Renaissance, par exemple. Vous interagissez avec les membres de ce groupe beaucoup plus important par l'intermédiaire de votre famille élargie, de votre environnement de travail, des divers groupes sociaux auxquels vous appartenez et d'autres situations de votre vie courante. Par exemple, vos intuitions stimulent votre mémoire, qui suscite en retour des émotions, vous indiquant que vous avez connu un nouveau collègue au cours d'une ou plusieurs vies antérieures.

Petite remarque en passant : vous n'avez pas raison de présumer que vous aurez des relations agréables et enrichissantes avec un membre de votre famille spirituelle ou du conglomérat. Pourquoi est-ce le cas ? De temps en temps, vous inclurez dans votre plan prénatal des circonstances où vous serez un peu ou très mal à l'aise dans vos relations avec les autres afin de donner l'occasion d'une progression spirituelle à l'une ou l'autre des parties concernées. Il n'y a pas de place pour les paresseux et les cœurs sensibles quand l'évolution de nos âmes et de l'humanité est en jeu.

Relation avec notre mère tandis que nous sommes dans son ventre

Avant la naissance, votre âme s'attache au corps que vous avez choisi et qui est en train de se développer dans le ventre de votre mère. La première relation interpersonnelle de votre nouvelle incarnation commence. En moyenne, l'âme s'enchâsse dans le fœtus entre le troisième et le sixième mois de gestation. Après avoir guidé des régressions pendant plus de 20 ans, je n'ai encore jamais rencontré un client dont l'âme était entrée dans son corps après la naissance.

L'âme de votre mère actuelle peut faire ou non partie de votre famille spirituelle. Votre âme, avant de naître à cette vie, en vient à un accord en vue de son évolution. Votre accord prénatal a pour but de favoriser la croissance spirituelle, soit principalement de votre âme, soit principalement de l'âme de votre mère, soit pour un apprentissage égal de part et d'autre. Chacun d'entre vous a consenti à prendre connaissance de ce qui était « écrit » vis-à-vis de l'un et de l'autre. Même si ce n'est pas toujours le cas, il y a souvent des différences entre la nature de l'âme de votre mère et la personnalité humaine qu'elle incarne. La décision de jouer un rôle particulier pour favoriser le développement de votre âme peut également revenir à votre mère.

J'ai guidé plusieurs régressions durant lesquelles mes clients revivaient le temps passé dans le ventre de leur mère juste avant de naître. Des informations importantes peuvent être extraites de cette période, y compris une indication de la relation primordiale entre la mère et l'enfant. Lisez et réfléchissez aux divers exemples suivants :

Barney : Ajustements cérébraux avant la naissance

Je suis dans le ventre de ma mère, peu de temps avant ma naissance. Mon corps me semble tout à fait correct. Ma mère chante, et je suis heureux qu'elle soit heureuse. Je peux influencer ses émotions d'une façon positive. Mon corps est solide et descend d'une bonne lignée. Il ressemble à d'autres corps que j'ai déjà eus, car je préfère les corps bien charpentés. Ce corps m'aidera à aider les autres.

J'ai essayé d'entrer dans le corps de ce bébé à trois mois de grossesse, mais celui-ci n'était pas encore prêt. Durant le quatrième mois, j'ai dû procéder à quelques ajustements. J'ai l'habitude d'un cerveau qui fonctionne d'une certaine façon. Sans ces ajustements, le cerveau aurait été plus rigide et moins adaptable. J'ai quelque peu modifié son ADN et ses cellules. Le corps de ma mère avait également un problème avec le facteur Rhésus dans son sang ; alors, j'ai placé un filtre pour nous faciliter les choses à tous les deux. C'est un peu comme veiller à l'entretien d'une maison. J'ai déjà fait ce genre de choses dans le ventre de ma mère au cours de mes vies antérieures.

Barney absorbe les effets réconfortants du bonheur de sa mère. En même temps, la nature de son âme et son niveau d'évolution nécessitent des ajustements du cerveau et d'autres fonctions physiologiques pour faciliter son attachement au corps robuste qu'il a choisi. La mission de vie de Barney est d'aider les autres dans le cadre de son travail de conseiller.

Christopher : Réticence à quitter la demeure céleste

Je suis dans le ventre de ma mère peu de temps avant ma naissance. Mes jambes sont repliées, mais dans une position confortable. Je peux entendre le cœur et la voix de ma mère. Maman est heureuse de m'avoir, surtout à son âge. Elle croit qu'avec un bébé la vie sera plus belle.

J'ai le cœur lourd. Ma mère est fondamentalement insatisfaite. Je me demande si je dois le faire [m'incarner].

On m'a incité à entrer dans un nouveau corps, mais j'étais réticent à l'idée de quitter ma demeure spirituelle. À présent, je me sens pris au piège depuis que je suis entré dans le corps de ce bébé. Je sais qu'il est trop tard pour reculer. Mon père est un ami à moi dans le monde spirituel, et je lui suis reconnaissant d'être là.

J'ai dit que je viendrais rejoindre mes deux parents. Mon âme a besoin d'apprendre à aller moins vite, à être plus égale et plus humble. Il semble qu'elle doive tempérer ses ardeurs. Je vais devoir faire plus d'introspection. Mon âme est parfois fébrile; cela la calmera de s'incarner à nouveau.

Je suis entré dans ce corps vers le sixième mois. Je ne voulais pas venir aussi tôt, mais j'étais censé le faire pour m'acclimater. Je dois mieux comprendre la situation présente. Je me suis déjà incarné dans des corps humains, mais ce n'est pas ce que je préfère. Je ne me sens pas comme à la maison sur la Terre. Tout sur Terre est tellement plus dense.

Je suis censé apprendre à donner davantage de moi-même durant cette vie. Je dois apprendre à être plus sensible, vulnérable et tendre. Là d'où je viens, nous sommes plus cérébraux et moins émotifs.

Christopher exprime des émotions polarisées dans le ventre de sa mère. Le désir de la mère de tenir son bébé dans ses bras et le bonheur que représente pour elle la venue de l'enfant ont l'effet d'une douce caresse pour le fœtus et lui apportent le sentiment qu'il est désiré. En même temps, la peur et l'insatisfaction de la mère viennent contrebalancer son enthousiasme.

Mes clients ont souvent l'impression que leur corps dans le ventre de leur mère est dense, lourd et dur. Plusieurs âmes sont assez développées pour respecter et accepter le fait que s'incarner sur Terre est une occasion exceptionnelle pour apprendre et être utile. À l'inverse, le fait de se retrouver « à l'étroit » dans un corps sur notre planète, où plusieurs n'ont aucune compassion, est pour d'autres un énorme défi.

Christopher nous rappelle qu'il est amusant de s'incarner, mais qu'il nous arrive aussi d'être réticents à l'idée de vivre dans un monde où tant de gens sont portés à critiquer les autres et à les rejeter. Poursuivre votre évolution en tant qu'âme incarnée sur la Terre vous donne la chance de vous concentrer sur l'affinage de la sagesse, de la compréhension et de la ténacité de votre âme.

Chad : Accords spirituels et adoption

Je suis dans le ventre de ma mère peu de temps avant ma naissance. Elle semble stressée et anxieuse. J'aimerais pouvoir l'aider, mais je ne le peux pas. Je me sens moi-même anxieux à présent, car je réagis aux émotions de ma mère.

Je ne suis pas à l'aise dans son ventre, et je suis impatient de venir au monde. Je suis prêt à entreprendre ce voyage. Ce sera une nouvelle aventure. Mais je me sens aussi un peu comme un étranger. Je ne resterai pas auprès de mes parents biologiques. C'est un accord auquel j'ai consenti. Mes parents biologiques, mes parents adoptifs et moi avons conclu cet accord. Ma mère adoptive ne pouvait pas avoir d'enfant mais en désirait un ardemment. Ma mère biologique avait besoin de faire l'expérience de donner un enfant en adoption.

Je suis né à présent. Je suis venu au monde un peu trop rapidement, la tête la première. Tout le monde dans la salle d'accouchement est nerveux à l'exception d'une infirmière. Ils savent tous que je serai donné en adoption. Ma mère biologique ne me prend pas tout de suite dans ses bras. Je sens que je suis le bienvenu, mais pas tout à fait. Ce n'est pas ainsi que j'aurais accueilli la naissance de mon propre enfant.

Je sens qu'il y a une distance entre mes parents biologiques et moi. Ils me prennent dans leurs bras, mais pas très souvent et pas très longtemps. Mon père biologique est le plus distant des deux, celui qui veut le moins avoir affaire à moi. Des infirmières prennent soin de moi durant la première semaine. Je vois ces femmes portant des costumes bleu clair et gris. J'ai des problèmes de digestion, et il m'arrive de vomir. Je suis heureux de voir mes parents adoptifs. Ils semblent me reconnaître. Ma mère adoptive est très enthousiaste.

L'histoire de Chad met en lumière des détails qui réchaufferont le cœur de plusieurs enfants adoptés. Mes clients qui ont été adoptés me confirment qu'il existe un accord parfaitement clair entre l'âme du bébé et celles de ses parents, biologiques et adoptifs. Au lieu d'un sentiment de grande tristesse, on éprouve plutôt un sentiment de joie en apprenant qu'un plan prénatal a été mis en œuvre pour que deux parents aient un enfant et que deux autres puissent l'élever. Chad semble bien s'en sortir, réagissant peu aux sentiments d'anxiété de sa mère biologique. Ayant guidé Chad plus d'une fois durant une régression, je peux confirmer que l'adoption a contribué à une amélioration chez les parents et aussi chez l'enfant.

Compagnon spirituel

Prenez le temps de lire et d'intégrer ce récit sur les relations entre les âmes d'une même famille spirituelle. Chris, âgée de 49 ans, rencontre les membres de sa famille spirituelle. Réfléchissons à ce que représente cette régression pour Chris, qui a perdu sa mère bien-aimée alors que Chris n'avait que 22 ans.

Chris : Ma mère, ma meilleure amie

Je vais à présent sur la grande place où plusieurs âmes sont réunies. Je retrouve rapidement les membres de mon propre groupe [famille spirituelle]. Je suis entourée de plusieurs vieux amis. Nous formons un groupe amusant. Mes amis ont tous le sens de l'humour. Ils se moquent de moi parce que je me prends un peu trop au sérieux. Quand je suis dans un corps, je suis trop sérieuse et j'oublie de m'amuser. Ils veulent me rappeler que dans mon groupe nous sommes ouverts, enjoués et joyeux.

Je vois à présent ma mère au sein de ce groupe. Elle est une force d'amour. Nous avons partagé plusieurs vies ensemble. Je me suis incarnée avec elle plus souvent qu'avec toute autre âme. Nous avons tous les deux besoin de nous détendre. Nous sommes trop sérieuses. Nous joignons à présent nos énergies, et c'est comme s'il n'y avait plus rien qui nous sépare l'une de l'autre. Nous choisissons les buts que nous voulons atteindre quand nous nous incarnons ensemble. Nous nous aidons mutuellement en faisant des pactes. Ma mère me dit que j'ai fait beaucoup de progrès dans ma vie actuelle. C'est un peu comme si nous étions une seule et même personne. Quand elle était en vie, elle était en conflit et malheureuse avec mon père, et pourtant elle se sentait redevable envers lui. Elle aurait aimé avoir la force de prendre la décision de le quitter. Mais tout est pour le mieux, me dit-elle ; cela fait partie du processus.

Maman m'emmène à un endroit où elle s'assoit à mes pieds. Il y a une magnifique lumière au-dessus de ma tête. Je suis baignée par cette lumière. J'éprouve un sentiment de paix profonde et d'acceptation inconditionnelle.

Chris découvre qu'elle a partagé plus de vies avec sa mère qu'avec toute autre âme. Grâce à sa régression, nous apprenons qu'au sein de notre famille spirituelle nous formons une unité fondamentale avec une autre âme (appelée principal compagnon spirituel) – ou plus rarement deux autres âmes –, avec laquelle nous vivons la plupart de nos vies.

La mère de Chris est l'un de ses guides. C'est comme si elles parlaient le même langage, le même dialecte. Chris sent que sa mère la comprend comme personne ne peut la comprendre. Même si l'une d'elles est dans un corps et que l'autre ne l'est pas, il n'y a pas vraiment de séparation entre elles, sauf au sens physique du terme.

J'entends souvent utiliser les expressions « âme sœur » et « âme jumelle » pour décrire cette âme unique entre toutes avec laquelle nous avons une relation presque parfaite. Est-ce que ce genre de relation existe vraiment ? Explorons le sujet du parfait compagnon. Pensez aux amitiés les plus importantes dans votre vie, et laissons de côté pour l'instant la question du parfait partenaire amoureux. À l'occasion, même si c'est plutôt rare, nous formons un couple avec notre principal compagnon spirituel. Dans notre culture mondiale, nous semblons exagérément idéalistes pour ce qui est de trouver la bonne personne avec laquelle partager notre vie.

Au sein de votre famille spirituelle, il y a votre principal compagnon spirituel : l'âme qui vous a accompagné au cours d'un plus grand nombre de voyages existentiels que toute autre âme. C'est l'âme que vous connaissez le mieux. L'expression « principal compagnon spirituel » a le même sens qu'âme sœur ou âme jumelle. Si cette âme choisit de s'incarner en même temps que vous, il y a de fortes chances que vous la rencontriez. Vous êtes l'un pour l'autre comme le yin et le yang, des personnes aux caractères apparemment opposés, mais ayant un équilibre énergétique complémentaire généré par cette polarité. Par exemple, l'un d'entre vous peut être extraverti et l'autre, plutôt timide. Ou l'un peut utiliser davantage son cerveau gauche en tant que programmeur informatique, alors que l'autre travaille comme artiste photographe de paysages. Vous pouvez être homme et femme ou du même sexe. Votre relation peut être celle de deux partenaires amoureux, d'un frère et d'une sœur, d'un parent et d'un enfant, de deux meilleurs amis, d'un mentor et d'un disciple, ou n'importe quel autre type de relations. Intéressons-nous à présent à Nathalie, une cliente dont le principal compagnon spirituel ne s'est pas incarné.

Nathalie : Mon frère d'une vie passée et mon âme jumelle sur le Titanic

Je vois le pont d'un navire ; c'est le Titanic. Nous nous apprêtons à quitter le port. Je porte une longue robe coupée

dans un tissu grossier, une veste, un chapeau et des bottes. Mes cheveux sont foncés et bouclés, et j'ai environ 20 ans.

C'est une journée difficile. Je pleure, car je ne supporte pas d'être séparée de mon plus jeune frère, Karl. Pourtant, je sais que je dois aller aux États-Unis, où une vie meilleure m'attend. Karl et moi, nous nous adorons ; il me rendra visite lorsque j'aurai refait ma vie. Il a l'impression qu'aucun homme n'est assez bien pour moi. Il me surveille avec des yeux de faucon. Alors je quitte mon pays afin de contrarier Karl, pour qui la vie est belle en Irlande.

Je ne pensais pas aller aussi loin, car je croyais que Karl m'en empêcherait. Tandis que je monte à bord du navire, je jette un regard par-dessus mon épaule, dans l'espoir qu'il va me demander de rester. Il essuie une larme. J'ai l'impression que nos deux cœurs sont reliés par trois cordes rouges. C'est comme si on me plongeait un couteau dans le cœur. La sirène retentit, et on largue les amarres. Karl s'éloigne, la tête basse, frappant du pied des cailloux. Je sais qu'il est en colère, car il ne m'a pas dit ce qu'il était venu me dire. À présent, il craint de ne plus jamais avoir la chance de me dire : « Je t'aime. » Il sait que je suis la seule femme pour lui. Mais cela n'arrivera jamais, car nous sommes frère et sœur.

Le navire coule, et je me trouve au milieu d'un escalier derrière une grille verrouillée. Il y a également des enfants. Je leur ai montré des tours de magie depuis que nous sommes à bord ; alors, ils pensent que je peux utiliser ma magie pour ouvrir la grille. Ils ont tellement confiance en moi. Je prends dans mes bras un petit garçon tandis que l'eau monte rapidement. L'eau est froide et monte de plus en plus haut. Je ne veux pas partir ou dire au revoir.

Je vois à présent la scène d'en haut. J'aperçois mon corps en train de flotter à la surface de l'eau. C'est une effroyable tragédie. Je peux communiquer par voie énergétique avec certaines personnes encore vivantes dans l'eau. Je dis à un homme en proie à la panique de rejoindre l'un des bateaux de sauvetage. Je connais cet homme dans ma vie actuelle. Il m'a dit qu'il avait été sauvé par le baiser d'un ange.

À présent, je m'élève dans les airs. On dirait que des bras me tirent vers le haut. Je sens la présence de mon frère. Il est à l'article de la mort. [Nous sommes toujours en même temps une âme dans un corps et une âme dans le monde de l'Esprit. Notre moi supérieur est cette portion de notre âme qui demeure dans le monde de l'Esprit quand nous nous incarnons. L'âme de Karl peut entrer en contact énergétiquement avec celle de Nathalie même si elle est morte.] *Karl a le cœur brisé, et il se reproche de m'avoir laissée partir. En tant qu'âme, j'envoie à son cœur de l'amour sous forme d'énergie. Nos cœurs s'entremêlent. Je dois poursuivre mon chemin.*

Je dis à Karl que je tiens à lui comme à la prunelle de mes yeux et que je suis toujours près de lui. Ce qui est arrivé n'est pas de sa faute. J'étais entêtée, et c'est pourquoi j'ai quitté la maison. Je veillerai sur lui. Je vois la cuillère d'argent avec laquelle je le faisais manger quand il était bébé ; il la garde sur sa table de chevet, près de lui.

Je suis à présent avec mon guide. On me dit que l'âme de Karl ne sera pas incarnée avec moi cette fois-ci. Je vais être dans un corps, mais il restera dans le monde de l'Esprit. Nous nous sommes proposé de vivre dans deux mondes différents. Il est mon principal compagnon spirituel. C'est un peu comme si l'autre moitié de moi-même me manquait dans ma vie actuelle. Même si je souffre de ne pas être avec Karl dans le monde de l'Esprit, cela ne fait pas partie de mon plan de vie. S'il était dans un corps, je ne pourrais pas passer à travers les apprentissages et les défis de ma vie actuelle. Je suis de plus en plus lucide. Je dois continuer à m'exercer à communiquer intuitivement avec Karl entre la Terre et le royaume céleste.

La régression de Nathalie met en lumière des détails saisissants de sa vie dans un corps en l'absence de son principal compagnon spirituel sur Terre. Quand votre plan de vie exclut la présence de l'âme qui vous est la plus familière, en tant que thérapeute, j'en conclus que vous êtes probablement une âme très évoluée, capable d'apprendre beaucoup de choses très rapidement. Le fait de ne pas partager votre vie avec cette âme à laquelle vous êtes tout particulièrement attaché peut s'avérer difficile et conduire à la solitude. Lors de l'entrevue, puis durant la régression d'un client, la découverte de circonstances complexes et exigeantes dans sa vie actuelle et dans ses vies antérieures m'indique la probabilité d'un progrès spirituel important. Quand vous êtes capable de grandir spirituellement sur Terre sans le soutien de votre principal compagnon spirituel, votre niveau de développement est significatif. De plus, le fait de pouvoir communiquer intuitivement de plus en plus facilement avec l'âme de Karl permet à Nathalie d'approfondir sa conscience spirituelle et de stimuler leur évolution à tous les deux.

L'histoire de Nathalie et de Karl illustre la solidité des liens qui peuvent unir un frère et une sœur ayant partagé plusieurs incarnations et entretenu diverses relations en tant que meilleurs amis, professeur-élève, parent-enfant, amants, et plus encore. La douleur de ne pas être des partenaires amoureux, puis celle d'être séparés par la mort, sont difficiles à exprimer avec des mots. Nathalie doit surmonter sa douleur d'être séparée de Karl pour éviter de s'enliser dans ses émotions. La vie actuelle de Nathalie inclut plusieurs relations familiales difficiles. Comme elle peut « échanger » avec Karl, cela lui apporte la stabilité dont elle a besoin. Karl est l'un des guides de Nathalie dans le monde de l'Esprit.

Copain spirituel ou partenaire significatif

Chris et Nathalie doivent utiliser leurs habiletés intuitives pour sentir la présence de leur principal compagnon spirituel et entrer en contact avec lui dans le monde de l'Esprit. Avec de la pratique, ce moyen de communication peut devenir presque automatique. Certains ont le privilège d'avoir leur principal compagnon spirituel avec eux dans un corps durant la plus grande partie de leur vie. Que cette âme qui nous est la plus familière se soit ou non incarnée avec nous, être impliqué dans un partenariat responsable avec quelqu'un est extrêmement important pour l'évolution de notre âme.

Idéalement, votre parent ou votre figure parentale est votre premier partenaire significatif. Au fil des ans, des changements surviendront ; un copain spirituel s'éloignera de vous et un autre arrivera sur la scène. Qu'il s'agisse d'un partenaire amoureux, d'un meilleur ami, d'un frère ou d'une sœur, les bienfaits d'une relation réciproque, axée sur votre responsabilité mutuelle, ne doivent pas être sous-estimés. Ce sont les expressions d'amour et les commentaires constructifs que vous échangez constamment avec votre copain spirituel. Avec votre partenaire significatif, deux exigences sont de la plus haute importance : vous devez en tout temps être là pour l'autre et, quand le besoin s'en fait sentir, être prêt à lui tendre un miroir.

Relations actuelles et antérieures

Nous entrons dans un corps en avançant en tant qu'âme pour accomplir la transformation nécessaire, en allant toujours de l'avant, toujours plus haut, pendant le voyage qui rend possible le développement de notre âme. Les empreintes énergétiques laissées sur le code mémoriel de notre âme indiquent la présence d'anciens scénarios non résolus qui remontent à présent à la surface sous la forme d'un sentiment de peur et d'anxiété. Chaque incarnation inclut des événements qui vous donnent l'impression d'être appelé au bureau du directeur pour compléter des devoirs que vous n'avez pas terminés durant le semestre.

Shareen : Guérir d'un amour passé dans le présent

Je suis à la campagne. Il fait jour, et je suis seule. Je porte une robe en tissu grossier et des bottes, comme à l'époque du Far West. Je suis une femme d'âge mûr avec des cheveux bruns qui grisonnent. Je suis triste. Je porte un médaillon en or de forme ovale. À l'intérieur se trouve une mèche de cheveux de mon bébé. Je me suis éloignée des chariots. Quelque chose me rend malheureuse, mais je sais que je dois retourner à mon chariot. Je dois rejoindre la caravane. Les adultes sont regroupés d'un côté. Dans un premier temps, ils ne remarquent pas ma présence parce qu'ils parlent tous en même temps. Les enfants me regardent et discutent entre eux. Je me dirige vers le groupe d'adultes.

Ma fille a disparu, mais ils veulent lever le camp et poursuivre leur route. Je ne veux pas. Nous devons partir à sa recherche ! Au début, mon mari essaie de les persuader que nous devons continuer à chercher notre fille. Mais les autres disent que nous devons poursuivre notre route. Mon mari en convient. Ils vont repartir.

Mais je n'irai pas. Je n'abandonnerai jamais ma fille. Ils rassemblent leurs affaires pour partir. Ils disent que c'est idiot de rester, car elle est sûrement morte à l'heure qu'il est. Mon mari essaie de me convaincre de partir avec lui. Je n'arrive pas à croire qu'il puisse songer à l'abandonner. Je pensais mieux le connaître. Elle a disparu depuis deux jours. Elle est notre seule enfant. Si elle est morte, nous devons la trouver. La caravane se reforme pour partir.

Mon mari essaie de me faire monter de force dans le chariot, mais je m'échappe. Je cours et cours jusqu'à ce que je m'effondre près d'un ruisseau. Les autres se sont lancés à ma poursuite, mais ils ne me poursuivent plus à présent. Je pleure. Je suis inquiète au sujet de ma fille et j'ai peur de ce qui va m'arriver. Je ne veux pas mourir ici. Il fait noir et froid. J'ai faim. Je pleure à chaudes larmes ; je ne sais plus quoi faire. Je reviens sur mes pas, mais les chariots sont partis. Je trouve la malle qui contient mes vêtements. Ils ont également laissé un peu de nourriture et une couverture.

J'ai tellement peur pour ma fille. Je dois la retrouver. Comment vais-je faire ? Je n'arrive pas à croire que mon mari ait pu faire cela. Il était plus important pour lui de sauver son chariot que sa fille. Il nous a abandonnées.

[Shareen fait consciemment le choix de s'éloigner de son mari en raison de son comportement.]

Je ne fais qu'errer à présent, espérant toujours retrouver ma fille. Je me dirige vers un ravin. Je trouve un endroit où je peux descendre au bord de l'eau. Je continue à longer ce cours d'eau. Puis je la trouve. Elle est tombée et elle est morte. Je la serre dans mes bras et je pleure. Je me sens si seule.

Je n'ai aucun outil pour l'enterrer. Je suis contente de voir qu'elle porte sa robe préférée. Elle n'a que six ans. Je trouve une grotte et je la dépose à l'intérieur. Puis j'utilise des pierres pour boucher l'ouverture. Une fois que c'est fait, je prie pour elle. Je suis anéantie. Elle était tout pour moi. Je n'arrive pas à y croire. Je ne sais pas ce qui va advenir de moi.

Je marche le long de la rivière. Je n'ai rien à manger. Le temps passe.

Je m'effondre sous un arbre près de la rivière. J'attends simplement la mort. J'entends des clapotements dans l'eau et lève les yeux. C'est un homme sur un cheval brun. Il me prend sur son cheval. Il se soucie assez de mon sort pour m'aider. Il me ramène à sa cabane. Il prend soin de moi jusqu'à ce que je reprenne des forces.

Les saisons ont passé. C'est le printemps. Je vais mieux à présent. Je suis toujours avec cet homme. Il m'aime vraiment. Nous nous aimons beaucoup tous les deux. Ma fille me manque encore terriblement. Il veut m'épouser, mais j'ai l'impression que c'est mal de vivre avec un autre homme alors que je suis déjà mariée. Cela me pose problème. J'ai finalement trouvé quelqu'un qui m'aime vraiment. Cela me semble injuste. Il me dit que mon mari m'a abandonnée, qu'il n'y a rien de mal à vivre avec lui. [Shareen a trouvé un vrai partenaire significatif et s'est attachée à lui.]

Je décide de retrouver mon mari et de le confronter pour lui faire comprendre que je n'ai plus l'intention de respecter mes vœux de mariage. Je veux vivre avec cet autre homme.

Nous trouvons quelqu'un en ville qui faisait partie de la caravane. Il me dit que mon mari vit à San Francisco à présent. Nous y allons. Je n'ai jamais vu une ville comme celle-là. Nous trouvons l'adresse de mon mari. Je frappe à sa porte, mais c'est une femme qui vient ouvrir. Je n'arrive pas à croire que j'ai passé autant de temps avec un homme en qui je ne pouvais avoir confiance. Je lui dis que je veux mettre un terme à notre mariage. Il se contente de rire et ajoute qu'il n'y a plus rien entre nous depuis longtemps. Une partie de moi est blessée de voir qu'il est aussi insensible. Mais je suis heureuse, car je peux vivre à présent avec l'homme que j'aime vraiment.

Nous sommes maintenant quelques années plus tard. Un autre bébé joue sur la tombe de ma fille. Nous l'avons enterrée une fois que j'ai eu repris des forces. Tout est si beau. La boucle est bouclée. Sa mort m'a apporté tout le bonheur dont je jouis à présent. Mais je suis si triste de l'avoir perdue. Je suis heureuse de mener une bonne vie avec quelqu'un qui m'aime vraiment.

C'est le dernier jour de ma vie. Je suis étendue sur un lit dans la même cabane. Je suis malade depuis quelque temps et je suis sur le point de mourir. Mon fils est à mes côtés. Mon mari est déjà mort. J'adore mon fils. C'est un homme bon et je sais qu'il sera heureux dans la vie.

Mon âme flotte au-dessus de mon corps. Je sais que mon premier mari dans cette vie antérieure est mon ex-mari dans ma vie actuelle. Je n'arrive pas à croire à quel point je refais toujours la même chose. Il y a quelque chose que je n'ai pas compris à la suite de cette vie antérieure. Je retombe toujours dans les mêmes habitudes. Je dois apprendre à pardonner dans ma vie actuelle à celui qui a été mon premier mari dans cette vie antérieure. On se sent beaucoup mieux quand on laisse derrière soi la douleur et la colère d'avoir été abandonné.

Je sais à présent que ce qui est arrivé avec mon premier mari devait arriver au cours de cette vie. C'est au moins la troisième fois qu'il joue le rôle de la personne qui se moque de tout. Il avait du pouvoir sur moi et me maltraitait. Il a plutôt envie de rire, car lorsque nous retournons à cet endroit paisible entre deux vies, je me rends compte à chaque fois à quel point il était important qu'il me quitte. Il le fait par amour pour moi au niveau de l'âme. En jouant le rôle de celui qui m'abandonne, il me donne l'occasion d'apprendre à prendre soin de moi. Au cours d'au moins trois vies, j'ai accusé les autres d'être responsables de mon malheur et je n'ai pas compris ce que je devais apprendre. L'âme de mon premier mari me dit qu'il a en assez de jouer le rôle du « salaud » à répétition.

Je dois encore faire face au chagrin d'avoir perdu ma fille, et au fait qu'elle a dû être sacrifiée pour que je puisse apprendre à accorder de la valeur à mes propres besoins. L'âme de ma fille actuelle est l'âme de celle qui était ma fille dans cette vie antérieure. Elle était si joyeuse, si heureuse. Je n'en ai pas fait assez pour la protéger à l'époque. Je dois en faire plus pour la protéger émotionnellement au cours de cette vie-ci. Mais en même temps, je dois lui laisser l'espace nécessaire pour qu'elle puisse apprendre ses propres leçons. Je suis stupéfaite de constater que les âmes de mon ex-mari et de ma fille dans ma vie actuelle ont accepté de sacrifier leur bonheur pour que je puisse apprendre une leçon importante.

Je permets encore à ces scénarios d'abandon d'occuper une place disproportionnée dans ma vie. Je ne laisse pas ressortir le bon côté des choses. Je me concentre sur le négatif plutôt que sur le positif. L'homme qui m'a trouvée et le fils que nous avons eu étaient merveilleux. Je dois apprendre à ne plus haïr mon ex-mari. Je me dois d'apprécier toutes les bonnes choses de la vie. Ma vie peut être différente à présent.

Relations interpersonnelles et ascension de l'âme

La régression de Shareen met en lumière la raison fondamentale derrière l'évolution de l'âme. Nous avons tous vécu des vies durant lesquelles notre principale tâche était de surmonter et supprimer des expériences s'étant accumulées dans le code mémoriel de notre âme. Notre plan de vie peut inclure ou non une longue et agréable relation amoureuse, comme l'a finalement découvert Shareen dans sa vie précédente. En même temps, notre propre avancement spirituel peut dépendre à l'occasion de notre volonté à aider et à soutenir les autres dans l'acquisition d'une sagesse plus profonde.

Les liens entre nos relations passées et nos interactions humaines actuelles créent un motif d'une beauté saisissante qui nous soutient durant notre ascension vers le sommet de l'échelle spirituelle. Ayant acquis une meilleure compréhension de ses vies passées et de sa vie actuelle, Shareen nous montre comment elle a su mettre en pratique cette sagesse dans ses relations avec l'âme de celui qui était son mari dans une vie antérieure et dans sa vie actuelle, ainsi que dans ses relations avec sa fille. Ayant en main un plan de vie commun, Shareen, son mari et sa fille ont tous choisi la possibilité de stagner ou de vivre une transformation sur le plan spirituel. L'archétype de Shareen semble porter sur l'amour et la sagesse (deuxième rayon – prêtre), conformément à son plan de vie conçu pour l'amener à tourner la page sur ces épisodes d'abandon.

EN RÉSUMÉ

Le fait d'accepter toutes les relations et expériences de la vie nous donne l'occasion d'apprendre ; nous *savons* que la vie mérite pleinement d'être vécue. Prendre une décision difficile comme celle de mettre un terme à un mariage montre que nous pouvons toujours choisir d'équilibrer le karma (ou les dettes énergétiques) de nos vies antérieures pour contribuer à l'évolution de notre âme et même parfois de celle des autres.

En réconciliant nos relations avec les autres au niveau de l'âme, nous engendrons de l'équilibre et de l'acceptation plutôt que de la dissension. Le besoin d'amour et d'appartenance, tel qu'expliqué par Maslow, doit être d'une nature saine avec des partenaires significatifs pendant toute la durée de notre vie.

Demandez-vous :

1. **Ai-je un partenaire significatif ?** Passez en revue vos meilleurs amis et les membres de votre famille pour déterminer si l'un d'eux vous tend un miroir pour vous montrer comment les autres vous voient.

2. **Qui dans ma vie actuelle pourrait être mon principal partenaire spirituel ?** Cherchez parmi toutes les personnes qui jouent ou qui ont joué un rôle dans votre vie celle qui vous a toujours soutenu ou qui vous a aidé à clarifier des situations difficiles lorsque c'était nécessaire.

3. **De quelle façon l'énergie et les émotions de ma mère lorsque j'étais dans son ventre ont influencé ma vie ?** Utilisez la réflexion de votre cerveau gauche et l'intuition de votre cerveau droit pour examiner cette première relation avec votre mère et ses répercussions dans votre vie actuelle.

Chapitre 9

Incarnations simultanées

« Il faut grandir de l'intérieur vers l'extérieur.
Personne ne peut vous enseigner, personne ne peut faire de vous un être spirituel.
Il n'y a pas d'autre maître que votre âme. »

— Swami Vivekananda

Énergie incarnée holographique

Au commencement d'une nouvelle existence, sur les conseils de nos guides, nous fixons le moment qui marquera le début de cette nouvelle vie. Le développement de notre corps dans le ventre de notre mère s'accélère avec l'introduction d'un aspect ou d'une portion holographique de notre énergie spirituelle. Ce segment de l'âme à l'intérieur de notre corps physique est le reflet fidèle du reste de notre énergie spirituelle dans le royaume céleste. Autrement dit, l'énergie spirituelle à l'intérieur de nous correspond en tout point au contenu et à la fréquence de notre énergie dans le monde de l'Esprit, ce qui est désigné comme moi supérieur ou supraconscience. Plusieurs me demandent d'expliquer comment nous recevons des informations intuitives concernant nos vies antérieures. Lorsque vous êtes en transe ou dans un état modifié de conscience, votre hémisphère droit entre en contact avec vos guides et votre moi supérieur, ce qui lui donne accès à la bibliothèque de votre âme. Tout comme un canal, ou un médium, reçoit consciemment de l'information envoyée par ses guides ou l'âme d'un être cher, le client qui participe à une régression devient son propre canal.

Êtres terrestres éclairés et division de l'âme

Plusieurs séances de régression m'ont confirmé l'existence d'âmes incarnées hautement évoluées ayant simultanément un aspect holographique de leur énergie spirituelle dans un autre corps et, dans certains cas, plus d'un. Autrement dit, quelqu'un d'autre sur cette planète est un aspect distinct et apparenté de la même âme, puisque notre âme peut «résider» dans deux ou plusieurs corps à la fois, dans un but précis. Que cette division d'une âme avancée soit plus ou moins simultanée, elle lui donne l'occasion de progresser plus rapidement et d'avoir une plus grande influence sur la planète.

L'expression «être terrestre éclairé» (ETE) décrit une âme très évoluée de niveau 8 et plus. Les ETE ont de nombreuses responsabilités et capacités. Durant les premières étapes du développement de l'âme, nous nous engageons tous à passer du niveau 1 à 5, en nous concentrant principalement sur nous-mêmes. À la suite de nombreuses vies et d'intenses efforts, nous finissons par atteindre les niveaux 8 et suivants. Les ETE ont deux objectifs principaux : contribuer à l'évolution de la Terre et agir ici-bas à titre d'émissaires pour les maîtres guides, qui gèrent et coordonnent le royaume spirituel. Les âmes avancées sont humbles et n'agissent pas en fonction de leur ego.

Division de l'âme à travers le temps et l'espace

Les ETE font toujours un usage créatif de leur énergie. Rappelez-vous que la fréquence correspondant à la force vitale contenant le code mémoriel de notre âme entre dans le bébé en train de se développer dans le ventre de sa mère. Quand nous sommes un ETE, notre moi supérieur et souvent notre conscience de tous les jours comprennent que nous sommes finalement de l'énergie divine, fruit de l'évolution, qui s'est engagée à promouvoir une mentalité plus égalitariste sur notre planète. La tâche que nous devons tous accomplir sur Terre est ardue, et pourtant son importance dépasse ce que notre cerveau matériel est capable de comprendre. À cette fin, les ETE subdivisent souvent leur énergie spirituelle pour vivre des vies simultanées sur Terre. Notre prochaine cliente s'appelle Lily, dont le voyage de l'âme ressemble beaucoup à un jeu de saute-mouton.

> *Lily :* Mes divisions de l'âme, incluant 11 vies de femmes à partir de 1840
>
> Prenez le temps d'examiner la liste suivante des vies partiellement simultanées de Lily et réfléchissez à la visée commune de ses incarnations.

- Née en 1840 et morte en 1915 : une femme originaire de la Pennsylvanie impliquée en politique
- Née en 1878 et morte en 1959 : une chanteuse d'opéra italienne
- Née en 1880 et morte en 1928 : une sorcière Navajo-Hopi
- Née en 1900 et morte en 1929 : une femme d'origine perse vivant en Inde, avec des liens dans le monde de la politique
- Née en 1909 et morte en 1981 : une psychologue et auteure new-yorkaise d'origine juive
- Née en 1910 et morte en 1986 : une héritière d'origine juive vivant entre New York et Chicago
- Née en 1925 et morte en 1940 : une parisienne d'origine juive morte dans un camp de concentration
- Née en 1938 et toujours vivante : une actrice anglaise d'origine juive
- Née en 1946 et toujours vivante : une psychologue et auteure américaine d'origine juive
- Née en 1950 et toujours vivante : une femme orientée vers la spiritualité vivant dans l'ouest des États-Unis
- Née en 1967 et toujours vivante : une actrice américaine

Quels sont les traits communs à ces 11 vies vécues par l'âme de Lily ?

- Onze vies en tant que femme
- Cinq vies en tant que juive
- Trois vies dans le monde du divertissement
- Quatre vies orientées vers la spiritualité
- Six vies simultanées entre 1840 et 1914

L'âme de Lily en tant qu'ETE montre qu'il est possible de s'incarner dans six corps simultanément.

Comme la plupart des âmes, l'âme de Lily semble favoriser un sexe en particulier, dans son cas, le sexe féminin. Elle est au courant de quelques incarnations sous les traits d'un homme. La grande majorité des âmes s'incarnent principalement en homme ou en femme et vivent au moins une vie dans la peau du sexe opposé.

Depuis 1840, Lily a vécu cinq vies en tant que juive et quatre vies de nature spirituelle. De plus, Lily a découvert des détails concernant plusieurs autres vies avant 1840 de nature religieuse ou spirituelle qui nous donnent une image claire de l'intention principale de l'âme de Lily. Les accords de vie très ambitieux de Lily incluent plusieurs éléments : érudition, enseignement, religion/spiritualité, personnage public et féminité. La découverte de vos vies antérieures illumine qui vous êtes, mais aussi ce que vous voulez être et faire dans votre vie actuelle.

DISTRIBUER LA TOTALITÉ DE VOTRE FORCE INTÉRIEURE

Il est rare qu'une âme se divise en six parties sur Terre, comme dans le cas de Lily, car cela nécessite le talent d'un ETE pour maintenir l'équilibre de notre pouvoir spirituel dans plusieurs corps à la fois. Rappelez-vous que nous subdivisons notre énergie spirituelle pour apporter du royaume céleste la parcelle de notre pouvoir qui nous fournit l'étincelle nécessaire au début d'une nouvelle incarnation. Si nous pouvons compter sur l'aide de nos guides, la planification de la portion spécifique de notre force spirituelle que nous apportons avec nous chaque fois que nous nous incarnons dépend également de l'évolution de notre âme et des engagements que nous avons pris dans notre plan de vie.

Partez en voyage avec moi pour découvrir la façon dont le pourcentage d'énergie spirituelle que nous amenons avec nous est déterminé ainsi que les conséquences du fait d'en amener trop ou pas assez. Commençons avec la régression de Stella, un excellent exemple d'ETE.

> <u>*Stella* : Peur, mission de vie, création de l'âme et élèves</u>
> *Tandis que je laisse derrière moi cette vie qui vient de se terminer, je sens que quelque chose ne va pas avec la façon dont je suis morte à la suite d'une explosion. De retour dans le royaume spirituel, je sens la présence de puissants êtres énergétiques. Ils sont préoccupés au sujet d'une fissure énergétique qui doit être réparée ; ils savent que quelque chose ne va pas. Je prends un bain de lumière thérapeutique. Cette lumière s'infiltre dans mes fissures et les remplit. J'éprouve à présent un délicieux sentiment d'amour et de familiarité. Ces êtres guérisseurs*

rient à présent; nous rions tous. Cette contamination devait être enrayée.

J'arrive à présent devant un gros édifice, un lieu important et utile. Je porte un dossier sous le bras; je vais donner un cours. Il y a un groupe de gens ici, des jeunes et des plus vieux. Ils m'accueillent avec chaleur. Je dois donner une conférence sur la peur et la transparence. Nous devons être honnêtes et ouverts envers les autres et envers nous-mêmes au sujet de nos peurs. Cela nous aidera à surmonter la peur que nous éprouvons pour nous et pour les autres.

Les personnes présentes dans la classe sont mes élèves. Certains se sont déjà incarnés sur la Terre et d'autres ne l'ont pas encore fait. En tant qu'âme plus avancée, je suis responsable de former les autres. Je leur transmets mon enseignement par voie énergétique, parfois même par la voie d'une énergie tactile. C'est difficile à expliquer. Je suis à présent dans une autre grande pièce. Des faisceaux de lumière sont dirigés vers moi; c'est extrêmement agréable. Nous sommes un groupe d'âmes avancées qui se renvoient de la lumière les uns les autres. C'est une façon pour nous de partager notre lumière avec plusieurs autres personnes.

Trois de mes professeurs sont présents; je les connais depuis fort longtemps. Ils sont très vieux et très expérimentés. Ils s'assoient, et je me tiens devant eux. Quand je leur demande quelle est ma mission de vie, ils m'expliquent que je dois être un professeur humble et sans prétention. Je ne dois pas attirer l'attention, mais enseigner calmement à l'écart. Je dois briller sans me faire remarquer. Mes professeurs veulent m'aider à comprendre comment une âme vient au monde. Tout d'abord, une particule d'énergie divine est libérée par la source la plus haute. Cette particule s'éloigne progressivement de la source, comme elles le font toutes, pour se développer et grandir. Il faut énormément de temps avant que chaque particule ait acquis tout le pouvoir nécessaire pour s'incarner. Chaque particule s'alimente en énergie à même la source. Il est difficile d'expliquer à des humains ce qu'est la source d'énergie originelle, mais on pourrait dire qu'il s'agit d'une pureté condensée. Même le mot « amour » ne suffit pas.

Dans ma vie actuelle, j'ai apporté avec moi 25 à 30 % de mon énergie spirituelle totale. Cette quantité sera suffisante pour accomplir les tâches que je me suis fixées. On me dit qu'un autre aspect de mon âme se trouve présentement dans un corps. Je ne dois rien savoir de plus au sujet de cet autre être incarné. Je suis censée travailler avec certains de mes élèves qui se sont incarnés, certains en tant que membres de ma famille. Il y a des moments où je regrette de ne pas avoir apporté une plus grande partie de ma force spirituelle pour accomplir ma mission de vie. On me dit qu'il n'est pas possible d'augmenter ce pourcentage d'énergie spirituelle une fois que nous sommes dans un corps.

La régression de Stella en tant qu'ETE met en lumière plusieurs concepts fondamentaux concernant l'essence de notre être. Quand une vie se termine par un important traumatisme physique, émotionnel ou spirituel, tel qu'une explosion, nos guides bienveillants nous soignent de la façon qui convient pour réparer notre force divine.

Les ETE ont atteint le niveau nécessaire pour enseigner aux âmes moins développées. Chaque ETE est au service de l'humanité, d'une façon ou d'une autre. La régression de Stella offre une compréhension essentielle de la peur, de la transparence et de l'honnêteté. Pour réduire la peur sur notre planète, nous devons faire preuve d'ouverture envers les autres et envers nous-mêmes, en examinant ce qui nous préoccupe et nous inquiète dans notre vie quotidienne. Si nous refusons de regarder en face nos appréhensions, nous encourageons les autres à faire de même. On dit souvent que l'énergie suit l'intention. Le verre peut nous paraître à moitié vide ou à moitié plein, tout dépendant de notre attitude, de nos pensées et de nos émotions par rapport aux circonstances de la vie quotidienne. Que chacun d'entre nous fasse en sorte de désamorcer ce que nous avons inutilement exagéré sous le coup de la peur.

De temps en temps, les ETE enseignent aux plus jeunes, en soutenant l'évolution de leur âme. Ces ETE jouent en quelque sorte le rôle de guides auprès de certaines âmes. L'âme guidée peut ou non être incarnée, ou s'être incarnée dans deux corps en même temps. Le moi supérieur des ETE enseigne souvent à ses élèves dans une classe située dans le royaume spirituel.

Les maîtres de sagesse s'attendent à ce que les ETE fassent preuve d'humilité en prenant leur travail au sérieux sans se prendre eux-mêmes au sérieux. En raison de la lourdeur des clauses de leur contrat prénatal, les âmes avancées essaient constamment de se dépasser pour être utiles à notre planète en cette période où nous avons tant besoin d'égalité et de compassion. Les ETE doivent également se préparer à siéger sur des comités supérieurs composés d'anciens, dont le devoir est d'exercer une forte pression sur notre moi supérieur et incarné pour purifier le code mémoriel de notre âme, en admettant les faux pas que nous avons faits par le passé.

Stella a apporté avec elle entre 25 et 30 % de son énergie spirituelle pour respecter les accords concernant sa vie actuelle. En moyenne, une âme apporte avec elle entre 40 et 60 % de sa force divine lors d'une incarnation. Il est probable que Stella ait accordé une même quantité d'énergie à sa deuxième incarnation pour maintenir un certain équilibre : 30 % à Stella, 30 % à sa deuxième incarnation et 40 % à son moi supérieur. Cette subdivision de l'énergie spirituelle me semble parfaitement raisonnable et ne devrait pas poser de problèmes à un ETE.

Plusieurs éléments de la régression de Stella indiquent et confirment qu'elle est bel et bien un ETE :

- Elle enseigne à des âmes qui sont ses élèves.
- Ses guides sont des « anciens ».
- Son âme s'est scindée en deux.
- Elle est censée être un professeur humble et sans prétention.
- Elle a reçu des informations concernant le développement des nouvelles âmes.
- Elle a apporté avec elle dans sa vie actuelle moins d'énergie que la moyenne des âmes.

Le compte rendu de Jim, notre prochain client, fournit de plus amples détails sur le choix de la portion d'énergie spirituelle qui a servi à vivifier son incarnation et sur les conséquences de sa décision.

Jim : Choisir la portion d'énergie spirituelle à apporter

Mes guides me disent que j'ai apporté 31 % de mon essence spirituelle dans ma vie actuelle. Ils m'avaient recommandé d'en apporter plus en raison des exigences de mon plan de vie prénatal. J'ai fait preuve d'arrogance en croyant que j'arriverais à m'en sortir avec seulement 31 %. Parce que la couleur de mon âme est d'un bleu vif, soit la couleur d'une âme avancée, mes guides m'ont laissé choisir la portion à apporter. J'aurais dû les écouter. Mes guides me disent que c'est ainsi qu'on apprend, que tout ira bien pour moi. Ils me disent de tenir bon et qu'ils m'aideront. Ils m'amènent à présent dans le palais des archives, où sont archivées toutes mes vies antérieures. Je suis ici pour me rappeler que ma vie actuelle a été planifiée de la sorte parce que j'avais besoin de vivre plus d'expériences sur la Terre, même si je croyais savoir tout ce que j'avais besoin de savoir. À présent, je veux en apprendre davantage au sujet des âmes qui travaillent comme bibliothécaires au palais des archives dans le monde de l'Esprit. Ces bibliothécaires doivent suivre une formation spéciale, car ils ne font pas que nous apporter les livres que nous avons demandés, ils partagent également avec nous leurs observations au sujet de certaines vies antérieures spécifiques. Ils peuvent nous être très utiles si nous écoutons ce qu'ils ont à dire.

Parce que je suis une âme plus avancée, on m'a permis d'entrer dans ma vie actuelle sans apporter plus d'énergie spirituelle. Je n'ai pas été aussi prudent et observateur que j'aurais dû l'être. Ils pensent que j'ai compris et que je serai à l'avenir un bon exemple pour ceux qui doivent choisir la quantité d'énergie à apporter. Je pourrai encore diviser mon énergie, mais mes guides devront d'abord examiner le contenu de ces deux vies simultanées. Ensuite ils me conseilleront sur la quantité d'énergie à apporter pour chacune de ces vies.

Les êtres supérieurs observent toujours les âmes incarnées qui vivent du stress, comme moi en raison de la quantité d'énergie que j'ai choisi d'apporter. Les guides veulent comprendre les conséquences négatives qui peuvent survenir. Ils m'aideront néanmoins à traverser les épreuves de ma vie actuelle. De plus, ils pourront conseiller d'autres âmes en ce qui concerne la quantité d'essence spirituelle à apporter pour chacune de leur incarnation.

La séance de Jim élargit notre compréhension du rôle des âmes dans le monde de l'Esprit et de la latitude qui nous est accordée au moment de faire certains choix. En tant qu'ETE, nous apprenons que nos guides nous permettent de vivre des existences tout particulièrement difficiles, car nous avons acquis au cours de nombreuses vies la force d'âme nécessaire pour venir à bout d'événements complexes. Cet apprentissage compte plusieurs facettes. Même au niveau de l'âme, nous pouvons nous montrer entêtés, au point de croire que nous pouvons nous en sortir alors que nous sommes à l'extrême limite de nos capacités. Il y a des leçons à tirer de ce genre d'expériences, pendant et après notre incarnation, par rapport à notre entêtement à faire des choix de vie stressants sur le plan de la santé, de nos relations avec les autres, etc. Ou nous pouvons prendre conscience que nous avons surchargé notre plan de vie et en tenir compte lors de nos prochaines vies. Nos guides doivent eux aussi apprendre quand nous laisser en partie libre de choisir et quand nous fixer des limites.

Jim semble fasciné par le palais des archives et le rôle des bibliothécaires. Même si ses guides n'en parlent pas, je devine que le moi supérieur de Jim soupçonne qu'il devra bientôt se justifier par rapport au dépôt énergétique de ses vies antérieures. Finalement, les guides de Jim nous permettent de mieux comprendre le délicat équilibre de notre essence spirituelle lors d'une double incarnation. Les guides examinent attentivement les engagements et les détails de nos deux plans de vie pour vérifier la faisabilité de ce projet de vies simultanées et la quantité de force vitale dont nous disposons pour chacune de ces incarnations.

OBJECTIF ET PROPORTION DES DIVISIONS DE L'ÂME DE NOS JOURS

Les divisions de l'âme sont-elles un phénomène courant à notre époque ? Selon les comptes rendus de mes clients, un fort pourcentage de ces âmes avancées, arrivées aux derniers stades de leur cycle d'incarnations, choisissent de vivre plus d'une vie simultanément. Par « derniers stades », il faut comprendre que ces âmes vont continuer de s'incarner pendant encore 100 à 700 ans sur Terre, après s'être déjà incarnées pendant des milliers d'années. Plus de 70 % des ETE gèrent des incarnations multiples. Cela dit, les ETE représentent un tout petit pourcentage des individus sur Terre, probablement moins de 5 %, car la Terre compte un très grand nombre de plus jeunes âmes.

La différence entre une âme qui s'est scindée en deux et une âme qui s'est scindée en différentes parties dépend du plan de vie élaboré pour chacune de ces incarnations et de la durée d'incarnation. Elle dépend également des objectifs spécifiques de cette âme. Plus important encore, elle doit s'appuyer sur le plan de vie prénatal de l'âme et sur son évolution. Lorsqu'il s'agit d'une âme avancée, la décision d'entreprendre des incarnations qui se chevauchent reflète un désir de travailler davantage, d'évoluer plus vite et d'apprendre différentes leçons. Les incarnations concomitantes travaillent toutes sur des aspects différents de l'évolution de cette âme.

Si une âme décide de vivre une autre incarnation simultanée, et si cette âme est déjà divisée en plusieurs parties, la quantité d'énergie totale ne sera pas divisée à nouveau. Chaque partie reçoit la même portion holographique d'énergie spirituelle. Il est également important de savoir qu'une âme scindée en deux ou en plusieurs parties peut accomplir de grandes choses et être extrêmement utile, ou gaspiller ses incarnations. C'est son choix.

Quand on décide dans le royaume spirituel qu'une âme va s'incarner dans deux ou plus de deux corps, la quantité d'énergie apportée pour alimenter ces différents corps est déterminée en fonction du niveau d'évolution de l'âme et des exigences du plan de vie de chacune des parties. En raison de l'augmentation du nombre des âmes avancées au cours des 200 dernières années, celles-ci se divisent en un plus grand nombre de parties que par le passé. Il n'y a pas si longtemps, les ETE s'incarnaient dans un seul corps à la fois. La période d'attente entre deux incarnations était également plus longue. Aujourd'hui, les âmes avancées s'incarnent presque toujours dans plus d'un corps en même temps. À mesure que les âmes évoluent, on leur demande, et elles acceptent volontiers, de vivre plus d'une incarnation à la fois.

EN RÉSUMÉ

L'âme en évolution améliore ses habiletés créatrices chaque fois qu'elle franchit une nouvelle étape sur l'échelle de l'âme. À mesure que votre fréquence spirituelle augmente, vous apprenez à diviser votre essence dans plus d'un corps à la fois afin de contribuer à l'évolution planétaire. Les ETE utilisent souvent leurs compétences dans le royaume spirituel pour soutenir les maîtres de sagesse chargés de coordonner les relations entre les êtres ascensionnés et les âmes incarnées. Même s'il est rare que différentes parties d'une même âme se rencontrent, elles sont assurées d'avoir l'occasion d'accélérer leur restauration karmique et d'influencer l'évolution de la Terre plus efficacement.

Demandez-vous :

1. **Je sais que mon âme est incarnée dans un autre corps présentement car je sens [...].** (Complétez la phrase précédente.) Pour déterminer la probabilité d'une double incarnation, portez attention à vos pensées et à vos émotions par rapport à l'endroit où pourrait vivre cette autre fraction de votre âme et à ce que pourraient être ses intentions sur le plan karmique.

2. **Suis-je ouvert à l'idée de participer à une régression ou à une rencontre avec une personne capable de me dire par canalisation si mon âme est présentement divisée en différentes parties?** Quels seraient selon vous les avantages de savoir que votre âme est scindée?

3. **Si jamais je rencontrais cette autre partie de mon âme, comment ferais-je pour la reconnaître ?** Quels sont les caractéristiques de votre âme qui pourraient vous indiquer qu'une autre personne est animée par la même âme que vous ?

Chapitre 10

La vie sur Terre et ailleurs

« Tout le monde est un génie. Mais si vous jugez un poisson sur sa capacité à grimper aux arbres, il vivra toute sa vie avec l'idée qu'il est stupide. »

— Albert Einstein

Âmes sur Terre — origine terrestre ou extraterrestre

Pendant des décennies, les comptes rendus de mes clients ont révélé l'existence de vies antérieures sur d'autres planètes. Durant une régression, je veille toujours en tant que thérapeute à ne poser que des questions ouvertes, sans suggérer d'idées à l'esprit conscient du client. Cette méthode permet d'obtenir des résultats « propres », en laissant le client fournir spontanément les informations relatives à son cas.

Il est vrai que j'ai reçu plusieurs demandes enthousiastes pour inclure ici ces informations. De nombreux clients ayant vécu sur d'autres planètes, ou ayant des parents qu'ils soupçonnent d'être d'origine extraterrestre, m'ont implorée d'écrire sur le sujet. Commençons par examiner la régression de Lena, puis nous explorerons la réalité de la vie ailleurs, ainsi que la dérivation des âmes sur Terre, plus loin dans ce chapitre.

Lena : Venir sur Terre pour la première fois

Nous sommes peu de temps avant ma naissance [dans sa vie actuelle], et je suis encore dans le ventre de ma mère. Je sais qu'il est inévitable que je passe une autre vie sur Terre. Mon cerveau essaiera peut-être de contrarier mes projets. Je suis têtue et je devrai fermer les yeux sur bien des choses.

Je revis à présent une vie antérieure. Je suis dehors à la campagne. Il fait jour, et je suis seule. Je porte des chaussures souples et un long vêtement. Je suis une femme avec des traits marqués et des cheveux couleur d'or, mais j'ai une apparence jeune.

Je suis venue d'ailleurs dans ce nouveau monde. D'autres habitants de ma planète natale, qui sont déjà venus sur Terre, m'y ont préparée. Je suis arrivée sur cette planète appelée la Terre par une sorte de portail. C'est un bon endroit, me semble-t-il. Assise les jambes croisées, je sens le sol sous moi. Je suis arrivée. Au début, je ne vois personne. La Terre est immense, et je viens d'un autre monde. C'est la première fois que je visite ce nouvel endroit.

Le temps passe. La plupart des âmes extraterrestres naissent ici sous la forme de bébés. C'est la Terre. Je suis heureuse d'être ici. Je vois les montagnes, et c'est un endroit agréable. La Terre est une planète accueillante ; tout est beau et serein. C'est pour moi une nouvelle expérience de vivre sur la Terre.

Je fais à présent l'expérience du sommeil. C'est quelque chose de calme et de paisible. C'est nouveau pour moi de dormir, un bon exercice. Cela ne semble pas nécessaire, mais c'est agréable. Je découvre que je peux aller ailleurs quand je dors. C'est une occasion d'emprunter des « portails » ouverts dans le ciel nocturne. Je viens tout juste d'arriver ; je ne suis pas sûre de vouloir aller ailleurs durant mon sommeil. J'ai atterri ici parce que c'était ma destination. J'ai oublié la raison pour laquelle je suis venue ici.

Plus tard, je suis sur un bateau qui tangue au milieu des vagues. Je vois le ciel au-dessus de moi et je sens le souffle du vent. Je suis sereine. Je suis une jeune enfant ; il s'agit d'un rêve. Il y a un jeune garçon, mon frère, qui me fait signe que ma mère a besoin de moi. Je fais semblant de ne pas la voir. Il est important de rêver.

Je sens mon côté gauche se refermer pour chasser de mon esprit le garçon qui est avec moi sur le bateau. J'ai cette tension dans ma vie dont j'essaie consciemment de me débarrasser. Elle semble liée à cette jeune personne dans le bateau qui essaie de m'empêcher de rêver. Il est difficile pour moi de renoncer à rêver ; j'aime beaucoup cela.

Ce guide m'explique que cette tension récurrente s'est implantée dans mon côté gauche pour exclure certaines choses. C'est une vieille habitude qui fonctionne encore. C'est une façon pour moi d'exclure un trop-plein d'informations afin de me concentrer davantage sur ce que je fais ; c'est une habitude inconsciente. C'est le signal que quelque chose ne me plaît pas. Je dois en prendre conscience pour comprendre ce qu'il m'indique. Ce n'est pas une mauvaise chose. C'est un mécanisme de défense. J'ai besoin de savoir que j'ai le choix et de savoir que ce choix existe. Je peux m'en débarrasser si je veux. Je suis devenue moins attentive aux signes corporels. Ce n'est pas une bonne chose pour moi de ne pas écouter mon corps.

C'est à présent le dernier jour de ma vie. Je suis prête à laisser cette vie derrière moi. Je suis soulagée. Je dis simplement que je m'en vais, et c'est fini. Je me sens soulagée et attirée vers une région plus légère où je jouis d'une plus grande liberté. Une voix intelligente me demande : « Que fais-tu ici ? » Je dis que je veux en apprendre davantage sur les étoiles. La voix répond : « D'accord, cette explication me suffit. » Je peux sentir les étoiles et le soleil central au centre de ma tête. Pourtant, ces étoiles et le soleil sont aussi à l'extérieur de ma tête. Je porte simplement mon attention à un angle de 45 degrés à l'extérieur de ma tête.

Il y a un plan et un ordre. Nous devons naviguer en fonction de ce plan en utilisant les étoiles comme points de référence. Nous devons nous rendre sur une étoile en utilisant notre intention et demeurer là-bas pour recevoir des conseils. Nous devons être traités sur cette étoile à partir du centre de notre tête, puis monter de niveau. Nous devons être traités sur l'étoile spécifique qui nous aidera à découvrir ce que nous voulons.

Ils veulent que je sache qu'ils sont là pour moi. Ils me parlent d'un article qu'ils m'ont déjà montré au sujet des édifices et des événements du 11 septembre. Les pompiers étaient entrés avec leurs chiens, mais un seul chien avait perdu la vie. Il s'appelait Sirius. Sirius est une étoile de la constellation du Grand Chien. Vous pouvez vous brancher sur Sirius en prenant contact avec l'étoile à l'extérieur de ma tête; appelez cette étoile Sirius, et vous serez guidé. Certaines des premières âmes qui sont venues sur Terre étaient originaires de Sirius; les âmes passent par le soleil.

L'énergie d'Arcturus influence le développement de la Terre. Mon âme est originaire d'Arcturus, mais elle a beaucoup voyagé. Ma première vie sur Terre remonte à plus de 240 000 ans. Depuis, je me suis incarnée ici et ailleurs.

La régression de Lena nous permet de comprendre ce que vit une âme extraterrestre (une âme ET) qui a choisi de s'incarner sur Terre. À cette époque où un grand besoin de progrès se fait sentir sur Terre, il y a plus d'âmes ET ici que jamais auparavant. Les âmes ET sont originaires de lieux célestes sacrés, où l'égalité existe sous la forme d'un sain mode de vie qui inclut l'usage de la télépathie, l'absence de dissension et le fait de prendre soin de soi de façon appropriée, pour ce qui est de manger, de se reposer, etc. Les âmes ET apportent avec elles une grande sagesse pour aider à modifier les relations entre les humains qui en ont bien besoin.

Lena souligne la valeur du temps consacré aux rêves quand nous entrons en contact avec notre moi fondamental et la vraie « demeure de notre âme ». Se fermer à nos rêves, ou à toutes autres pensées ou émotions potentiellement importantes, est inopportun, car des conseils, des indices ou des problèmes de santé peuvent alors être ignorés et nous porter préjudice, ce qui nous amène à dévier de notre plan de vie.

Il existe un plan pour notre vie, pour la Terre et pour l'Univers ; nous devons porter attention à l'étoile qui est censée nous guider, qu'il s'agisse littéralement d'une étoile avec laquelle nous pouvons entrer en contact ou de n'importe quel autre moyen intuitif de nous diriger. Les indigènes, tels que les Amérindiens, fonctionnaient à l'origine au sein de communautés vivant en harmonie avec le soleil, la lune, les étoiles, les saisons, les animaux et la terre, réglant leur vie quotidienne sur ces phénomènes ou éléments naturels.

Hannah : Un émissaire déterminé pour aider la Terre à changer

Je suis dans le ventre de ma mère, peu de temps avant de naître. Je suis ici et prête à naître à nouveau ; pourtant, je suis une âme têtue. J'aime être dans un corps, ainsi que les expériences que cela me permet de vivre. Je suis un peu fatiguée à la suite de mes plus récentes vies et j'espérais pouvoir me reposer plus longtemps avant de revenir ici.

J'ai déjà travaillé sur Terre à quelques reprises. Nous vivons une période de grand changement sur Terre, et certaines âmes ont besoin d'être ici. Je suis capable de beaucoup d'amour.

Mon énergie spirituelle convient bien au corps et au cerveau qui se développent dans le ventre de ma mère. Je sais que ce corps aura besoin d'une longue période de repos après sa naissance. Quand je me repose, mon âme se relâche pour aller dans une salle de classe dans le monde spirituel, où j'apprends à mieux connaître cette époque de changements dont la Terre a tellement besoin.

Au cours d'une vie antérieure, je deviens l'écuyer d'un chevalier. Je suis un jeune homme avec un visage bon et des yeux bruns, simplement vêtu d'un pantalon et d'une chemise de couleur brune. Plus tard, je suis prêt à m'exercer au combat. Je me protège à l'aide d'un bouclier en cuir, mais celui-ci cède. Le bouclier glisse, et la lance pénètre près de mon cœur. Je meurs dans les instants qui suivent.

Qu'une lance ait pu détruire mon bouclier durant une simple séance d'entraînement me laisse abasourdi. J'avais encore tellement de choses à faire dans cette vie. En tant qu'âme, je reste près de la scène de ma mort pendant un certain temps. Je vais retrouver mon ami. Il est bouleversé, et j'essaie de le consoler. Je dois reprendre contact avec lui. Je lui dis qu'il s'agit d'un simple accident. Je pense qu'il ne l'acceptera jamais ; je ne peux rien dire ou faire pour l'en convaincre.

Je pense que cette âme est aujourd'hui celle de ma sœur. C'est la même chose avec ma sœur dans ma vie actuelle. Rien de ce que je peux dire ou faire ne fait la moindre différence. Je veux l'aider, mais je ne le peux pas. Peut-être ne suis-je pas censé l'aider ; peut-être quelqu'un d'autre parviendra-t-il à l'aider.

Je suis prête à retourner à la maison. J'ai hâte de sentir l'énergie de ma véritable famille ; là d'où je viens, nous sentons l'énergie des autres. Je suis finalement de retour. Ils ont tous un excellent sens de l'humour.

Plusieurs amis et membres de ma famille sont présents ; nous nous embrassons, nous rions, nous plaisantons. Ce sont des êtres très intelligents. Au début, j'ai du mal à les suivre, car je suis partie depuis si longtemps et j'ai besoin de repos après un séjour sur Terre.

Je me présente ensuite devant mon conseil des aînés. J'ai été envoyée sur Terre en tant qu'émissaire. Je suis jeune comparativement aux êtres vénérables qui siègent sur mon conseil. Ces êtres essaient d'aider la Terre. Ils ne sont pas assez forts pour faire le voyage sur Terre.

Ils m'invitent à me dégourdir les jambes et à jouer pendant quelque temps pour oublier mes malheurs. On ne m'a accordé qu'un bref séjour ici, car je dois bientôt retourner sur Terre. J'ai vécu cinq vies sur Terre. Je suis fascinée par la façon dont les gens vivent sur la Terre, qui est fort différente des autres endroits où je suis allée ou dont j'ai entendu parler. Les habitants de la Terre vivent des hauts et des bas d'une extrême intensité. Ils vivent en se fiant à leurs émotions plutôt qu'à leur intellect.

Là d'où je viens, nous aimons et acceptons les autres sans condition; tout est calme et serein. On me dit que je serai mieux équipée la prochaine fois que je retournerai sur Terre. Le fait qu'ils m'aient envoyée sur Terre sans la moindre armure ou bouclier énergétique, comme si on disait à un bébé d'aller jouer avec un cactus, devient un sujet de plaisanterie entre nous. Je ne dois pas être triste sur Terre et je dois garder ma vibration élevée.

Je ne voulais pas vraiment revenir sur Terre et vivre ma vie actuelle. Ils me disent de choisir la prochaine fois d'être une participante active sur Terre et d'établir des liens avec les expériences des autres. Je dois arrêter d'absorber la douleur des autres.

Il y a présentement plusieurs êtres sur Terre qui viennent d'autres systèmes solaires et d'autres galaxies. De nombreuses personnes dans la trentaine s'éveillent au souvenir des enseignements qu'ils ont reçus sur leur planète natale et qu'ils doivent à présent transmettre sur Terre. Cela ne doit pas être fait en désespoir de cause mais avec amour et joie. Si ceux d'entre nous venus d'ailleurs deviennent trop lourds dans leur vibration, l'énergie que nous apportons deviendra trouble. Ma demeure ne se trouve pas dans le système solaire de la Terre.

Ils me disent qu'il est temps de me montrer une autre vie antérieure sur la Terre. J'ai toujours appris sur la Terre par l'intermédiaire de la souffrance. Je me vois sous les traits d'un homme d'environ 45 ans. La scène se passe dans une banque au XIXe siècle. Je signe un document sachant que je vais perdre tout mon argent. Mes guides me disent de ne plus jamais refaire cela. L'idée de signer me donne la nausée, mais mon sens de la loyauté me pousse à le faire. Je mérite de perdre tous mes capitaux.

Cela se passe aux États-Unis après la guerre de Sécession. Je ne me suis pas battu pour le Sud parce que ma femme et ma famille m'ont supplié de rester à la maison. Je sens que je vais tout perdre parce je n'ai rien fait pour protéger mon mode de vie. J'avais beaucoup reçu durant cette vie, mais tout m'a été enlevé. J'étais un homme blanc à la tête d'une ferme sans soucis.

Dans ma vie actuelle, je me dis de profiter de ce que j'ai, car cela ne durera pas. Je ne veux pas que mes enfants traversent des périodes difficiles. Je n'avais pas un bon cerveau durant cette vie antérieure aux États-Unis. Le cerveau que j'ai à présent est beaucoup mieux. J'ai toujours eu peur de m'attacher à des gens dont l'opinion pourrait m'amener à prendre de mauvaises décisions. Mes guides me disent d'être claire afin d'attirer le bon type de personnes. Les choses se dérouleront rapidement si je le permets. J'ai également tendance à me cacher la tête dans le sable lorsqu'il est question d'argent ; je dois aussi faire en sorte que cela change.

Concentrons-nous d'abord sur ce que nous révèlent les deux vies antérieures de Hannah : des accidents se sont produits, entraînant même la mort. Hannah a fait preuve de courage, après sa vie antérieure et dans sa vie actuelle, en pardonnant à l'âme de celle qui est aujourd'hui sa sœur.

Nous devons tous assumer la responsabilité des traumatismes que nous avons vécus dans d'autres vies et des émotions qui en ont résulté. Il est important de prendre conscience que nous ne pouvons pas vraiment aider les autres à se remettre d'une vie antérieure, même si nous nous sentons coupables de leur mort.

Hannah passe en revue sa vie durant la guerre de Sécession. Le déséquilibre provoqué par le fait de ne pas s'être conformé au comportement normatif masculin en assumant ses responsabilités, d'avoir cédé aux pressions de sa famille et finalement d'avoir perdu toute sécurité financière a laissé un arrière-goût désagréable dans le code mémoriel de l'âme de Hannah. Il apparaît à nouveau clairement que nous pouvons tous avoir vécu des traumatismes dans une vie antérieure qui nous amènent aujourd'hui à faire de l'évitement et à entretenir des peurs. Accepter, surmonter et supprimer ces moments difficiles, qui empoisonnent notre énergie spirituelle, cela est essentiel et contribue à l'évolution de notre âme.

Hannah, une âme extraterrestre qui s'incarne rarement sur la Terre, nous rappelle l'importance des êtres terrestres éclairés, comme vous. Toutes les âmes extraterrestres sont des ETE, en raison de la culture très évoluée de leur base de départ céleste. Les ETE conçoivent leur plan de vie principalement pour être utiles sur la Terre, en enseignant à notre société à progresser pour devenir une communauté plus égalitaire. Nous oublions trop facilement l'importance de ces temps de repos qui nous donnent l'occasion de relâcher le cordon spirituel qui nous relie à notre corps. Quand nous ralentissons pour entrer dans un état de repos, nos guides en profitent pour augmenter notre fréquence spirituelle et parfaire notre éducation, en nous ramenant à l'intention première de notre âme.

Si nous sommes une âme ayant la Terre pour port d'attache et que nous œuvrons à l'évolution de notre âme principalement sur Terre, notre conseil des aînés sera composé d'êtres très évolués ayant une grande expérience de notre planète. Pour sa part, Hannah travaille avec un conseil composé d'âmes extraterrestres tout particulièrement douées.

Les membres de ces conseils extraterrestres envoient de «jeunes» émissaires compétents sur Terre. Les aînés extraterrestres les plus avancés, ayant complété le cycle de leurs incarnations, sont incapables, quelle que soit leur forme énergétique, d'entreprendre ce genre de voyage sur Terre. Les conseils extraplanétaires travaillent de concert plus efficacement que les conseils d'origine terrestre, car ces êtres célestes avancés coopèrent entre eux plus facilement, ayant un mode d'opération différent de celui de la Terre.

Il est essentiel de maintenir un équilibre entre notre cerveau gauche et notre cerveau droit, entre notre côté logique et notre côté créateur. Le conseil de Hannah nous rappelle que notre cerveau gauche est essentiel et doit compléter nos aptitudes intuitives. Certaines entités extraterrestres sont beaucoup plus linéaires dans leur modus operandi. Les sociétés extraterrestres fonctionnent à partir d'une perspective intellectuelle, sans charge émotionnelle pour les ralentir dans leur intention et leur mission.

Les âmes extraterrestres incarnées sur Terre sont d'excellents modèles pour la population de la Terre, à mesure que la nécessité et la valeur de ces âmes d'une grande sagesse sont soulignées. Notre environnement terrestre est considéré comme le lieu le plus dense et le plus complexe de notre système solaire, et par conséquent celui où nous avons le plus d'occasions de progresser rapidement sur le plan spirituel. Les défis physiques, émotionnels et spirituels auxquels nous sommes présentement confrontés s'expliquent souvent par la découverte du fait d'avoir vécu dans une réalité autre et extrêmement différente de celle de la Terre. Pour plusieurs clients, cette révélation leur apporte un sentiment de soulagement, et la compréhension que cela implique leur permet de trouver des façons plus efficaces de s'en sortir. Les âmes extraterrestres se sentent souvent hors de leur élément sur Terre, et pourtant nous avons grand besoin de leur présence.

Cassie : Servir de récipient pour purifier l'énergie des autres

Je suis à présent dans le ventre de ma mère, peu de temps avant ma naissance (dans ma vie actuelle). J'ai un corps robuste qui devrait durer longtemps. À 14 ans, je devrai apprendre à laisser l'énergie de certaines personnes circuler librement dans mon corps sans chercher à l'empêcher. Je serai capable de capter facilement l'énergie des autres et de ressentir leur douleur pour les soulager. Cela fonctionnera à condition qu'il n'y ait pas de blocages. Je peux purifier l'énergie des autres. Je peux la sentir et la transformer si elle circule librement.

C'est quelque chose de nouveau pour moi, et ce n'est pas facile. Je veux le faire car je considère que c'est très important. Les gens sur Terre s'enlisent facilement. Je suis douée, mais c'est plus difficile à faire sur Terre parce que les problèmes y sont plus graves. Les gens sont souvent confus parce qu'ils ne tiennent pas compte du tableau d'ensemble.

Je dois minutieusement préparer mon corps afin qu'il soit capable de purifier l'énergie des autres.

Dans une vie antérieure, je vois que je suis seule dans une pièce froide et humide avec des murs en plâtre. Mes chaussures sont en bois et bizarres, et je porte des collants, une jupe et un caban noir. Je suis une petite fille d'environ cinq ans avec des cheveux bruns et une queue de cheval.

Je n'aime pas ça ici ; les gens ne s'entendent pas bien entre eux. Une vieille femme vit avec moi dans cette maison. Elle est si fatiguée ; c'est ma grand-mère. J'essaie de me tenir tranquille pour ne pas la déranger. Je joue avec des chevilles, des cercles et des formes en bois, mais je m'ennuie et je veux partir.

Le temps passe. Je suis mariée, et nous nous disputons beaucoup. Mon mari et moi n'avons pas beaucoup d'argent et partageons une maison avec sa famille. Le travail est ardu ; il faut laver le linge à la main, nettoyer et cuisiner. Cette vie devrait avoir un sens plus clair. Mon mari ne pense qu'à la politique. Il est souvent parti, et je reste à la maison la plupart du temps.

Je suis à présent au lit ; je suis vieille. La bonne est gentille, mais mes enfants et mes petits-enfants ne semblent pas se soucier de moi. Mon mari est mort. J'ai vécu seule si longtemps. Je souffre de problèmes respiratoires.

Je suis morte et j'aperçois plusieurs points de lumière. Je me sens tellement mieux. Mon corps a disparu. Il est si difficile pour moi d'être vivante ; c'est quelque chose de fastidieux et d'inhabituel pour moi. Je dirais qu'il n'est pas naturel de vivre une vie durant laquelle nous sommes à ce point bloqués. J'adore être libre.

La vieille femme dans cette vie antérieure était ma grand-mère, et son âme est aujourd'hui celle de mon mari. J'étais censée apprendre la patience durant cette vie. Je dois accepter que les gens ne soient pas parfaits, et je dois être patiente avec eux. Les circonstances de ma vie passée étaient bien pires que celles de ma vie d'aujourd'hui, et pourtant je ressens la même chose. Dans ma vie actuelle, j'ai souvent l'impression que tout est lourd, un fardeau. Je n'aime pas revenir dans un corps sur Terre, mais c'est chaque fois un peu plus facile. J'ai besoin de tout mon courage pour simplement aller de l'avant.

Je suis à présent dans le royaume céleste entre deux vies. Je flotte et j'ai l'impression d'être en plein ciel. Je suis avec 5 à 10 personnes, d'autres âmes. Ce n'est pas la Terre ici. Je ne vois que des silhouettes. Nous écoutons et apprenons toutes sortes de choses sur la vie. Nous avons une forme semi-physique; nous avons une silhouette mais pas de forme précise. Nous nous exerçons à faire rebondir de l'énergie qui se présente sous forme d'émotion. Nous apprenons à recevoir l'énergie et à renvoyer loin de nous les émotions.

Je vois mon fils, Nick, qui a huit ans; il s'exerce lui aussi avec de l'énergie. Un professeur ou un coordonnateur nous enseigne à faire preuve de patience tandis que nous nous exerçons. Cela prend beaucoup de temps pour apprendre. Pour maîtriser cette habileté, on doit jouer avec l'énergie et être patient, comme quelqu'un qui apprend à jouer d'un instrument de musique. Le professeur est un spécialiste qui s'est déjà incarné dans un corps terrestre mais qui a cessé de le faire.

On nous montre à présent des gens sur Terre. Ils ont du mal à se rappeler ce qu'ils sont venus faire sur Terre. Ils portent un tel fardeau sur leurs épaules. On doit faire l'expérience de ces fardeaux sur Terre afin d'apprendre ce qu'est la patience et l'empathie. Ensuite, on peut se débarrasser de ces fardeaux. Quand on est dans un corps, cela peut sembler lourd et déprimant. De mon poste d'observation ici dans le royaume céleste, la différence entre ce qui est important et ce qui ne l'est pas me semble si évidente. La vie dans un corps est tellement contraignante, alors qu'ici tout n'est que lumière et bonté. Les gens oublient de montrer leur amour. Ils souffrent et ne réfléchissent pas, car il est difficile pour eux de se souvenir de ce qu'ils étaient censés faire.

On me dit que je suis présentement victime d'intrusions énergétiques. Il y a des taches sombres dans mon champ d'énergie humain qui doivent être éliminées. Mes propres doutes et le peu d'estime que j'ai pour moi-même sont la cause de ces intrusions. Je dois me concentrer pour recevoir le traitement de purification qui fera disparaître ces taches sombres. Je n'ai qu'à méditer ou me détendre quelques instants, et mes guides balayeront mon corps à l'aide d'une lumière blanche et dorée pour éliminer ces intrusions. Il suffit de leur demander, et ils s'exécutent.

Mes guides disent que mon cœur est tout particulièrement bouché ; ils font disparaître les blocages énergétiques. De plus en plus d'âmes sont envoyées sur Terre pour faire le genre de travail énergétique que je peux faire. La plupart des personnes sur Terre qui sont capables de purifier l'énergie des autres sont jeunes : des bébés jusqu'aux jeunes adultes. Elles sont douées pour la télépathie et rencontrent peu d'obstacles.

Je suis venue sur Terre à quelques reprises, mais pas assez souvent pour m'y sentir à l'aise. J'ai sous-estimé à quel point la vie est difficile sur Terre. Cela m'aide de savoir que je n'ai pas l'habitude de ce genre de vies. Mes guides me disent que je ne dois pas essayer de régler les problèmes des autres. Ils doivent apprendre à se débrouiller par eux-mêmes. Je savais qu'il serait difficile de trouver des personnes comme moi sur la Terre, que je m'y sentirais seule. C'est à la fois difficile et compliqué, une fois que nous sommes dans un corps, car notre esprit humain est tellement inadéquat. Ce que nous comprenons du temps que nous passons ailleurs entre deux vies n'est qu'une approximation, car nous pensons de façon linéaire. Nous pensons du point de vue de la structure, de la forme et de la couleur. L'âme des membres de mon groupe spirituel est violette avec un pourtour bleuté.

Mon but en venant sur la Terre n'est pas de me laisser assimiler. Je ne suis pas censée y être à l'aise. Mon but est de donner aux gens l'occasion de changer. Je suis un catalyseur.

Cassie prépare son corps à recevoir l'énergie des autres à des fins de purification. Plusieurs guérisseurs parmi les plus doués de notre époque ont appris leurs habiletés sur leur base de départ extraterrestre. Les âmes d'origine terrestre qui ont connu plusieurs vies ont l'habitude des défis qui les attendent dans un corps terrestre et de la façon dont les gens se traitent les uns les autres ici-bas ; les âmes extraterrestres ont souvent du mal à s'habituer à la vie sur Terre et à suffisamment s'intégrer pour atteindre les objectifs de leur plan de vie.

On trouve des âmes extraterrestres sur Terre dans tous les groupes d'âge, mais la plupart d'entre elles sont encore jeunes, entre la petite enfance et le début de la trentaine. Ces âmes extraterrestres, qui nous apportent un « vent » d'égalité de leur base de départ, sont de plus en plus encouragées à venir sur Terre en raison d'un besoin pressant d'interdépendance sur Terre. Le rôle de ces âmes consiste à catalyser ce changement de mentalité au sein de notre culture humaine.

Âmes terrestres, âmes extraterrestres et voyageurs stellaires

Mes clients m'ont expliqué que les premières âmes de la Terre venaient d'autres corps célestes, principalement de planètes et de systèmes stellaires situés à l'intérieur du système solaire de la Terre. Ces âmes ne venaient donc pas toutes du même endroit. Un effort concerté de la part de plusieurs corps célestes a vu le jour pour contribuer à l'évolution d'une nouvelle planète appelée Terre.

Sur la base de nombreuses régressions de l'âme, je suis convaincue que la Terre est une expérience cruciale pour voir s'il est possible de découvrir l'harmonie telle qu'elle existe sur d'autres planètes sacrées. Lena, Hannah et Cassie, en tant qu'âmes extraterrestres, sont venues partager avec nous la sagesse qu'elles ont acquise en vivant dans une communauté où règne la coopération. Les corps célestes produisent ces formes de vie qui viennent ensuite sur Terre nous enseigner l'importance de l'égalité d'autonomie.

Les âmes extraterrestres viennent sur Terre pour démontrer que toute vie est précieuse. Sommes-nous égaux uniquement quand nous avons la même apparence et agissons de la même façon ? Considérez la possibilité que les personnes dites autistes soient en réalité des âmes extraterrestres venant d'endroits célestes où le langage verbal n'existe pas, et qui sont ici pour la première ou la deuxième fois. De tels individus, souvent des enfants, peuvent posséder des dons exceptionnels quant à la créativité et la joie de vivre.

Les êtres terrestres ont tendance à considérer la violence comme un moyen de se défendre, de protéger leurs droits et leurs propriétés. Les âmes extraterrestres sont souvent extrêmement sensibles aux émotions, aux sons, aux énergies et aux produits chimiques présents dans notre environnement. Dans quelle mesure les âmes extraterrestres sont-elles affectées par notre mode de vie sur Terre ? La violence que l'on peut observer dans nos rues, dans nos films, dans nos jeux vidéo et un peu partout peut-elle amener ces âmes sensibles à commettre des actes de violence ? En plus d'avoir du mal à s'adapter à notre culture et à notre environnement terrestres, les âmes extraterrestres ont souvent des problèmes de santé : allergies, maladies auto-immunes, problèmes cutanés et différentes anomalies physiques.

Trois groupes d'âmes s'incarnent sur Terre :

- **Les âmes d'origine terrestre** évoluent en s'incarnant à plusieurs reprises sur Terre.

- **Les âmes extraterrestres** évoluent en s'incarnant à plusieurs reprises sur d'autres planètes.
- **Les voyageurs stellaires** évoluent en s'incarnant principalement sur d'autres planètes, mais ces âmes s'incarnent aussi un certain nombre de fois sur Terre (entre 30 et 100 fois).

Entre deux incarnations, ces différents types d'âmes retournent dans le royaume spirituel attaché à leur base de départ. Les âmes extraterrestres envoient de l'information au sujet de notre planète aux habitants de leur lieu natal pour que ces derniers puissent se préparer avant de venir sur Terre et pour informer les coordonnateurs extraterrestres du statut et des besoins de la Terre. Les âmes extraterrestres et les voyageurs stellaires arrivent en nombre croissant pour aider la Terre à atteindre l'harmonie.

En résumé

Les maîtres ascensionnés de la Terre, de même que d'autres âmes très avancées, se rencontrent au sein d'un conseil du royaume céleste rattaché à la Terre dans un lieu appelé Shambhala, afin de guider et coordonner les affaires de la Terre. Ce n'est que récemment que les représentants de notre système solaire ont commencé à travailler de concert avec les représentants de six autres systèmes solaires adjacents au nôtre. Toutes les âmes incarnées sur Terre aujourd'hui ont déjà vécu ailleurs. Quand vous avez déterminé que vous êtes une âme d'origine terrestre ou une âme extraterrestre, il devient plus facile de vous accepter et d'accepter vos traits de personnalité. Ouvrez votre cœur et votre esprit pour honorer et accepter toutes les âmes, quelle que soit leur origine.

Demandez-vous :

1. **Suis-je une âme d'origine terrestre ou extraterrestre ?** Les âmes extraterrestres ont souvent des problèmes d'allergie, des problèmes de santé chroniques, de la difficulté à s'adapter à la culture terrestre et un grand intérêt pour la science-fiction.
2. **Y a-t-il une âme extraterrestre ou un voyageur stellaire parmi mes connaissances ?** Prenez le temps de réfléchir à tous ceux de moins de 20 ans qui ont du mal à se conformer aux standards de la société humaine, qui possèdent des talents uniques (peut-être artistiques), et qui sont soit très doués verbalement ou pas du tout.
3. **Quand je lis un livre ou regarde un film de science-fiction, est-ce que certains aspects de la vie extraterrestre me semblent familiers ?** C'est une bonne indication que vous êtes une âme extraterrestre ou un voyageur stellaire.

Chapitre 11

Attachement et détachement

> « Le détachement, c'est une plante qui pousse lentement ; si vous cueillez ce jeune plant dans l'espoir de trouver des cosses, vous serez déçu. »
>
> — Sri Sathya Sai Baba

L'importance de danser avec attachement et détachement

Un bon danseur doit avoir de l'équilibre et de l'assurance aussi bien en avançant qu'en reculant. Dans notre vie quotidienne, et dans toutes nos vies, nous tissons et défaisons des liens et vivons toutes sortes d'expériences enrichissantes sur le plancher de danse de la vie. Nos professeurs dans le royaume spirituel et notre moi supérieur, le niveau le plus élevé de notre énergie spirituelle, nous guident en tout temps. Grâce à la sagesse de notre moi supérieur combinée à celle de nos guides, les accords prénataux et les objectifs que nous avons élaborés nous donnent tous les jours l'occasion d'apprendre et d'avancer. Mais nous devons pour cela nous déplacer d'un pied léger, en sachant quand aller de l'avant et s'attacher, et quand reculer et se détacher.

S'attacher, c'est prendre le risque de danser joue contre joue, en nous engageant émotionnellement avec quelqu'un ou en rencontrant une situation de la vie qui pourrait nous mettre mal à l'aise. Se détacher, c'est maintenir une saine distance émotionnelle et physique. Nous devons faire preuve de discernement pour maintenir cet équilibre dynamique entre proximité et éloignement. De la même façon qu'une mère et un père doivent tisser des liens avec leur bébé pour prendre soin de lui avec amour, les parents doivent aussi être capables de se désengager quand « Johnny » ou « Susie » quitte la maison familiale. « Donnez-leur des racines et des ailes » est un dicton des plus appropriés.

Quand nous cultivons notre aptitude à nous balancer d'avant en arrière avec attachement puis détachement, nous pouvons vivre sans chercher à éviter certains événements de la vie, sachant que toute vie découle de l'âme pour l'éternité. La vie antérieure de Timothy, durant laquelle il était une femme, relate un épisode d'abandon physique et émotionnel dont elle et sa famille ont souffert, n'ayant pas su soigner les blessures causées par la maladie et la mort de son troisième enfant.

Timothy : Revisiter un épisode d'abandon et s'en libérer

Je suis une femme dans la trentaine portant une longue jupe en laine verte, un chemisier blanc bouffant à manches longues et des mules roses. C'est le jour, et je suis à l'extérieur du village. J'ai un visage replet et une longue tresse de cheveux blonds. Le simple fait de me promener le long de la rivière me rend heureuse.

Il y a beaucoup d'allées et venues. Je vois un cheval en train de traverser un pont. Nous allons tous au marché, et j'ai un panier rempli de pains à vendre. J'essaie de traverser le pont, mais il y a trop de chevaux. Les gens me crient de m'écarter. J'aurais préféré rester à la maison, mais je dois vendre mon pain. Je ne me sens pas en sécurité avec tous ces gens qui me poussent. La vie est tellement plus tranquille à la maison au cœur de la campagne, loin de toute cette agitation. Il y a beaucoup à faire sur la ferme où je vis, mais c'est beaucoup plus calme qu'ici.

Je suis à présent au marché et j'essaie de trouver un endroit pour vendre mon pain. Je vois une vieille femme qui est pour moi une sorte de grand-mère. Je vais me placer à côté d'elle, car elle ne manque jamais de me réconforter et de m'offrir de bons conseils. Elle porte une « babushka » rouge sur la tête et elle a les épaules voûtées. J'adore les histoires qu'elle me raconte au sujet de sa vie. Je sais qu'elle n'en a plus pour longtemps à vivre. Elle me dit d'apprécier la nature, les choses simples.

Je marche à présent dans un champ avec mon fiancé. Nous parlons de l'avenir, et je suis remplie d'espoir. Je suis si heureuse de pouvoir compter sur lui, car la vieille femme n'est plus. Je me suis sentie horriblement seule après sa mort, mais cet homme très spécial est ensuite entré dans ma vie. Nous nous marions, et je donne naissance à notre premier enfant. Nous vivons dans une petite maison, mais nous ne manquons de rien.

Le temps passe. Je suis enceinte de notre troisième enfant. Je donne naissance à une petite fille, mais elle est très malade et ne survit que quelques jours. Mon mari me tient responsable de ce qui lui est arrivé, mais je n'ai rien fait de mal. Je me sens coupable. Ma joie de vivre a disparu.

Il est incapable de surmonter son décès; notre relation devient de plus en plus glaciale.

Les enfants grandissent et partent chacun de leur côté. Je me détourne d'eux et repousse tous ceux qui essaient de m'approcher. Notre ferme se développe et devient prospère, mais il n'y a plus d'intimité entre mon mari et moi. Je veux partir, mais je ne sais pas comment faire.

Je cherche une façon de quitter et de recommencer ma vie. Je crois que j'ai gâché notre vie et qu'il est impossible de revenir en arrière. Je ne fais pas assez d'efforts. Il y a trop de pots cassés à réparer, et je ne sens plus qu'on a besoin de moi ou qu'on désire ma présence à la maison.

Je vais me réfugier dans la maison de la vieille femme. Mon mari est en colère parce que je suis partie. Il vient avec deux hommes pour me ramener à la maison. Nous en venons aux coups. Je ne veux pas retourner là-bas. Je ne le reconnais plus; il est en colère. Je ne veux pas le suivre; je veux rester seule.

Il me tire par les poignets et me traîne derrière lui. Il a bu; il rit et semble prendre plaisir à me faire mal. Il m'entraîne jusqu'au bord de la rivière et me plonge la tête sous l'eau. Puis il m'attache; je suis folle de rage.

Je continue à me débattre, mais je suis si en colère qu'on le laisse faire. Il m'attache les mains et me traîne à la maison. Je résiste de toutes mes forces. Les hommes se moquent de moi. Il crie et me dit tout ce que j'ai fait de mal. Il m'attache à la branche d'un arbre. Je commence à abandonner la lutte, car il n'y a personne ici pour me venir en aide.

Ils partent. Je ne peux pas bouger les mains; elles sont engourdies. Je n'ai plus rien et je m'évanouis. Je me réveille dans un lit ; je n'arrive toujours pas à me servir de mes mains qui sont rouges et enflées. Je fais peur à voir ; je n'ai que 39 ans. Un vieil homme m'a trouvée. Lui et son fils m'ont ramenée chez eux. Ils sont gentils avec moi et me donnent à manger. Ils ne savent pas trop quoi faire de moi.

Plus tard, ma fille m'invite chez elle. Elle vient tout juste de se marier, et j'ai l'impression d'être un fardeau. J'essaie de m'occuper de ses enfants de mon mieux. Je lui suis reconnaissante de m'avoir pardonné, et j'adore passer du temps avec mes petits-enfants. La vie retrouve sa sérénité, mais je ne peux plus vraiment me servir de mes mains. Ma fille et mon gendre font de leur mieux pour me montrer qu'ils m'apprécient même si je ne fais pas grand-chose.

Je suis à présent une vieille femme et je ne me sens pas très utile. Je passe le plus clair de mon temps au lit, mais j'adore raconter mes histoires comme le faisait la vieille femme.

Je suis très malade et confinée au lit. Ma fille est là, et je suis vieille. Je repense à ma vie et regrette d'avoir repoussé tout le monde. J'ai fait trop rapidement une croix sur mon mariage. J'aurais voulu en faire davantage pour mes enfants, mais ma fille m'a pardonné. Je la remercie de m'avoir laissée partager la vie de ses enfants. Je me pardonne les erreurs que j'ai commises.

Je meurs et j'entreprends d'évaluer ma vie. J'ai simplement laissé ma vie suivre son cours ; je ne me suis pas rendu compte que la vie est un travail de tous les jours. J'ai laissé les événements se produire sans rien faire. Mes enfants et mon mari avaient besoin que je leur accorde plus d'attention.

Je vois à présent un grand et mince faisceau de lumière ; c'est mon guide, un être chaleureux et ouvert. Je devais faire l'expérience d'être abandonnée. Puis j'ai abandonné les autres, exactement comme dans ma vie actuelle. Je dois me rappeler que ma fille m'a pardonné. Et je dois me pardonner à moi-même.

L'âme de ma mère actuelle est celle de ma fille dans cette vie antérieure. La vieille femme semble être aujourd'hui ma grand-mère. Je sais à présent que je ne dois pas commettre les mêmes erreurs. Je ne dois pas abandonner la partie ou abandonner ceux qui me sont les plus chers.

Quelle surprise pour Timothy d'apprendre qu'il avait été une femme, une épouse et une mère dans une vie antérieure marquée par la perte de nombreux êtres aimés. Sa régression montre clairement son désir profond, mais aussi la peur que cela lui inspire, d'élever un enfant dans sa vie actuelle. Envisagez la possibilité que Timothy soit une âme du sixième rayon qui refuse d'accepter sa nature profonde placée sous le signe de la dévotion et de l'entraide. Timothy a toujours évité de s'engager dans une relation amoureuse dans sa vie présente, sans savoir pourquoi. En tant que psychologue, j'ai remarqué que de nombreux clients ne se rendent pas compte qu'ils mettent de côté leurs besoins émotionnels et physiques en raison des expériences d'abandon qu'ils ont vécues dans leur vie actuelle et dans leurs vies antérieures. S'il n'avait pas renoué avec la douleur de cette vie antérieure, Timothy aurait été incapable de se détacher de la peur inexpliquée qui l'habite aujourd'hui.

La vie de Jack, qui pilotait un avion durant la Seconde Guerre mondiale, illustre les traumatismes de la guerre et les effets du syndrome de stress post-traumatique, à la fois dans sa vie antérieure et transposés dans sa vie actuelle.

Jack : La guerre est dénuée de sens

J'ai 24 ans. Je porte l'uniforme des cadets de l'air, mais je n'ai pas encore mon insigne de pilote. Nous sommes à Randolph Field. On nous pousse à apprendre rapidement. Plusieurs de mes amis sont morts dans des accidents durant l'entraînement. Les gars commettent des erreurs, et il se produit des collisions entre ciel et terre. J'apprends vite et bien. Il le faut, sinon on se fait refuser.

Nous avons réussi nos examens, et le colonel nous remet notre insigne de pilote. Son discours sur la guerre n'est que futilité. Nous voulons simplement passer à l'action. Je me rends à présent dans une école de formation pour les bombardiers lourds à Salina, au Kansas. Plusieurs de mes compagnons sont là avec moi. Je veux piloter un quadrimoteur. J'obtiens un vieux B-17 tout désarticulé, car les bons appareils sont à présent en Angleterre.

Quand on est pilote, on est différent. On est membre d'une fraternité. À Randolph, nous étions plutôt idéalistes. À présent, nous sommes en Angleterre. C'est une sale affaire. Il fait froid et il pleut tout le temps. Nous allons larguer des bombes sur l'Allemagne. Je me disais qu'ils l'avaient bien cherché. On ne se salit pas beaucoup les mains là-haut; on ne voit pas vraiment ce que l'on fait. On essaie simplement de rester en vie.

La guerre est terminée. Nous mesurons et évaluons la précision et l'étendue des dégâts. Nous sommes en Allemagne. C'est alors que je constate ce que nous avons fait. Je me sens horriblement mal. Les Allemands meurent de faim. Nous nous vantons de la précision de nos bombardements, mais ce n'est pas vrai. Nous avons détruit beaucoup de maisons et d'immeubles. Il y a ici des piles de débris d'un ou deux étages de haut.

Les gens se déplacent à bicyclette et continuent de vaquer à leurs occupations. Il y a des personnes âgées et des enfants, mais pas d'hommes jeunes. Les hommes jeunes sont morts ou dans des camps de prisonniers.

J'ai à présent un bon emploi. Je pilote un avion qui transporte de la nourriture à la base de Tempelhof à Berlin. Je me sens bien car il ne s'agit plus de larguer des bombes. Tous les pilotes veulent un B-29 et travailler pour le commandement stratégique aérien. Je suis à présent lieutenant-colonel et beaucoup trop âgé pour mon grade. Mais cela n'a pas d'importance. Je veux simplement faire partie des forces aériennes, car ces gens sont ma famille. [Jack vient de décrire sa participation au pont aérien de Berlin en 1948, mis en place pour fournir du ravitaillement à la population de Berlin-Ouest, les Russes ayant bloqué l'envoi d'aide par voie terrestre. Notez que dans une scène subséquente, Jack décrit ce qui s'est passé en 1944. L'âme des clients essaie parfois dans un premier temps de bloquer un souvenir douloureux. Encouragés par leurs guides et leur moi supérieur, et accompagnés par un thérapeute qualifié, les clients peuvent décrire un événement qui ne respecte pas l'ordre chronologique du récit. C'est le cas pour Jack.]

J'ai très froid. Nous sommes en 1944. Nous survolons le territoire allemand. Nous avons essuyé plusieurs tirs. Certains de mes gars sont morts. Je suis dans le siège de gauche et mon copilote occupe celui de droite ; il est mort. Mon escadron parvient à rentrer en Angleterre. J'ai d'abord pensé que j'arriverais à traverser la Manche, mais c'est impossible. Je choisis un champ en France et j'atterris sur le « ventre ». Mon avion dévaste un vignoble. Je suis vivant et j'entends jurer mon mitrailleur de queue parce que la porte est coincée et refuse de s'ouvrir. L'avion s'immobilise ; le champ est boueux. Nous devons sortir d'ici car j'ai l'impression que nous sommes encore derrière les lignes « boches ». Des gens essaient de nous rejoindre, mais ils sont incapables de traverser le champ. Je vois à présent un jeune soldat allemand armé d'un Schmeisser, une mitraillette, qui court en direction de notre avion. Je sors de l'avion. J'ouvre violemment la porte du mitrailleur de queue et lui tire une balle en pleine poitrine pour l'empêcher de crier, mais je me rends compte qu'il était déjà mort.

Je me retrouve face à face avec le soldat boche et j'essaie de lui enlever son arme. Il a tué mon mitrailleur tandis que j'étais encore dans le cockpit. Il me regarde avec l'air de vouloir s'excuser. Je lui prends son fusil et l'abats. Je lui prends ses bottes, les lace et me mets à courir. Je parviens à me réfugier sous le couvert des arbres. Je retrouve nos lignes. Je me plains qu'il y a encore beaucoup de boches derrière nos lignes.

De retour en Angleterre, j'ai encore du sang de ce jeune soldat sous les ongles. J'ai du mal à le faire partir. Après ce qui est arrivé, je ne veux plus participer à des missions de combat. Finalement, un général me fait venir dans son bureau et me dit qu'il veut se débarrasser de moi. Il m'explique qu'il ne veut pas qu'un gars comme moi couvert de médailles aille se faire trouer la peau alors que la guerre sera bientôt finie.

À la fin de 1944, j'accepte une nouvelle mission consistant à évaluer les bombardements alliés en Allemagne. Pendant quelque temps, j'ai du plaisir à traverser le sud de l'Allemagne ; tout est si beau. Mon travail est facile : je dois simplement rassembler le matériel de guerre allemand. Je suis néanmoins las de la guerre. Puis, en 1948, on me donne de nouvelles responsabilités : effectuer des allers-retours entre Francfort et la base aérienne de Tempelhof à Berlin-Ouest pour apporter le ravitaillement dont la population allemande a tant besoin.

Plus tard, je retourne en Angleterre à bord de mon avion ; je suis au-dessus de la Manche. L'avion s'écrase dans l'eau. Je vais me noyer. L'eau est si froide, et je n'arrive pas à sortir de l'avion.

Voici la chronologie des événements qui ont marqué la vie de Jack durant la Seconde Guerre mondiale :

- Il reçoit son diplôme de l'école d'aviation de la U.S. Air Force – 1942
- Il fait atterrir son B-17 dans un vignoble français – 1944
- Il évalue les effets des bombardements stratégiques sur l'Allemagne nazie – 1944
- Il transporte des vivres par avion à Berlin – 1948

- Il s'abîme dans la Manche aux commandes de son avion et meurt noyé – 1949 ou plus tard

Dans les paragraphes suivants, Jack fait un bond en avant jusque dans sa vie actuelle en 1952, lui-même étant né en 1946. Jack met ainsi en lumière l'existence d'une double incarnation.

Nous sommes à présent en 1952, à San Diego. Je lève la tête pour voir passer un B-36 dans le ciel. Cet avion est d'une beauté divine. Je peux sentir la puissance des moteurs. Il vole bas, et je peux admirer sa magnifique couleur argentée. J'adore la sensation de voler et d'être libre; cela me donne le sentiment d'être vivant.

Je suis incapable de me pardonner ce que nous avons fait. Au début, je pensais que notre action était juste. Nous étions jeunes. Nous voulions simplement plonger dans le feu de l'action même si nous ne savions pas ce que cela signifiait vraiment. Quel désastre.

Mon guide, John, est ici. Il dit comprendre pourquoi j'ai pris cette décision, lorsque j'étais jeune pilote, de participer aux combats. Mais je ne peux pas défaire ce que j'ai fait. Il me dit que je dois me pardonner, mais je n'y arrive pas. Selon John, aucun d'entre nous ne mérite d'être puni plus longtemps. Je dis que la guerre est dénuée de sens; ce n'est que l'expression de notre colère. Nous devons aimer nos frères humains.

Je ne sais toujours pas comment faire pour me pardonner. John dit que le jour où je serai en paix avec moi-même, je le saurai; le jour où j'en aurai assez de souffrir; ce sera terminé. Il me dit que mon épouse actuelle a essayé de m'amener à me pardonner. Je suppose que je ne suis pas encore prêt. La colère et la confusion règnent encore dans le monde.

Le mariage de Jack dans sa vie actuelle a été un échec à cause de ses symptômes de dépression et de son incapacité à vraiment tisser des liens avec une autre personne. En se sentant coupable de la mort des autres durant la Seconde Guerre mondiale, croyant qu'il aurait dû protéger ses compagnons et ne pas tuer d'innocents, il permet à la haine de soi de conserver son emprise sur lui. Le comportement de Jack semble indiquer une énergie spirituelle du cinquième rayon, celle du guerrier. Son incapacité à se détacher de ces traumatismes passés l'empêche aujourd'hui de se rapprocher de son épouse. Le pardon est le seul remède; la clé est de le vouloir vraiment.

D'un autre côté, Jack est aujourd'hui un activiste en pleine santé. Le fait de donner de son argent et de son temps à des organisations qui font la promotion de la négociation et de la paix, plutôt que de la guerre, démontre l'évolution spirituelle déclenchée par la vie antérieure de Jack en tant que pilote dans l'armée. « Aime ton prochain » est le message central transmis par John, le guide, pour honorer le principe que nous sommes tous un et égaux. Même si Jack est un partisan de l'égalité et de la paix dans le monde, il refuse d'avoir l'esprit en paix en demeurant attaché à ses soi-disant échecs.

Le prochain récit de Violet est riche d'enseignement sur l'importance de suivre son cœur, et non son esprit. Il est important de comprendre que l'esprit doit être au service du cœur, et non l'inverse. Rappelez-vous que l'intuition vient de notre cerveau droit, le cerveau du « cœur », et que celui-ci doit être supervisé par le cerveau gauche, celui de la pensée, sans aller jusqu'à le réduire au silence.

Violette : Maintenir son équilibre spirituel

Je suis seule à l'extérieur, regardant la ville. Je porte un vêtement léger et flottant qui bouge avec la brise. J'ai des sandales aux pieds. Un long pendentif rond est suspendu au niveau de mon plexus solaire. Il y a quelque chose autour de mon poignet droit.

Je suis une jeune femme avec de longs cheveux blond-roux. Mes mains sont appuyées sur le rebord d'une fenêtre dans un immeuble en pierre, et je regarde à l'extérieur. Je me sens triste. Je sens que je dois faire quelque chose, mais je ne veux pas le faire. Je suis née dans un milieu privilégié. Le temps passe. J'ai une petite fille enveloppée dans un vêtement quelconque. Elle ouvre les yeux et me regarde. Je me sens déchirée. C'est un autre de ces moments où je dois décider si je m'attache ou non. J'ai choisi de me marier, ce qui représente aussi un moment décisif. Le bébé est à ma droite. J'ai dû choisir plus tôt entre devenir une initiée ou une guérisseuse. Je crois avoir une vocation. C'est une décision impossible à prendre : soit je reste avec mon bébé (ayant précédemment décidé de me marier), soit je l'abandonne. Mon cœur me dit de faire ce que je suis censée faire durant cette vie. Je dois choisir entre deux possibilités. L'envie de poursuivre ma mission s'amenuise, et celle de garder mon bébé s'intensifie.

Je sens que j'ai pris la bonne décision en choisissant de tisser des liens avec ma fille. J'avais peur d'être dévastée par l'abandon de ma vocation, de ma mission. À présent, le fait d'avoir choisi mon bébé me donne l'impression que le reste du monde est moins important. Je pensais me sentir oppressée en choisissant d'élever mon enfant et d'en prendre soin, mais ce n'est pas le cas.

Ma fille a grandi ; c'est maintenant une jeune adulte. Je peux l'encourager à faire ce qu'elle veut, et non ce que notre culture lui dicte de faire. Elle se sent forte et lucide à mes côtés. Nous avons une bonne relation. Ma relation avec mon mari est meilleure que prévue. Je ne me sens pas liée par la décision de ma fille de se marier ou non. C'est pour moi une surprise inattendue mais agréable d'avoir d'aussi bonnes relations avec les membres de ma famille.

Ma fille se marie. J'ai contribué à créer une lignée d'amour, de force et d'entraide. Je crois que nous sommes en Mésopotamie vers l'an 1409 avant notre ère. La ville s'étend à mes pieds, et mon mari est le roi.

Je suis au lit dans une chambre aux murs en pierre, et je sais que c'est la dernière journée de ma vie. Je suis vieille et malade, mais j'ai eu une bonne vie. Je suis heureuse des décisions que j'ai prises pour ce qui est de mes relations avec les autres. Je meurs, et mon âme s'évade par mon plexus solaire.

Je me sens sereine. Finalement, je n'avais pas à choisir entre deux possibilités. J'ai pu aider les guérisseurs à se développer. J'ai toujours eu envie de tisser des liens dans ma vie présente sans le savoir. J'ai vécu plusieurs vies où mes relations avec les autres étaient difficiles. Je pensais que je devais devenir médecin ou psychothérapeute, mais pas les deux en même temps. Ce n'est pas vrai. Je me suis mariée l'an passé ; je suis aujourd'hui dans la quarantaine. J'ai pu tisser des liens étroits avec mon mari et lui ouvrir mon cœur. L'envie de soigner les autres est toujours présente dans ma vie.

Attachez-vous à ce qui compte le plus, et le détachement suivra. Violette savait au fond d'elle-même qu'elle avait inclus dans son plan de vie d'avoir une fille et de l'élever. En acceptant de respecter les termes de son contrat spirituel avec sa fille, Violette s'est libérée de l'angoisse que lui inspirait l'abandon de sa passion pour la guérison. Finalement, l'équilibre est revenu, lui permettant de remplir à la fois son rôle de mère et de guérisseuse. Dans sa vie actuelle, Violette s'est rendu compte, arrivée à la quarantaine, qu'elle était prête et ouverte à l'idée de vivre un mariage d'amour. Écouter ce qu'il y a de plus profond en nous contribue toujours à l'évolution de notre âme.

Passons maintenant à un récit douloureux mais néanmoins essentiel et inspirant tandis que nous nous penchons tous ensemble sur la naissance et le décès d'un enfant bien-aimé. Les tribulations de la vie incarnée sont importantes et éclairantes. C'est à la condition de tenir ferme que nous pouvons nous attacher afin de nous détacher. Vous ne pouvez pas laisser tomber quelque chose que vous n'avez pas d'abord pris dans vos mains.

Gayle, une cliente dans la cinquantaine, s'est retrouvée du jour au lendemain sur la voie de la recherche et de l'évolution spirituelle quand son deuxième fils, Max, est décédé en 2009. Max était le passager d'une voiture impliquée dans un grave accident de la route qui lui a coûté la vie, mais qui a épargné celle de ses deux amis. La mort d'un enfant est toujours extrêmement douloureuse. Je partage avec vous ce texte écrit par Gayle quatre mois après le décès de Max, tandis qu'elle continuait à chercher une façon de vivre et de s'épanouir sans la présence physique de son fils. Le texte de Gayle vous fera peut-être sourire et pleurer. La solidité du lien qui unissait cette mère à son fils est égale au détachement essentiel dont elle doit à présent faire preuve pour aller de l'avant après son décès. Accueillez l'expérience de Gayle pour vous délecter de la synchronicité à propos de l'âme de Max lui parlant à travers la musique de Gustav Mahler.

Gayle : Mahler, Max et le caractère divin du chiffre 9

Le chiffre 9 est un chiffre des plus remarquables sous plusieurs rapports. Ceux qui étudient la numérologie ont une grande vénération pour lui, et en mathématiques il possède des propriétés et des pouvoirs qu'on ne trouve chez aucun autre chiffre (par exemple, la somme des chiffres de n'importe quel multiple de 9 est toujours égale à 9). Selon la numérologie, ceux qui ont un chemin de vie correspondant au chiffre 9 sont de grands humanistes. Ils sont compatissants, généreux, fiables et honorables. En 1989, alors que Max n'avait que quelques mois, j'ai demandé à une numérologue de faire une lecture pour toute notre famille. L'astrologue/numérologue a enregistré les lectures sur cassette et me les a envoyées avec des chartes extrêmement complexes pour suivre leur déroulement.

Vingt ans plus tard, le 6 janvier 2009, au cours des jours qui ont précédé les funérailles de Max, je me suis mise à fouiller dans l'armoire de ma chambre pour retrouver ces lectures. J'ai passé la nuit à écouter seule ces enregistrements et j'ai été surprise d'entendre l'astrologue/numérologue décrire la personnalité et le caractère de Max avec autant d'exactitude. Max est un chiffre 9 pour ce qui est de son chemin de vie et de son élan spirituel. Elle disait que Max serait un philanthrope, un humaniste conscient des problèmes sociaux et profondément préoccupé de l'état du monde. Il aurait beaucoup de compassion et de grands idéaux. Elle disait que c'est en donnant que Max trouverait principalement satisfaction et qu'il devrait poursuivre une carrière associée à une cause humanitaire ou sociale.

Le 6 janvier 2009, le pasteur est venu chez nous afin de préparer une homélie sur la vie de Max pour ses funérailles. Il a demandé à notre plus jeune fils de se rappeler quelque chose qui l'impressionnait au sujet de Max, et notre fils a répondu qu'un soir, quelques mois plus tôt, il avait surpris une conversation de fin de soirée entre Max et moi dans sa chambre. Max parlait de ce qu'il voulait faire à l'université et dans la vie. Mon plus jeune fils a entendu Max dire : « Tout ce que je sais, c'est que rendre service aux autres est la chose qui me rend le plus heureux. » À cette époque, Max donnait des cours particuliers aux enfants défavorisés de Hickory Hill et travaillait pour l'organisme Streets Ministries. Max était vraiment sur la voie du chiffre 9, et j'étais étonnée de l'exactitude de ces prédictions, 20 ans après l'enregistrement de ces séances de numérologie.

Les éléments de synchronicité et de sens entourant la vie et la mort de Max ne cessent de m'étonner. Plus je remarque les correspondances, plus ce réseau de sens se renforce. Le vendredi suivant, j'ai reçu un courriel du président de l'orchestre symphonique de Memphis annonçant la représentation de la neuvième symphonie de Mahler. J'étais attentive aux messages que les cieux m'enverraient pour m'aider dans mon processus de deuil, aux indices provenant du monde immatériel qui m'aideraient dans mes efforts pour trouver un sens et faire l'expérience de la grâce, pour exprimer la profondeur du désespoir et de l'exaltante inspiration qui m'habitaient depuis le décès de Max. Personne ne peut exprimer cette gamme d'émotions avec plus de force que Mahler. Les symphonies de Mahler ont rarement été égalées et n'ont jamais été surpassées, que ce soit par rapport à la durée ou à la portée émotionnelle. Mahler s'est débattu avec la mort autant dans sa vie personnelle que dans son œuvre.

Il avait composé huit symphonies quand, en 1907, sa fille bien-aimée de quatre ans, Maria Anna, est morte de la scarlatine et de la diphtérie. Le même mois, il a appris qu'il souffrait de problèmes cardiaques et a eu le pressentiment de sa mort prochaine. Il a réagi à la maladie et au chagrin en travaillant encore plus, et s'est lancé dans la composition de « Das Lied von der Erde ». La musique exprime l'angoisse torturante et l'extase la plus sublime, conçue dans l'ombre de la douleur d'un parent.

Pour les compositeurs de symphonies, le chiffre 9 possède une signification mystique. Étant donné que Beethoven, Schubert, Dvorak et Bruckner sont tous morts après avoir composé leur neuvième symphonie, Mahler a évité d'attribuer ce titre à « Das Lied von der Erde », craignant que cela n'entraîne sa propre disparition. Ayant survécu à la première représentation, il s'est remis à l'écriture orchestrale avec la composition de sa symphonie numéro 9 en 1909. Il n'a pas vécu assez longtemps pour entendre l'œuvre ou la diriger. Mahler est mort en 1911.

Comptant quatre mouvements, la neuvième de Mahler, que Leonard Bernstein appelait « Quatre façons de dire adieu », est partout acclamée comme son testament musical, avec ses « visions fiévreuses de la mort et ses évocations radieuses de l'Au-delà ». C'est une œuvre magnifique, emballante et irrésistible, d'une extrême intensité et porteuse d'une terreur muette. La douceur pointe sous la tristesse à chaque mesure. Les contrebassons gémissent, les violons pleurent à l'unisson. « Son extraversion, son optimisme et son pessimisme indomptables ; sa force brute et ses progressions émotionnelles souvent schizophréniques nous plongent encore plus dans la compréhension que nous sommes seuls dans le cosmos, mais qu'il existe néanmoins une unité sous-jacente qui nous rattache à l'infini », écrit le professeur Robert Greenberg de l'Université de la Californie, à Berkeley [dans Great Masters: Mahler — His Life and Music*].*

J'ai invité deux amis de Max à venir avec moi à ce concert, ainsi qu'un collègue de travail. Je savais qu'ils étaient capables de comprendre les profondeurs de la neuvième de Mahler même s'ils écoutaient peu de musique symphonique. Ils ont tous reçu une formation classique, et ce sont des gens qui réfléchissent beaucoup. Ils savaient également que Max avait exprimé le souhait d'en apprendre davantage sur la musique classique avant sa mort. À Noël, je lui avais donné le boitier « Young People's Concerts » de Leonard Bernstein, une série qui m'avait beaucoup inspirée quand j'étais plus jeune. J'ai préparé mes trois amis à ce que nous allions entendre en leur expliquant comment Bernstein interprétait chaque mouvement. Notre objectif, leur ai-je dit, est de suivre l'intention de Mahler, de nous raccrocher à chaque note, à chaque émotion exprimées par l'orchestre. En secret, je me demandais si l'orchestre symphonique de Memphis et son chef seraient à la hauteur de cette œuvre sur les plans technique, musical et émotionnel. Nous n'avons pas été déçus.

Chaque mouvement est un poignant adieu : le premier, à l'amour humain, à la tendresse et à la vie elle-même ; le deuxième, aux plaisirs simples de la vie, à « l'anti-intellectualisme », à l'honnêteté et l'intégrité de la classe ouvrière. Le troisième mouvement, le plus exigeant et le plus complexe, incarne la lutte entre la folie de notre culture, courant à sa perte, et la transcendance spirituelle et éthérée de l'Au-delà. Finalement, le quatrième mouvement représente l'acceptation de la mort et le passage progressif vers le monde de l'Esprit.

Nous sommes ressortis de cette expérience, les garçons et moi, vidés et éblouis. J'ai pleuré en reconnaissant le récit du départ de Max pour Wichita. Le premier et le deuxième mouvements étaient à la fois inspirants et un brûlant rappel de l'adieu de Max à l'amour et aux plaisirs simples de la vie. Le troisième mouvement exprimait la terreur et la folie à l'hôpital, où Max luttait vaillamment entre la vie et la mort, ainsi que notre propre réticence à affronter ce qui était pourtant imminent. Et finalement, le quatrième mouvement était rempli d'hymnes religieux, d'acceptation et d'un aperçu de la paix et de la transcendance qui l'attendaient. J'ai dû revivre le test de respiration, ces 10 minutes d'horreur durant lesquelles nous avons observé s'il parvenait à respirer par lui-même ou s'il avait déjà poussé son dernier souffle. La musique de Mahler exprimait la paix de Max au moment de s'en remettre à Dieu. Et tandis que nous constations qu'il avait cessé de respirer, ce sentiment de paix était tout à coup interrompu par mon cri de mère qui refusait d'accepter la réalité et qui le suppliait de rester, mais je devais moi aussi lui dire adieu et entrer avec lui dans le silence.

Ce matin dans mon lit, à l'aube de ma première fête des Mères sans Max, j'ai pensé au sens de la neuvième symphonie de Mahler, interprétée le neuvième jour de mai, au cours de la neuvième année d'un nouveau siècle. J'ai réfléchi à la lecture numérologique de Max remontant à 1989, à son élan spirituel et à son chemin de vie sous le thème du chiffre 9, celui d'un humaniste dont la vie sur Terre a été trop courte, mais qui continuera de vivre à travers ses amis et sa famille qui ont été inspirés par son besoin de donner en retour aux autres.

Même si je ne comprends pas tous ces éléments de synchronicité, je sais que Mahler m'indique une vision transcendante qui nous dit que le monde matériel, au lieu d'être mort, est intérieurement vivant et animé de conscience; que nous sommes un souffle divin. Et pendant un instant ce soir-là, Mahler m'a aidée à faire l'expérience de la transcendance et de l'union avec mon fils bien-aimé.

En résumé

Au cours de toutes ces années depuis 1972, après le décès de notre deuxième fils, et à la suite de la transition de mon collègue en 1993 dans le monde de l'Esprit qui m'a apporté une soudaine clarté spirituelle, aucune description du fonctionnement de l'Univers n'a mieux défini pour moi ce que signifie fondamentalement le fait d'être une âme éternelle incarnée que ce récit que Gayle a bien voulu partager avec moi, et aujourd'hui avec vous.

Est-il nécessaire d'en dire davantage sur l'attachement et le détachement ? Gayle croit qu'elle n'avait pas le choix de s'attacher, puis de se détacher de la mort physique de son enfant bien-aimé. Je serai toujours reconnaissante à Gayle et à Max de m'avoir permis de partager leur histoire avec vous et de partager la vie de leurs âmes. Nous devons faire ce que notre âme exige de nous par rapport à tous les éléments de notre vie actuelle. Il n'y a pas d'autres façons d'avancer sur le chemin de l'évolution que de *savoir* que nous sommes sur la voie tracée par notre plan de vie et le plan de ceux qui partagent notre vie, de façon délibérée.

Quand nous sommes attachés, il est crucial de nous libérer des chaînes de la douleur qui nous immobilisent. C'est dans la libération, dans le détachement, que nous en venons à comprendre que tout a un sens pour nous entraîner toujours plus haut dans l'échelle de l'évolution de notre âme et celle de l'humanité. Ce qu'il fallait démontrer !

Demandez-vous :

1. **Y a-t-il des personnes auxquelles je ne me suis ni attaché ni détaché après leur décès ?** Quand on accepte le décès de quelqu'un, on permet au processus douloureux mais essentiel du deuil de faire son œuvre. De cette façon, on parvient au détachement.

2. **Quelles sont mes peurs et mes angoisses actuelles qui pourraient être reliées à une vie antérieure durant laquelle je n'ai pas su m'attacher ou me détacher ?** Accepter le passé permet de s'en libérer.

3. **Quelles sont mes relations actuelles qui sont déficientes du point de vue de l'attachement ou du détachement ?** Prenez le temps d'examiner les personnes, vivantes ou décédées, avec lesquelles vous n'avez pas vraiment tissé de liens ou dont vous êtes incapable de vous détacher.

Chapitre 12

Maîtriser le pouvoir divin

> « Le premier rayon est représenté par le pouvoir de l'intention, de causation, de direction, de centralisation et d'unification ; et sa tonique est la volonté : la volonté divine. »
>
> — Auteur inconnu

Choix et canalisation de la volonté divine

Entre deux vies, nous sommes une âme ayant un objectif reflétant l'un des sept archétypes, l'empreinte de nos vies antérieures et le code mémoriel de notre âme. Une fois que nous avons élaboré notre plan de vie avec l'aide de nos guides et de nos professeurs, nous entreprenons une nouvelle incarnation, ayant spécifiquement choisi les éléments de cette prochaine vie, y compris la couleur de notre peau, notre sexe et notre orientation sexuelle. Nous choisissons également notre personnalité, notre type de corps, notre carte astrologique et notre lieu de naissance. Tous les aspects de ces choix prénataux ont leur raison d'être et contribuent à l'évolution de notre âme.

L'énergie du premier rayon, ou de la volonté divine, est enchâssée dans notre planète par l'action des âmes dont le principal archétype est porteur de cette intention. De plus, la volonté divine d'unité centralise son pouvoir sur Terre par l'intermédiaire d'âmes incarnées, sur la base de la couleur de leur peau, de leur sexe et de leur orientation sexuelle. Les personnes qui ont la peau foncée, les femmes et les homosexuels s'engagent avant de venir au monde à canaliser la force de l'équilibre divin sur Terre. Ces individus sont des filtres, réduisant la pleine intensité du plus haut mandat céleste pour la vie sur Terre afin que nous puissions la partager équitablement. Nous devons respecter et remercier ces individus « yin », homosexuels ou de couleur pour le désir de leur âme d'harnacher la force de cette considérable puissance céleste en canalisant un esprit d'impartialité sur Terre.

En nous imposant des standards en matière de vie sociale et familiale, notre culture crée de fortes attentes pour nous pousser ou nous obliger à faire ceci ou cela, afin que nous adoptions un mode de vie « normal ». Toutefois, il est important d'honorer ce que nous sommes fondamentalement et de vivre une vie enracinée dans notre plan de vie, plutôt que dans ce qui est prescrit.

Explorons ensemble les vies et les régressions de ces clients afin de mieux comprendre les choix que nous faisons intentionnellement pour guérir les blessures consignées dans le code mémoriel de notre âme et augmenter la fréquence de celui-ci. Ce faisant, nous aidons notre planète à progresser vers le statut de planète sacrée, afin d'honorer toutes les personnes et tous les êtres vivants comme étant d'égale valeur.

Maria : Peur d'être femme et contrainte d'être mère

Faites la connaissance de Maria, une professionnelle célibataire qui désire ardemment avoir un enfant, et qui pourtant a peur d'être une femme dans sa vie actuelle. La régression de Maria inclut deux vies antérieures, un séjour dans le royaume spirituel, et une importante révélation dans le ventre de sa mère avant de venir au monde.

Je suis un homme au teint foncé dans la quarantaine, debout à l'extérieur dans un village, seul et pieds nus. Mes pantalons sont taillés dans un tissu mince et de couleur pâle, et ma chemise est faite du même tissu. J'ai les cheveux foncés avec un peu de gris ; mon apparence n'est pas très soignée. Mon fils est mort récemment ; il avait environ huit ans. Je suis très triste.

Je revois à présent une scène antérieure. Il y a trois hommes, tous très puissants, qui emmènent mon fils avec eux. Je suis désespéré et j'essaie de leur arracher mon fils, mais ils crient en ma direction avec colère. Je me sens impuissant à sauver mon fils, qui semble terrifié. Mon fils a peut-être fait quelque chose de mal.

Je tombe à genou tandis que les gens de mon village essaient de me retenir. Ils placent mon fils contre un mur et se mettent à le battre. Ils tuent mon fils, mais je ne sais pas pourquoi. Peut-être est-ce simplement pour terrifier la population. Les hommes s'en vont.

Je suis complètement détruit, impuissant, et j'ai le cœur brisé. Le corps de mon fils gît sur le sol contre le mur. Je le prends dans mes bras ; je ne sais pas où est sa mère. Je le ramène chez moi; quelques villageois me suivent. Je lave le corps de mon fils et l'habille de vêtements propres.

Nous amenons ensuite le corps de mon fils dans un espace ouvert et l'étendons sur le sol. Nous prions pour lui et préparons son enterrement. Je suis en état de choc. Je ne veux pas l'abandonner. Nous le recouvrons d'un drap. Je m'effondre. Tous les autres sont également atterrés.

Le temps a passé. Je suis chez moi et je vis seul. Les gens préparent de la nourriture pour moi, mais je n'ai pas faim. Je ne veux plus parler. Je suis un peu plus vieux qu'au moment où mon fils a été tué. Je me lève de table. Je n'ai plus envie de vivre.

Je quitte l'endroit où je travaille. Je marche et marche encore. Il fait passablement chaud. Je marche jusqu'à ce que je tombe d'épuisement. Il y a beaucoup de sable; on dirait un désert. Je survis encore quelque temps, mais je veux que cela finisse. Je meurs.

Je suis à présent au-dessus de mon corps d'homme. Je sens que je peux comprendre pourquoi j'étais si anéanti et abattu. J'ai tout simplement abandonné tout espoir. J'étais un homme simple et bon. J'aimais ma famille et je ne croyais pas mériter un tel sort. J'aimais mon fils plus que tout. La douleur de cette vie est encore présente.

La révélation de la vie antérieure de Maria dans la peau d'un homme accablé de chagrin dont l'enfant est mort et qui a ensuite choisi de mourir explique clairement son désir inébranlable de donner naissance à un bébé, qu'elle soit célibataire ou mariée. En mettant en lumière cette vie antérieure, les guides de Maria souhaitent qu'elle comprenne pourquoi elle veut un enfant afin de se libérer de ce sentiment d'urgence. Voyons à présent la deuxième vie antérieure qui s'est imposée à la conscience de Maria :

Je suis seule dehors à la campagne. Je suis pieds nus, dans une robe légère. J'ai les cheveux châtain clair, les yeux bleus et un visage rond. Je suis une fillette d'environ neuf ans. Je suis un peu désordonnée, et il y a autour de moi de grandes étendues de terre où poussent de hautes herbes. Je suis derrière la maison en train de jouer.

Le temps passe ; j'ai 17 ans. Je marche jusqu'à mon travail ; ma vie ne va pas si bien. Je dois travailler pour subvenir aux besoins de ma famille. Mon père est mort quand j'avais 14 ans. Je suis à présent dans le magasin où je travaille. J'ai peur de l'homme qui travaille à côté. Il est froid, colérique et violent.

L'homme entre dans le magasin où je travaille. Il me prend par le cou et m'entraîne dans une autre partie du magasin. Il me viole. Je reste à mon travail ; il n'y a personne d'autre que moi ici. Je me sens impuissante et seule. J'ai peur de dire à quelqu'un ce qu'il a fait. Ce n'est pas la première fois.

Le temps passe. Je suis dans ma chambre. Je suis heureuse d'être enceinte, mais je suis triste parce que le père de l'enfant est l'homme qui m'a violée. Même si je n'aime pas la façon dont je suis tombée enceinte, c'est la première fois que je suis heureuse depuis la mort de mon père. Je vois cet homme, le père du bébé, tous les jours à mon travail.

Plus tard, je suis dans le magasin où je travaille. Ma grossesse commence à paraître, et l'homme est terriblement en colère. Il a déjà une femme et des enfants. Il m'accuse d'être responsable de cette grossesse. Pour la première fois, je sens que je peux lui tenir tête. En tant que mère, je dois me protéger, moi et mon bébé.

Je rentre chez moi à pied. Je remarque qu'il me suit. Il se met à crier après moi. Il me saisit et me pousse dans les hautes herbes. Il tient quelque chose dans sa main et il me frappe sur la tête avec cet objet. Il m'étrangle ; je suis terrifiée. J'ai peur pour mon bébé. J'essaie de me défendre. Il continue à me faire le plus de mal possible. Je ne peux plus me défendre.

Il m'abandonne dans ce champ. J'ai froid et je me sens seule. Je n'arrive pas à me relever ; je suis en colère et je souffre. Personne ne vient. Je meurs dans ce champ.

Je suis à présent au-dessus de mon corps. Mourir et sortir de son corps, c'est d'une facilité déconcertante. Je voulais tellement être mère. Je suis contente de lui avoir tenu tête, mais ce qu'il a fait n'est pas bien. Mourir et perdre mon bébé, c'était beaucoup trop cher payé.

Je communique à présent par voie énergétique avec ma mère dans cette vie. Je veux lui dire que je vais bien et que je suis en paix. Il est difficile de pardonner à cet homme, mais j'y arrive.

Je ne peux plus voir le corps de la femme que j'ai été. L'espace autour de moi devient de plus en plus lumineux. Je vois une sphère de lumière jaune et blanche qui semble accueillante. Je suis au milieu de cette sphère où j'éprouve un sentiment de familiarité et d'amour. C'est mon guide qui veut me soutenir.

Mon guide me dit qu'il n'y a pas de raison d'avoir peur, que je vais vraiment bien. Ce ne sont que des leçons de vie. L'amour est plus grand et plus fort que le corps physique. Il me dit que je ne suis pas une victime, mais il serait plus juste de dire que nous sommes tous des victimes d'une certaine façon. L'homme qui m'a violée souffrait autant que moi, même si c'est difficile à comprendre et à accepter.

Mon partenaire actuel est l'âme de l'homme qui m'a tuée. Nous devons nous libérer de ce karma. J'ai encore le temps d'évaluer si ma relation avec lui a des chances de fonctionner à long terme. L'objectif principal de ma vie actuelle est d'accepter d'être une femme ; je dois apprendre à être courageuse. C'est la seule façon pour moi de devenir une mère compétente et une véritable compagne au sein d'une relation amoureuse.

Je dois me consacrer à mon travail avec énergie et m'engager à soigner les enfants. On me dit de ne pas laisser le temps ou l'argent devenir des obstacles à ma formation et à la mise sur pied de ma pratique de guérison.

Pour l'aider à élargir son processus d'introspection dans sa vie actuelle, les guides de Maria la ramènent dans le ventre de sa mère pour illustrer ses choix et ses peurs par rapport à son sexe.

Je suis dans le ventre de ma mère, peu de temps avant ma naissance. Je suis de sexe féminin. Cela me fait un peu peur d'être une fille. Je dois être une femme forte.

Rares sont les régressions spirituelles aussi intenses et révélatrices que celles de Maria. Le conflit interne qui l'habite est une version simplifiée de son histoire telle que contenue dans le code mémoriel de son âme, où s'additionnent les traumatismes d'avoir vu un fils être enlevé et tué ; d'avoir été une femme qui s'est fait violer, qui est tombée enceinte, puis qui s'est fait assassiner; et d'être aujourd'hui amoureuse de l'âme de celui qui a perpétré ce crime. Nous avons tous été victime et bourreau. Supprimer les traumatismes du passé, se pardonner et pardonner aux autres, et finalement tourner la page pour vivre une vie plus saine sont des composantes essentielles de l'évolution de l'âme. La décision de Maria d'inscrire dans son plan de vie qu'elle serait encore une femme aujourd'hui, qu'elle maintiendrait son autonomie et qu'elle se débarrasserait de la peur de perdre son enfant est le meilleur remède pour l'avancement de son âme.

Latisha : Sexe, aviation militaire et engagement matrimonial

La régression de Latisha illustre, à nouveau, comment nos incarnations tissent une tapisserie nous donnant l'occasion de nous comprendre nous-mêmes, d'identifier ce qui demande à être libéré et de grandir en tant qu'âme. Latisha, qui est dans la cinquantaine, possède de larges épaules et une stature imposante. Au cours de plus d'une régression, Latisha a démontré qu'elle était une âme du cinquième rayon, celui du guerrier, ayant été plus souvent un homme qu'une femme par le passé. Dans notre vie actuelle, notre type de corps nous fournit des indices quant à la nature de notre rayon spirituel. De plus, l'apparence physique de Latisha suggère la prépondérance habituelle d'avoir été plus souvent d'un sexe que de l'autre.

Je suis dans une maison de style bungalow. Je porte des pantalons de travail noirs et une veste croisée en tweed

brun mal assortie. Je porte des chaussures lacées noires. Je suis du genre insouciant. Je travaille fort et j'aime bien m'amuser. Mes yeux sont intenses, étincelants et très vivants. Je suis un jeune homme en bonne forme physique et de taille moyenne. La couleur de ma peau est appropriée car j'aime passer du temps à l'extérieur.

Je suis dans une salle de classe où je reçois un enseignement militaire. J'aime étudier. On discute beaucoup de la guerre; nous sommes après la Première Guerre mondiale. La stratégie militaire me fascine. C'est beaucoup plus qu'une simple bataille. Le professeur me trouve exaspérant. Il veut simplement que ce soit une affaire entre hommes. Je veux innover. Quelque chose met le feu aux poudres, et quelque chose peut l'éteindre.

Nous pouvons changer les choses à l'avenir en utilisant plus d'avions. Notre façon de concevoir une intervention militaire changera. Je dis ce que je pense. Je suis heureux d'être vivant.

Je suis à présent à la maison. Je suis marié, mais ce n'est pas important pour moi. Mon épouse est triste parce que je ne passe pas beaucoup de temps à la maison. Elle veut un bébé. Je l'aime bien, mais je n'aime pas passer du temps avec elle. Alors je suis souvent parti. Je ne suis pas méchant, mais je ne suis pas très doué pour la vie de famille.

Mon épouse désire ardemment avoir un enfant. Elle ne se sent pas à sa place parmi les autres femmes mariées pour plusieurs raisons, en plus du fait de ne pas avoir d'enfants. Elle n'est pas querelleuse comme les autres femmes. J'aimerais pouvoir la rendre heureuse. Cela me frustre car je devrais comprendre l'importance d'avoir une famille. Je veux aller loin dans ma carrière militaire. Je m'installe sur une nouvelle base et je retourne encore suivre des cours. Je suis doué pour la mécanique ; je suis navigateur et non pilote. Nous devons vraiment faire attention avec ces gros dirigeables ; il est important d'en assurer la sécurité.

Ces dirigeables viennent d'Allemagne et sont encore relativement nouveaux. Je veux faire partie de ce nouveau mouvement, lancer un avion à partir d'un dirigeable. Il est important d'avoir de la coordination. Tout le monde ne veut pas faire ce travail ou piloter un dirigeable. Il y a de l'animosité dans l'air à cause de la structure hiérarchique ; nous avons un rang, mais il n'y a pas vraiment de rangs. Tout le monde doit assumer le rôle de coordonnateur, assumer ses propres responsabilités. Si tout le monde ne fait pas son travail au bon moment, cela pourrait devenir très dangereux.

Quelqu'un est mort à la suite d'un accident avec les amarres ; c'était un membre de l'équipage. Nous nous demandons si nous devons aller de l'avant comme prévu. C'est terrible de perdre quelqu'un. Nous surmontons cette épreuve parce que nous sommes tous enthousiastes.

Plus tard, nous volons à bord du dirigeable. On se croirait sur un bateau par une journée calme. Je suis si emballé que je demande à quelqu'un de me pincer. C'est le début d'une nouvelle ère en aviation. Il va falloir corriger certains petits problèmes, mais ce dirigeable pourra servir à beaucoup de choses. Cela aidera également la marine. Nous sommes censés décoller dans les prochains jours, mais on prévoit du mauvais temps. De gros bonnets seront à bord, de sorte que nous devrons leur en mettre plein la vue. C'est à présent le jour du départ, et il y a beaucoup de brouillard. Je trouve que cela n'augure rien de bon, car je n'aime pas quand le temps est orageux ; notre marge d'erreur est tellement mince.

Nous sommes à présent au-dessus de l'eau, emportés par les vents. Je vois des éclairs ; nous n'avons pas l'équipement nécessaire pour faire face à un orage. Nous essayons de nous en éloigner. Tout se passe si vite. Il y a une forte secousse. Quelque chose vient de se produire. Je sais que nous n'avons plus droit à l'erreur ; nous devons travailler en équipe.

Nous sommes incapables d'expliquer ce qui vient de se produire. Je vois ma vie défiler devant mes yeux, et tout semble aller au ralenti. Nous touchons l'eau. J'entends des cris et des bruits de métal qui se tord. Je ne me porte pas très bien. Plusieurs hurlent, impuissants.

Je suis si jeune ; j'ai l'impression d'avoir été dupé. Nous n'aurions pas dû partir par ce temps orageux uniquement parce que l'amiral était là. L'eau est si froide ; mes membres commencent à s'engourdir. Je suis heureux d'avoir aussi froid. Je m'étouffe en avalant de l'eau salée, et mon dos me fait souffrir. Un morceau de métal s'est détaché et m'a blessé au dos.

Je souffre pour ma famille. Mon épouse me voulait plus souvent à la maison ; elle est triste et en colère. À présent, je suis mort, et mon âme plane au-dessus de la scène de l'écrasement. J'ai laissé tomber mon équipage ; j'aurais dû les sauver. Nous aurions dû emporter des vestes de sauvetage. L'histoire se fait souvent sur le dos des morts. Nous aurions dû être mieux préparés.

La régression de Latisha renforce son pressentiment selon lequel elle avait été plus d'une fois un homme dans les forces armées. Dans sa vie actuelle, elle se consacre à son mariage et à sa fille, contrairement à cette autre vie, ce qui indique qu'elle a accepté d'entreprendre le processus de guérison inscrit dans son plan de vie. Grâce à son travail actuel dans l'armée, elle est en voie de se libérer de la culpabilité et de la frustration d'avoir pris la mauvaise décision de voler dans des conditions orageuses lors de cette vie antérieure.

Ted : L'Amérindien et l'« homme blanc »

Dans sa vie actuelle, Ted est à moitié Amérindien. Son père est parti quand Ted avait cinq ans, et il a été élevé par son grand-père. Lors d'une régression, Ted apprend qu'il a été un cowboy dans l'ouest des États-Unis qui tuait des Amérindiens et volait leur nourriture pour nourrir sa famille. Tandis que vous lisez le compte rendu de cette vie antérieure, remarquez comment l'équilibre est atteint en faisant l'expérience des deux côtés de la clôture qui sépare la culture amérindienne de la culture blanche.

Je suis une adolescente amérindienne portant une robe taillée dans ce qui semble être le matériel dont on fait les tipis. Je porte un ample chemisier blanc et je suis pieds nus. Je suis dans un champ de blé où il n'y a qu'un seul arbre. Quelque chose me rend triste. À présent, j'ai froid et je grelotte. Il fait nuit, et je me tiens près de l'arbre. Je me souviens de la raison de ma tristesse et de ma présence dans ce champ. Plus tôt, dans mon village, il y avait des hommes blancs à cheval. Il y a eu un combat durant lequel nous avons tué plusieurs des hommes qui étaient venus nous faire du mal. Nous nous attendons à ce que ces hommes reviennent pour se venger. Je tiens fermement la main de mon frère car j'ai très peur. Puis mon frère part.

Mon frère et plusieurs hommes du village sont morts. Quand les hommes blancs, les soldats, sont revenus, ils ont tué plusieurs de nos guerriers. Je suis dans mon tipi avec ma mère, qui essaie de me consoler.

Je suis bouleversée et je m'enfuis. Je veux être seule et trouver du réconfort auprès de mon arbre. C'est le seul arbre aux alentours. Je ne comprends pas pourquoi il y a tant de hargne entre mon peuple et les Blancs. Je serre l'arbre dans mes bras ; c'est mon ami.

À présent, je suis plus vieille, vers la fin de la vingtaine. Je vais encore m'appuyer contre l'arbre pour évoquer le souvenir de ma famille et de mes amis qui sont morts cette nuit-là. L'arbre est toujours là pour moi ; il ne porte jamais de jugement. L'arbre ne chasse pas. Cet arbre est une source d'amour et d'inspiration. Il est vieux, et son bois est pétrifié. Je sens que l'arbre me dit d'être moi-même, de garder les pieds sur terre et de me souvenir de la Terre.

C'est le dernier jour de ma vie ; je suis alitée dans ma cabane sans électricité. Ma sœur et son enfant sont avec moi. Je suis prête à partir. J'ai le cœur rempli d'amour. Je meurs. Dans cette vie, j'étais plus étroitement liée à la terre qu'aux personnes. L'arbre était au centre de mon univers. Mon grand-père m'a enseigné l'amour, la compassion et l'esprit de sacrifice. L'arbre se trouve quelque part en Arizona ou au Nouveau-Mexique.

Les découvertes de Ted lui ouvrent de nouvelles perspectives pour aller de l'avant dans sa vie présente. Les éléments de son apprentissage actuel incluent le fait :

- d'être de descendance amérindienne ;
- d'être plus attaché à la nature qu'aux personnes, parce que les personnes peuvent partir ou mourir ;
- d'être libéré de la honte, de s'être pardonné d'avoir « volé » les Amérindiens et d'avoir confiance en sa capacité à subvenir aux besoins de sa famille.

David : Tenir bon et enseigner quelque chose à mes parents

David, un homme à la fin de la soixantaine, arrive à sa séance de régression en m'expliquant qu'il ne s'aime pas. Il est terrifié par sa colère, et il a mis beaucoup de temps à s'avouer qu'il était gai. David dit des choses du genre : « Avec toute l'énergie négative que je produis, comment se fait-il que je ne sois pas déjà mort ? », « Comment puis-je me pardonner de m'être incarné ? », « Pourquoi une âme devrait-elle faire l'expérience d'autre chose qu'un sentiment de pur amour ? ». Les détails de la vie antérieure de David mettent en lumière l'origine de son attitude actuelle.

Je suis un homme dans la quarantaine d'apparence peu soignée, avec les cheveux longs et une barbe. Je porte un simple pantalon et une chemise ample et légère. Je suis pieds nus. J'ai l'impression de ne pas être à ma place. Ce genre d'endroit ne me convient pas. Je vois une lourde table en bois et des chaises sculptées. Des plats en métal sont éparpillés sur la table ; nous sommes après le dîner. Je n'étais pas dans la pièce quand on a éparpillé les plats. Je me soucie du bien-être de quelqu'un.

On me frappe par derrière. Cela ne me surprend pas; je m'y attendais. On me traîne dans une sorte de cellule.

Je revois une scène antérieure. Je gravis en courant une colline, pourchassé par des hommes à cheval. Ces hommes me retiennent. Ils rient, parce qu'ils savent qu'ils m'ont attrapé. Je suis un voleur. J'ai pris un gobelet pour le revendre; je l'ai échangé contre un couteau. On me plaque au sol; quelqu'un se tient sur moi. Ils m'attachent les mains. J'ai peur et je veux m'enfuir. Mais j'abandonne et je cesse de me débattre. Ils m'emmènent avec eux.

Je suis de retour dans la grande salle du début. Quelqu'un est assis au bout de la table. C'est le propriétaire du gobelet. Il dit : « Tuez-le ! » Je suis à présent dans une cellule tapant du poing contre le mur. Je suis en colère et je veux sortir. Personne ne vient. Je pleure face contre terre. Personne ne vient plus jamais me voir. Ils me passent de la nourriture pendant une longue période de temps. Je meurs seul.

Quel gâchis. Je n'ai pas suivi mon plan de vie. À présent mon guide est ici avec moi. On me dit que je suis trop dur envers moi-même. Il me dit que j'ai tenu mon bout, que je n'aurais pas dû être emprisonné pour avoir volé un gobelet. Je continue de penser que le châtiment était disproportionné par rapport au crime. Il me dit d'aller de l'avant et de me détendre; je dois croire davantage en moi-même.

<u>Deuxième vie antérieure :</u>

C'est une belle journée d'été. Je suis une petite fille de trois ou quatre ans, en train de jouer près d'un ruisseau. Plus tôt, je jouais dans le pré à côté du ruisseau. Je porte une robe blanche et rose duveteuse, et j'ai de longs cheveux bouclés. Je porte des chaussures blanches lacées. Mes parents sont assis sur une couverture, en train de manger quelque chose, sans prêter attention à ce que je fais.

J'attrape une grenouille près de l'eau. En me retournant, la grenouille me glisse des mains. Je trébuche et tombe dans l'eau. Ma robe devient mouillée et lourde ; le poids de ma robe m'entraîne vers le fond. Je me rends compte que je ne suis plus dans ce corps à présent. Je voulais vraiment retourner dans ce corps ; je voulais simplement respirer comme d'habitude quand j'étais sous l'eau.

Je suis morte, et pourtant cela m'amuse. J'étais si contente de porter une jolie robe. Et je suis morte à cause de cela.

Je suis morte pour aider mes parents. Ils se disputaient, sans faire attention à moi. Ils se disputaient beaucoup. Papa et maman s'invectivent. Je me rends compte que l'homme qui était mon père dans cette vie est aujourd'hui mon amoureux [le client entretient une relation homosexuelle avec cet homme]. J'observe à présent cette scène disparaître en fondu dans une vive lumière blanche. Je me sens libre et j'ai envie de m'étirer. Mes guides me disent : « Dote-toi de bras imaginaires et étire-toi ; profite de l'endroit où tu te trouves à présent. »

Burton, mon guide, se pointe. Il me dit de ralentir le rythme ; j'ai amplement de temps. Il me dit qu'il m'a rendu visite lorsque j'ai vécu ma première expérience homosexuelle. En fait, il a planifié cette expérience pour moi. J'avais trop peur d'entreprendre cette démarche qui était pourtant la chose la plus naturelle pour moi. Alors Burton m'a presque forcé à découvrir l'engagement amoureux dans lequel je pourrais m'épanouir. Burton n'a été présent que la première fois ; on s'est constamment affairé en coulisse pour m'amener à découvrir cette part de moi-même.

Burton me dit que j'ai la force nécessaire pour être gay. Il faut s'attendre à beaucoup de rejet quand on est gai. Burton me dit que nous sommes complices dans cette affaire ; pourtant, ajoute-il, il n'y a rien de mal à être gai. On me dit que mon moi supérieur planifiera bientôt ma prochaine vie. Dans ma vie actuelle, j'accepte de compléter ce que j'avais entrepris quand j'étais la petite fille qui s'est noyée. Il était extrêmement important que je m'incarne à nouveau pour rencontrer l'âme de celui qui était mon père dans cette vie antérieure ; la blessure provoquée par ma mort avait besoin du baume de l'amour que je partage aujourd'hui avec mon partenaire.

Si j'avais peur de m'incarner dans ma vie actuelle, c'était en partie à cause des responsabilités que cela implique. J'enseigne toutes sortes de choses aux autres, parfois même sans le savoir. La couleur de mon âme est d'un blanc très pur. On me dit que je suis une âme avancée aux derniers stades de son cycle d'incarnations. Mon esprit se met en travers de mon chemin, et je remets en question presque tout ce que je ressens. J'utilise mon esprit pour faire de l'évitement.

Mon but dans la vie est d'apprendre à m'aimer. Même si je suis assez évolué pour en être arrivé au terme de mes incarnations, on apprend surtout à s'aimer en fréquentant cette école toute spéciale appelée la Terre. L'une des raisons pour laquelle ma mère a reçu un diagnostic de schizophrénie était pour m'aider à apprendre à l'aimer, quel que soit son état de santé, et à recevoir son amour en retour, même si cela me paraissait incohérent.

J'essaie de saboter mon plan de vie. Essentiellement, je me culpabilise et me dévalue à mes propres yeux. J'essaie de tout gérer de façon à ne jamais commettre d'erreurs. Burton me dit que je n'ai pas la moindre idée de qui je suis. Je lui demande ce qu'il entend par là. Il me dit que je suis une âme expérimentée qui a de la difficulté à supporter le fait que les gens n'arrivent pas à s'entraider ou à se comprendre. Alors je me bats contre ce mode de vie sur Terre. On me dit que je suis aimé et que je ne suis jamais seul.

Je dis à Burton que je voudrais cesser de m'incarner. Il me dit que j'ai déjà accepté de m'incarner encore au moins une fois. Cette décision a été prise avec l'accord de mon conseil des anciens.

La régression de David est une étude des nombreux facteurs d'évolution des âmes. Tout d'abord, en tant qu'êtres terrestres éclairés, plusieurs clients disent avoir beaucoup de mal à s'habituer à la vie d'aujourd'hui, en particulier à l'approche du terme de leur cycle d'incarnations. Confrontés au caractère malsain du mode de vie et de l'attitude de plusieurs habitants de notre planète, ils deviennent irritables et parfois même dépressifs.

Les guides de David le complimentent pour sa ténacité à croire que le châtiment qu'il a reçu pour avoir volé un gobelet était exagéré et infligé sans raison. Néanmoins, David porte encore en lui la douleur d'avoir été injustement accusé et incarcéré.

Le mandat de David au cours de cette vie antérieure, qui consistait à faire comprendre à l'âme de ses parents les conséquences de leurs disputes continuelles, indique qu'il s'agit d'une âme avancée, car seules les âmes avancées sont prêtes à accepter ce genre d'accord. David s'est incarné pour des raisons importantes. Tout d'abord, pour apprendre à valoriser ce qu'il est et contribuer à l'unification de l'humanité en acceptant son mode de vie homosexuel. David est probablement une âme du premier rayon en raison de la force dont il a fait preuve en maintenant qu'il était innocent dans sa première vie antérieure et en raison de son empressement à mourir pour aider ses parents à évoluer quand il était une petite fille.

En résumé

La couleur de la peau, le sexe et l'orientation sexuelle sont des choix éloquents pour nous libérer de notre karma et faire avancer l'humanité. À mesure que nous nous élevons, le code mémoriel de notre âme doit se purifier des erreurs du passé à plus de 90 %.

Les signes et les marqueurs de notre moi fondamental, suivant notre véritable passion, sont facilement identifiables quand nous acceptons de nous ouvrir à qui nous sommes et à ce que nous sommes censés faire dans notre vie actuelle. Nos guides nous supplient de discerner la nature et le sens de nos décisions prénatales. Nous sommes tous des agents de changement, à la fois quand nous nous engageons sur la voie de notre évolution personnelle et quand nous guidons l'humanité vers un équilibre entre toutes les personnes.

Demandez-vous :

1. **Dans quel but ai-je choisi mon sexe dans ma vie actuelle ?** Allumez une bougie et fixez la flamme

pour recevoir des informations intuitives par rapport au choix de votre sexe.

2. **Si vous êtes hétérosexuel, quelle est votre véritable attitude par rapport aux gais et lesbiennes ?** Si vous êtes gai ou lesbienne, quelle est votre véritable attitude par rapport aux hétérosexuels ?

3. **Si vous êtes une personne à la peau blanche, croyez-vous avoir déjà eu la peau foncée dans une autre vie, ou vice versa ? Quels sont les détails de cette vie que vous vous rappelez ?** Utilisez un mantra pour entrer dans un état modifié de conscience afin d'accéder à l'image mentale, et aux émotions qui y sont associées, d'une scène tirée d'une vie où votre peau était d'une autre couleur.

Chapitre 13

Résoudre les problèmes des vies antérieures

« L'âme, comme le corps, vit de ce dont on la nourrit. »

— J.G. Holland

Les événements traumatisants de nos vies antérieures peuvent réapparaître dans notre vie actuelle. Un client raconte avoir tout à coup perdu l'usage d'un œil alors qu'il regardait par la fenêtre d'un hôtel de Jérusalem. Ce client s'est rappelé de façon spontanée avoir eu l'œil brûlé durant un interrogatoire à l'époque des Croisades. Il arrive à l'occasion que des révélations concernant nos vies antérieures remontent ainsi à la surface de notre conscience. Ces révélations peuvent améliorer notre acuité spirituelle, de sorte que des détails de nos vies antérieures puissent ensuite venir à l'avant-plan afin d'être compris et relâchés intuitivement ou par l'intermédiaire d'une régression.

La santé de notre intellect, de notre corps et de notre esprit est souvent directement liée à notre capacité à nous détacher de certains souvenirs associés à d'autres vies, ce qui ouvre la porte à l'avancement de notre âme. Pour avancer en tant qu'âme, il est important de prendre soin et de nourrir notre corps, notre intellect et notre esprit. Par exemple, des clients se présentent souvent à une séance de régression dans l'espoir de comprendre le sens et la raison d'un symptôme physique ou émotionnel déjà ancien ou surgi du néant dont ils n'arrivent pas à se débarrasser. Les troubles émotionnels et les symptômes physiques inexpliqués, de même que divers autres problèmes du même ordre qui surgissent dans nos vies, sont souvent une occasion d'aligner notre mode de vie, notre type d'emploi et nos relations sur notre plan de vie.

Parfois, l'explication spirituelle d'un problème de santé physique dont souffre un client est liée à un accord prénatal visant à favoriser l'avancement, non pas de son âme mais de celle de quelqu'un dans son entourage. Vivre avec quelqu'un qui a des problèmes de santé est une occasion d'avancement spirituel significatif pour toutes les personnes concernées.

Des aliments crus pour votre corps, votre intellect et votre esprit : qu'est-ce que cela signifie? Le processus de suppression en lien avec les vies antérieures comporte trois étapes. Tout d'abord, découvrir une ou quelques vies significatives qui fournissent la matière brute pour expliquer vos symptômes actuels. Deuxièmement, accepter les effets néfastes de ces vies antérieures sur votre vie actuelle. Troisièmement, entreprendre de supprimer la souffrance du code mémoriel de votre âme et de vous transformer par la guérison.

En matière de nutrition vitale, « cru » signifie l'état le plus naturel possible. Pour vivre conformément à votre plan de vie prénatal, et pour être en mesure d'accepter et de supprimer les perturbations de vos vies antérieures, vous devez prendre soin de votre corps, de votre intellect et de votre esprit de la façon la plus saine qui soit.

Les recommandations en la matière pourraient faire l'objet d'un livre en entier. Voici ce que je recommande le plus souvent à mes clients :

- Assurez-vous de dormir suffisamment : couchez-vous et levez-vous à des heures régulières.
- Cherchez à manger sainement, en incluant des fruits et des légumes crus.
- Consommez de petites quantités de viandes rouges, de gras et de sucre.
- Évitez les aliments qui contiennent du lactose ou du gluten si vous êtes sensible ou allergique à ces substances.
- Prenez des vitamines, des herbes médicinales et des suppléments alimentaires qui conviennent à vos besoins.
- Faites régulièrement de l'exercice.
- Assurez-vous de passer suffisamment de temps avec les amis et les membres de votre famille qui vous apportent un soutien.
- Réservez-vous du temps avec votre partenaire significatif.
- Adonnez-vous régulièrement à une pratique spirituelle.

L'American Psychological Association (APA) a récemment donné son appui à la médecine complémentaire et parallèle. L'APA soutient le recours aux suppléments alimentaires, à la chiropractie, à la méditation, à l'aromathérapie, aux massages thérapeutiques, au yoga, à la détente musculaire progressive, à la prière religieuse ou spirituelle, aux thérapies du mouvement, au reiki, à la rétroaction biologique, à l'hypnose et à la thérapie musicale. Je crois qu'un jour viendra où la thérapie régressive sera elle aussi incluse dans la liste de l'APA. En attendant, tandis que vous honorez les aliments crus de la conscience éternelle et de l'évolution, en prenant soin de votre corps humain de la meilleure manière possible, vous contribuez à améliorer la santé et l'équilibre de la Terre.

Poursuivons notre voyage éducatif avec d'autres clients dont les régressions alimenteront tous vos sens.

Belva : Se suicider pour échapper à la dépression – un baume pour la culpabilité

Belva, une femme dans la trentaine, m'explique qu'elle souffre souvent de maux de tête au niveau de la tempe droite. Durant sa régression, on apprend qu'elle s'est volontairement frappée la tête du côté droit. Dépression et idées suicidaires empoisonnent la vie de Belva depuis qu'elle est adolescente.

Je suis une jeune femme d'une vingtaine d'années. Je suis dehors, et le soleil est ardent. Je porte une jupe en lin brun clair et un tablier qui descend jusqu'à mi-mollet. Les manches de mon chemisier, qui est d'une couleur plus claire, sont remontées. Mes chaussures sont de simples petits chaussons.

Mes cheveux sont tirés vers l'arrière; ils sont d'un blond foncé. Mon visage est sale. J'arbore une expression sérieuse; j'ai une question pour laquelle il n'y a pas de réponse claire.

La scène semble se passer dans l'Angleterre de Shakespeare. Je vois des maisons avec des toits de chaume, plusieurs personnes autour et des chemins de campagne. Je me sens loin de ces gens; j'ai l'impression de me déplacer plus lentement que les autres.

Le temps passe. Il pleut à présent, et je vois des rues pavées. J'ai l'impression que je dois me rendre quelque part, que je dois faire quelque chose pour quelqu'un. Je suis dans l'incertitude et je n'arrive pas à me décider. Alors je continue à marcher. Je marche au milieu de la rue; il y a beaucoup d'eau parce qu'il a plu.

Il fait soleil à présent, mais mes vêtements sont trempés; je marchais sous la pluie. Je ne veux pas rencontrer la personne que je suis censée rencontrer. Je ne sais pas quoi faire. Je dois y aller pour répondre aux besoins de quelqu'un d'autre.

Le temps passe. Je suis dans une ruelle derrière le bâtiment principal. Je pense à quelque chose. Je ne sais pas si je veux vivre ou mourir. La vie que je mène n'est pas facile; cela m'épuise. Je ne fais que servir les autres. Je ne peux pas prendre mes propres décisions. Je ne sais pas vraiment ce que je veux. Je n'arrive jamais à prendre de décision.

C'est le dernier jour de ma vie. Je suis près d'une grange remplie de céréales et de foin. Je suis contente qu'il n'y ait personne. Je me frappe la tête volontairement avec quelque chose et je m'effondre. Je suis à l'intérieur de la grange. Je ne respire plus. Mon âme était plus évoluée que la personne que j'étais. Ce n'est pas une vie gâchée, ce n'est même pas une vie.

Je suis à présent au-dessus de mon corps ; je suis une pure âme. Lorsque j'étais cette femme, je ne me sentais pas utile ; ma vie n'était pas heureuse.

Mon guide est ici. Elle me dit que je n'étais pas censée aller plus loin dans cette vie. J'ai eu raison de faire ce que j'ai fait pour y mettre un terme. Continuer à vivre aurait été encore plus difficile. Je n'aurais rien reçu de plus, et personne ne m'aurait regrettée. J'avais mis trop de distance entre moi et les autres. Dans mes prochaines vies, je dois essayer d'être plus gentille avec les gens, même si je dois me donner du mal pour y arriver.

Peut-être que le message du guide de Belva vous surprend, ou peut-être pas. Certains de mes clients qui se sont suicidés dans une vie antérieure et qui ont souffert de dépression pendant des années dans leur vie actuelle ont fini par accepter le fait d'avoir mis fin à leurs jours dans une autre vie. Un vestige du passé qui demande à être supprimé fera toujours clairement entendre sa voix. Dans certaines circonstances, nos guides jugent qu'il est acceptable et compréhensible de se suicider. Belva doit se sortir de ce bourbier et se libérer de son affect dépressif en utilisant le baume appelé « zéro culpabilité ». À la suite de quoi son âme pourra continuer à évoluer sans obstruction. Mais rares sont les circonstances où nos guides considèrent que le suicide est un choix qui favorise notre évolution spirituelle au lieu de la contrecarrer.

Marianna : Retenir la douleur physique d'un supplice passé

Marianna est une femme dans la cinquantaine qui souffre de douleurs débilitantes au dos, aux jambes et ailleurs depuis plusieurs années. D'innombrables traitements, traditionnels et complémentaires, ont eu peu ou pas d'effet.

Dans cette scène, je suis une femme amérindienne, une guérisseuse. J'ai perdu tout espoir. Mon visage est couvert de sang ; j'ai une large entaille près de l'œil droit. Je suis paralysée par la peur. Je crains que personne ne me trouve et ne me vienne en aide. Je suis envahie par un sentiment de tristesse et de désespoir.

Je suis à présent dans une autre vie antérieure, dans une autre scène. Je n'ai aucun droit. Je suis une femme et une esclave. Je ne suis pas libre d'épouser qui je veux. Je dois cacher mon savoir de guérisseuse. Enseigner et guérir sont ma passion ; j'utilise des plantes médicinales. Je ne peux pas exprimer ma vérité.

Plus tard, je suis une esclave sexuelle. Je suis en prison ; ma cellule est sombre et humide. Je suis enchaînée sur un plancher recouvert de gravier. Il y a un bar à l'étage au-dessus. Ils m'emmènent là-haut pour me montrer ce qui s'y passe. Des hommes vocifèrent. Ils me forcent à sortir à l'extérieur. Ils m'obligent à regarder l'homme que j'aime se faire tuer. Tout est de ma faute. Si je ne l'avais pas aimé, ils ne l'auraient pas tué. Ils le torturent avant de le tuer. Ils traînent son corps hors de ma vue.

Dans la scène suivante, ils me torturent et me tuent à l'intérieur de la prison. Je meurs et je flotte à présent audessus de mon corps. Ma vie s'est terminée beaucoup trop tôt. Je n'ai pas pu enseigner aux autres mon savoir spirituel ; je n'ai pas pu mettre à profit mes talents de guérisseuse. Je sais que je n'ai pas accompli ma mission. Je ne me pardonnerai jamais d'avoir échoué. Je me fonds avec l'âme de l'homme que j'aimais. Je me sens coupable d'avoir causé notre perte à tous les deux par mon comportement.

Je suis à présent attirée par une grande et étincelante étoile bleue. C'est mon guide, Stine. Je sais que je suis de retour à la maison. Il se dégage de mon guide une énergie masculine, mais il ressemble un peu à un animal. Il a une tête d'extraterrestre, mais il est très gentil. Rien qu'avec son regard, il parvient à me consoler. Il me dit que je n'ai pas échoué. Il me dit de passer du temps avec moi-même et me conduit dans une forêt près d'une chute d'eau. D'autres guides ayant une apparence animale m'entourent. J'ai l'impression d'être entourée des membres de ma famille. Ils me laissent seule pour réfléchir. On me dit que je dois réfléchir à la raison pour laquelle je suis déçue de ne pas avoir complété mon enseignement.

À présent, ces guides qui ressemblent à des animaux se mettent à me parler. Ils me disent que je n'ai pas vécu beaucoup de vies sur Terre. Je suis en famille à présent ; la plupart du temps, nous n'allons pas sur Terre. Je dois comprendre pourquoi j'ai échoué. L'un de ces guides ressemble à un oursin jaune. On me dit que je doute de moi-même dans ma vie actuelle ; cela doit changer. Quand je doute de mes capacités, je me coupe de mes guides et de la sagesse de mon moi supérieur.

On m'emmène sur une plateforme de lumière jusqu'à une bibliothèque dans le monde de l'Esprit. Je vois de magnifiques étagères circulaires et luisantes remplies de livres. Un homme est assis derrière un bureau. Il me demande ce que je cherche dans la bibliothèque de mon âme. Il me dit que je dois consulter les livres « D-4 ». Je le vois qui vient vers moi avec une boîte contenant des manuscrits richement décorés. Il me dit d'un ton catégorique : « Arrête de douter de toi. Tu as paralysé ton corps à force de douter, car tu crois n'avoir rien à enseigner aux autres qui soit digne d'intérêt. »

Un homme d'apparence asiatique s'approche de moi. Il me montre les manuscrits ; ils contiennent des symboles et des caractères spéciaux. Je sens l'énergie de cette information. Il me dit que je peux l'interpréter. « Tu as caché tes pouvoirs, me dit-il. Il est temps de montrer aux habitants de la Terre ce que tu sais. Ils en ont grandement besoin. »

On me dit que je dois me libérer de la souffrance, que plusieurs de mes vies ont été gâchées par une souffrance physique ou sexuelle. Je sens des pulsations au niveau de la gorge, car le savoir que je peux enseigner est lié à mon habileté à parler.

Finalement, ces guides savent que j'ai sérieusement songé à me suicider dans ma vie actuelle ; j'ai même essayé de le faire à quelques reprises. Ils ne me laisseront pas quitter cette vie. Je n'ai pas encore complété ma mission.

Contrairement aux guides de Belva, ceux de Marianna font preuve de fermeté : elle ne pourra pas quitter sa présente incarnation. D'après mon expérience avec de nombreux clients, le récit de Belva et le fait que ses guides aient accepté qu'elle mette un terme à sa vie en se suicidant sont atypiques. Le mandat que Marianna a reçu de ses guides, l'enjoignant à comprendre comment elle peut évoluer dans sa vie actuelle en identifiant les raisons progressives de sa douleur émotionnelle, correspond à la norme. Elle doit ouvrir les vannes de l'énergie contenue dans sa gorge et partager son savoir, recueilli au cours de nombreuses vies. Les souffrances physiques et sexuelles appellent un message d'acceptation, d'amour et de compassion, et nous devons prendre conscience que nous nous sommes tous comportés de façon malsaine au cours des millénaires. Aucun d'entre nous n'a accumulé que des vies privilégiées et protégées, car nous serions incapables d'avancer si tout était facile et agréable. En comblant le fossé émotionnel que la violence a creusé dans le code mémoriel de son âme, le corps de Marianna peut enfin aspirer à recommencer à fonctionner normalement.

Liam : Ne pas venir de la Terre et avoir du mal à vivre dans son corps

Pendant des années, Liam, un homme dans la quarantaine, a souffert de la maladie de Crohn et du lupus, deux maladies auto-immunes qui amènent le système immunitaire à s'attaquer aux tissus sains et à les détruire par erreur. D'après mon expérience, les troubles auto-immuns semblent toucher tout particulièrement les personnes qui refoulent leurs émotions et qui ont une âme d'origine extraterrestre.

Je suis dans le ventre de ma mère, peu de temps avant ma naissance. Je sens que j'ai une mission importante à

remplir au cours de ma prochaine vie. J'ai eu du mal à m'y attacher en tant qu'âme ; cela n'a pas été facile de me frayer un chemin et de venir dans un corps sur Terre. Je ne me suis pas souvent incarné sur Terre. Travailler avec ce type de cerveau me plonge toujours dans la confusion.

Je revis à présent une vie antérieure. Il y a une grange et une maison où quelqu'un habite. Je suis là, moi aussi. Je suis une enfant avec des taches de rousseur et des cheveux roux tressés. Je porte une robe de coton boutonnée jusqu'au cou. Il me manque quelques dents. L'homme qui vit ici est un guérisseur ; je suis là pour l'aider dans son travail. L'une de ses chèvres est malade, et il doit l'abattre. Il me demande de retenir la chèvre au sol ; cela ne me fait pas peur.

Il n'y a rien à craindre quand il doit enlever la vie à un animal. Il me montre comment voir l'esprit de l'animal quitter son corps. Il tranche la gorge de la chèvre. Nous sentons tous les deux une trombe sortir de la chèvre. La chèvre était très malade. Nous remercions l'esprit de la chèvre d'être avec nous.

L'homme avec qui je suis est très important pour moi. Son regard est intense. C'est lui qui m'a tout appris. Il m'a trouvée quand j'avais 10 ans, errant dans la forêt.

Je suis à présent au début de la trentaine. L'homme est mort. Je vis seule avec plusieurs animaux. Les gens du village voisin ont peur de moi ; ils veulent me tuer. Je me fais du souci au sujet des animaux. Qui prendra soin d'eux ? Je libère les animaux en santé. Je tue ceux qui sont vieux et dis à leur âme de partir.

Je suis triste pour les animaux. Ils avaient tous une raison d'être ; c'était un peu comme ma famille. Ces gens ne comprennent pas. Un groupe d'hommes viennent pour me capturer. Je n'adopterai jamais leurs façons de vivre; je ne prierai jamais leur Dieu. Ils m'amènent près du fleuve et me mettent un sac sur la tête. Ils me lient les pieds avec une corde et y attachent une grosse pierre. Ils me jettent dans le fleuve, et je coule jusqu'au fond. Mon âme sort par le milieu de ma poitrine.

Aussitôt, mon guide, Brooke, est là à mes côtés. Elle me rappelle qu'elle était présente dans ma vie sous la forme d'un corbeau. On me dit que j'ai fait ce qu'il fallait faire durant cette vie. Mon but dans ma vie actuelle est d'enseigner que l'esprit est partout. La densité de mon corps physique sur Terre n'est pas celle à laquelle je suis habitué. Cela explique plusieurs de mes anomalies physiques.

Ce n'est pas la seule raison pour laquelle j'ai tant de problèmes d'ordre physique dans ma vie actuelle. Ma base de départ est différente de la Terre. D'où je viens, nous cherchons à comprendre les maladies du corps humain; je dois donc rapporter de l'information sur la douleur physique aux habitants de ma base de départ. Cette information aidera les autres qui viendront sur Terre à mieux vivre dans un corps humain. L'important est que ces problèmes physiques ne nous coupent pas de l'esprit. Ils me disent que les troubles physiques dont je souffre ne sont pas qui je suis.

Ils me demandent de m'asseoir dans un magnifique pré et d'absorber des pulsations énergétiques médicinales à travers mon corps. Je sens une chaude lumière dorée se déplacer à travers moi.

Puis on m'amène voir les animaux que j'ai tués au cours de ma dernière vie. Je suis accueilli par tous ces animaux. Ils comprennent ce que veut dire aimer de façon inconditionnelle. L'âme d'un animal est plus légère qu'une âme qui s'incarne dans un corps humain. Les animaux viennent sur le plan où je vis à présent pour aider l'ensemble de l'humanité.

On me dit de dire et de vivre ma vérité, d'avoir confiance en moi et de toujours demander conseil quand j'en sens le besoin.

Les maladies dont je souffre en tant qu'humain ont pour but d'aider les autres âmes incarnées à affronter la douleur physique. En tant qu'âme, j'ai accepté de partager ce savoir. Je dois aider les professionnels de la santé à développer de nouveaux traitements. Quand je rencontre un médecin qui ne semble pas vouloir me respecter pour ce que je suis, je dois m'efforcer d'avoir des pensées plus bienveillantes. Je dois continuer à me soigner.

Dans sa vie actuelle, Liam est profondément attaché aux animaux et à la nature, en particulier à l'expression des arbres. En tant qu'âme extraterrestre, Liam apporte sur Terre des dons précieux qui aideront plusieurs d'entre nous ; il doit honorer qui il est fondamentalement. Les âmes extraterrestres ont souvent une façon unique de se vêtir ou de se coiffer. En tant qu'observateur extérieur, vous pouvez supposer qu'une personne ayant une apparence distinctive et colorée, et qui semble très sage et spirituelle, est probablement une âme extraterrestre. Liam est là pour enseigner aux praticiens qui pourraient porter un jugement erroné sur lui parce que son apparence et son savoir leur semblent étranges.

Roy : Le lien entre colère et cancer

Roy, un homme dans la soixantaine, est confronté à deux types de cancer depuis plus de quatre ans. Il vit dans une région reculée ; il est continuellement en colère et bouleversé par la mentalité matérialiste et superficielle des habitants de la Terre.

Il fait jour, et je suis dans la forêt. C'est une belle et chaude journée ; je ne porte qu'un pagne et des mocassins. Je suis un Amérindien, avec de longs cheveux noirs ramenés vers l'arrière et retenus par une bande de cuir. Je suis un jeune homme, torse nu.

Je suis en train de chasser et j'adore être dans la forêt. Je suis armé d'un arc et d'un carquois de flèches. J'entends à présent des hommes au loin, des Espagnols. Je me cache au ras du sol.

Je me trouve dans une forêt tropicale. Les hommes passent à côté de moi ; j'entends le cliquetis de leurs étranges armures en métal, mais ils ne me voient pas.

À présent, ils m'ont capturé. Ces types qui ressemblent à des conquistadors m'entourent. Ils sont parvenus à maîtriser mon corps musclé. Ils parlent une langue que je ne comprends pas. Je suis en colère et je leur crache au visage. L'un d'eux me frappe du revers de la main. Je suis fou de rage. L'un d'eux sort un long couteau. Il me l'enfonce dans la gorge. Je m'écroule par terre et meurs.

Mon âme s'échappe par mon dos. Je me sens à présent comme un ange ; je suis mieux qu'eux. Je ne veux pas quitter mon épouse. Son âme est clairement celle de mon ex-femme dans ma vie actuelle. Je dois m'excuser de l'avoir jugée aussi sévèrement. Elle me dit que tout va bien.

J'aurais aimé prévenir mon peuple de l'arrivée de ces envahisseurs, car ils vont nous causer tant d'ennuis. J'entends Jésus dire : « Pardonne-leur, Père, car ils ne savent pas ce qu'ils font. » C'était un pays magnifique avant l'arrivée des Espagnols. Ils veulent uniquement nous chasser et nous voler, et ils ne nous témoignent aucun respect. Ils veulent nous convertir à leurs croyances.

Dans ma vie actuelle, je veux simplement échapper à la civilisation ; je ne pense pas comme le monde moderne. Mes guides me disent que j'étais une bonne âme dans cette vie antérieure. Ces Européens n'auraient pas dû faire ce qu'ils ont fait. J'étais extrêmement en colère contre ces salauds. Je vois à présent qu'ils ont tué ma femme et mon fils ; ils ont brûlé notre village. Je crois que nous sommes des Chicachas ; nous sommes en 1541, et il s'agit des hommes d'Hernando de Soto.

Deuxième vie antérieure :

Je suis à l'intérieur ; des hommes sont en train de discuter. La pièce est éclairée par une lanterne. Je ressemble à un pèlerin avec mes longs cheveux foncés, mon chapeau de pèlerin et mes chaussures noires surmontées d'une boucle. Je suis un homme dans la quarantaine et je crois que nous sommes en Nouvelle-Angleterre. Nous sommes parmi les premiers colons en Amérique.

Nous nous sommes réunis pour discuter d'un document. Je crois que je vais le signer, car je ne veux pas avoir d'ennuis. Son contenu ne m'enthousiasme guère. Il s'agit d'une « déclaration » précédant la Déclaration d'indépendance. Je crois que nous la devons à William Penn. Ceci se passe après l'arrivée du Mayflower. Il n'y a que des hommes dans la pièce, pas de femmes. Il s'agit d'un acte d'insurrection auquel je ne veux pas vraiment participer, car je doute que nous puissions l'emporter. Néanmoins, je crois que nous devons poser ce geste.

À présent, je vais être pendu. Il m'arrive souvent d'avoir des ennuis pour des choses de ce genre. Je défends une position parce qu'elle est juste et je suis puni. Je suis plus intelligent que ceux qui ont décidé de me pendre, mais je ne suis pas assez sage pour savoir quand me taire. Le temps n'était pas encore venu d'exprimer mes opinions.

Je meurs et m'échappe par l'arrière de mon corps. J'ai souvent été tué pour avoir défendu ce qui était juste. J'ai eu des ennuis au cours de plusieurs de mes vies antérieures parce que j'avais dénoncé des injustices. Dans certains cas, ma mort a encouragé les autres à dire ce qu'ils pensent, ce qui est une bonne chose.

Je sens un homme, un guide, qui vient à ma rencontre. Il me dit : « Beau travail. » Il porte une robe blanche et dit s'appeler John. Il me dit que j'arrive rarement à m'intégrer dans un groupe, que je ne suis pas du genre à me joindre aux autres. Il me dit que je dois pardonner au monde son ignorance.

Je peux pardonner quand je ne suis pas dans un corps mais, quand je suis incarné, je suis en colère. Je dois rester éveillé quand je suis dans un corps ; on me dit que je suis amour, lumière et sagesse éternel. Je me laisse emporter par ma colère. Cela crée des maladies dans mon corps. John me dit que ce n'est pas grave, que personne n'est parfait.

Je sens la présence d'un globe de lumière blanche. Cette lumière me scrute de la tête aux pieds ; c'est un peu comme une gomme à effacer qui fait disparaître les cicatrices, mais pas les souvenirs. Je me suis battu pour ce qui est juste au cours de plusieurs vies et, en retour, j'ai été puni. Je demande comment je peux pardonner aux autres ce qu'ils font. On me dit que l'amour est la seule solution. On me dit que l'ignorance est la cause de ces comportements qui divisent au lieu d'unir.

On me dit que j'ai oublié qui je suis; je suis un professeur. Mon corps porte les cicatrices de nombreuses vies. Je dois surmonter ma colère et pardonner. C'est la seule façon de guérir mon corps des problèmes de santé dont je souffre.

Ma mission dans la vie est de trouver de la joie dans l'adversité. Je suis là pour chasser l'ignorance et la souffrance. Nous sommes tous ensemble dans le même bateau.

La colère, à long terme, est l'une des émotions les plus nuisibles. Roy est invité à accepter le fait d'être une âme très expérimentée qui est morte à plusieurs reprises pour son évolution spirituelle et celle de la planète. Les mots adversité, joie, ignorance, souffrance et ensemble résument le déroulement naturel de la vie et la façon de la vivre au jour le jour. Ce qu'il fallait démontrer.

Kitty : Prostitution et absence de frontières personnelles

Kitty, une femme dans la cinquantaine, découvre l'intrusion d'une vie antérieure dans le code mémoriel de son âme, créée par son incapacité à se protéger de ceux qui la maltraitent. Kitty n'a pas pris de mesures vigoureuses pour éviter de souffrir physiquement, émotionnellement et spirituellement. Sa

« colonne vertébrale » la fait souffrir, car elle n'a pas encore développé la force nécessaire pour se tenir debout et déclarer : « Non, vous ne profiterez pas de moi. »

Je suis dehors dans la ville ; la nuit est fraîche. Je porte une mini-jupe moulante et un haut provocant. Mon chapeau fait très chic ; je semble avoir de beaux cheveux. Je sollicite les passants et j'utilise les chambres à l'étage. Un homme s'approche ; nous négocions le prix. Il y a d'autres prostituées et des hommes autour de moi. Je suis complètement coupée de mes émotions, comme si j'étais absente. Pour une raison que j'ignore, les autres femmes me détestent ; je suis obligée de partir. Je n'ai rien.

Plus tard, je vis à la campagne. J'ai une famille, une famille normale. Je ne le mérite pas, car je me suis prostituée. Je ne suis pas amoureuse de mon mari ; je me suis mariée pour survivre. J'ai deux enfants, un garçon et une fille.

C'est à présent le dernier jour de ma vie. Je meurs dans des circonstances tragiques ; nous sommes en 1925. Je suis à bord d'une voiture ; il y a collision, et je meurs. Mon guide intervient : on me dit que je n'ai pas encore compris que la sexualité doit être liée à un contrat sacré entre deux personnes. Quand nous partageons des moments d'intimité physique et sexuelle, nous acceptons au niveau de l'âme de nous unir sur les plans émotionnel et spirituel.

Je souffre encore d'avoir été une prostituée à l'âge de 17 ans. Dans ma vie actuelle, j'ai également renoncé à mon pouvoir à l'âge de 17 ans quand je suis devenue sexuellement active. Je vois arriver le président de mon conseil des anciens. Il me dit que je souffre de maux de dos depuis 10 ans parce que je dois renforcer ma « colonne vertébrale », ma capacité à me tenir debout par moi-même. Je dois exprimer ma propre vérité.

On me dit que je n'arrive pas à établir de saines frontières entre moi et les autres. Dans cette vie antérieure où j'étais une prostituée et dans d'autres vies, incluant ma vie actuelle, je n'ai pas su faire preuve de discernement. Je pense que je peux trouver l'amour grâce à la sexualité. Je dois respecter mon besoin d'un amour sain. L'homme avec qui je suis présentement prend mon énergie et ne me donne rien en retour. Je laisse les gens profiter de moi. Comme je ne respecte pas mes besoins, mes maux de dos m'indiquent que je ne cherche pas à obtenir mon propre soutien ni celui des autres.

On me dit également que je dois changer mes habitudes alimentaires. Il vaudrait mieux que j'élimine le sucre et le blé de mon alimentation. Je dois stabiliser mon taux de sucre sanguin et faire plus d'exercice ; la natation est un bon exercice pour moi.

À présent, l'âme de ma fille décédée à la naissance vient vers moi ; elle s'appelle Sharina. Elle me dit : « Viens, maman. » Elle m'amène à un endroit rempli d'une éclatante lumière blanche. J'ai l'impression de retirer une combinaison. Sharina m'aide à laisser derrière moi cette vie de prostitution. Puis elle me remercie de l'avoir mise au monde sur Terre. Nous avions conclu que je la porterais dans mon ventre, mais qu'elle ne survivrait pas à sa naissance. Sharina est une ambassadrice angélique ; en tant qu'ange, elle avait besoin d'acquérir de l'expérience sur Terre simplement en étant présente durant ma grossesse.

Kitty a reçu des instructions fermes pour renforcer sa détermination à s'apprécier, à exprimer ses besoins et à supprimer le traumatisme d'avoir été abusée sexuellement. Elle doit également améliorer la façon dont elle prend soin de son corps et le nourrit. De plus, Kitty n'est pas responsable de la mort de son bébé, et on lui demande de surmonter son chagrin. Nous apprenons que les âmes évoluées s'incarnent à l'occasion dans le ventre d'une mère simplement pour acquérir une brève expérience de la Terre.

En résumé

Notre corps est un courageux porte-parole qui nous alerte quand quelque chose ne tourne pas rond, que cela soit lié à une vie antérieure ou à notre vie actuelle. Un client m'explique durant une séance de régression que ses problèmes d'alcoolisme sont pour lui une façon de faire taire la douleur de son ego et de cacher son véritable moi et sa véritable mission dans la vie. Un autre client décrit son diabète comme une maladie créée par son manque d'empressement à jouir des petites douceurs de la vie.

Les régressions spirituelles peuvent mettre à jour des informations qui nous aideront par la suite à comprendre quelles sont les causes véritables de nos troubles physiques et émotionnels. La fusion du code mémoriel de notre âme éternelle avec notre corps et notre esprit, en cette vie actuelle, active notre plan de vie pour l'évolution de notre âme et de l'humanité. Quand nous nous libérons d'un traumatisme passé et que nous prenons soin de notre esprit et de notre corps d'une façon qui est bénéfique à notre unicité, nous honorons ce qui est au fondement de toutes choses.

Demandez-vous :

1. **Ai-je actuellement ou ai-je eu dans le passé des problèmes de santé que je soupçonne être reliés à une expérience vécue au cours d'une vie antérieure ?** Quand un professionnel de la santé est incapable d'expliquer un problème de santé, il s'agit souvent d'un problème relié à une vie antérieure.
2. **Est-ce que je fais régulièrement de l'exercice ?** Le simple fait de marcher 5 fois par semaine pendant 20 à 30 minutes est bénéfique pour la santé. Découvrez quel est votre type d'exercice préféré. Même si vous ne faites pas régulièrement de l'exercice, adoptez une routine commençant à la même heure chaque jour.
3. **Comment puis-je améliorer mon alimentation quotidienne ?** Pendant deux semaines, tenez un journal de tout ce que vous mangez et buvez ; soyez honnête avec vous-même. Examinez ensuite la quantité de sucre, de sel, de lipide et de calories que vous consommez régulièrement.

Chapitre 14

Mettre en lumière notre évolution spirituelle

> « Ce que nous appelons le commencement est souvent la fin.
> Et mettre fin à quelque chose, c'est recommencer autre chose.
> La fin est notre point de départ. »
>
> — T.S. Eliot

Fins et commencements — commencements et fins

La vie est éternelle ; la mort n'est qu'un horizon. Quand nous saisissons les traits communs qui forment la trame de nos vies, la révélation de ce que nous devons supprimer et de ce que nous devons accepter devient claire comme de l'eau de roche. Régression et intuition élargissent votre vision limitée de vos incarnations passées et de vos plans de vie associés. Le savoir de votre conscience éternelle des fins et des commencements vous permet d'appréhender harmonieusement la suite de vos incarnations successives.

La recherche scientifique contemporaine gagne du terrain quotidiennement, mais elle n'est toujours pas capable d'expliquer comment des patients peuvent demeurer conscients malgré un constat de mort cérébrale. Quelle est cette entité consciente qui ne devrait pas exister en l'absence de processus électriques et chimiques ? Serait-ce l'âme qui continue d'exister ? Une fois que nous savons que nous sommes rien de plus ou de moins que de l'énergie spirituelle divine entrant et sortant de différents corps, afin de compléter notre apprentissage, nous pouvons nous guérir et contribuer à l'unité du genre humain.

Mettre de l'huile de coude

Mettre de l'huile de coude signifie simplement ne pas abandonner. Comme le disait Thomas Edison : « Le génie, c'est 1 % d'inspiration et 99 % de transpiration. » À notre époque, les raisons de paniquer abondent. La peur des crises financières nous faisant perdre de l'argent, des complots terroristes et des catastrophes naturelles, des maladies et de la corruption, risque de nous enfoncer dans l'inaction. Nous ne pensons qu'aux gagnants et aux perdants, et les crises politiques sont souvent résolues par la guerre plutôt que par la négociation. Il est plus que temps de mettre fin à cette mentalité dualiste et d'accepter la vérité que toute personne a droit au même respect et aux mêmes ressources. Unité implique sacrifice de soi, devoir et équilibre. Si prendre soin de nos propres besoins est essentiel pour le progrès de notre âme, nous devons aussi tenir compte des besoins des autres et leur accorder préséance sur nos désirs égoïstes. En tant qu'âme, nous avons le devoir de respecter tous les aspects de notre plan de vie et de le bonifier avec le temps. L'équilibre entre mes besoins et les vôtres, le travail et le repos/jeu, les raisonnements du cerveau gauche et les émotions du cerveau droit, notre loyauté envers notre communauté et notre pays en plus de notre responsabilité globale envers tous les êtres – qu'ils soient d'origine minérale, végétale ou animale –, c'est là la formule du remède pour guérir l'humanité.

PARDON

Le pardon, un baume pour rectifier les comportements de vies passées qui laissent des cicatrices sur l'âme, mène à la guérison. Examinons à présent le récit de Ted, qui a choisi de faire du mal aux autres pour prendre soin de sa famille dans une vie antérieure.

Ted : Se pardonner et recommencer dans un esprit d'amour

Le paysage ressemble à celui de l'Utah. Je suis dehors près de larges formations rocheuses. Je porte un pantalon de couleur foncée, une chemise ample, une veste, des bottes et un chapeau de cowboy. Je suis un homme dans la trentaine et j'ai l'impression de ne pas avoir fait mon devoir.

J'ai une femme et un bébé; nous n'avons pas assez de nourriture. Je vais faire ce qu'il faut pour me procurer de la nourriture. Ma femme me dit de ne pas faire de mal à personne pour m'en procurer. Je ne l'écoute pas. Je tue des Indiens et leur vole leur nourriture. Je sais que c'est mal, mais je le fais quand même.

Je suis de retour à la maison. Je suis triste. Ce n'est pas une façon d'élever une famille. Mais je ne sais pas comment faire autrement; je ne travaille pas assez fort pour gagner l'argent dont nous avons besoin. Ce n'est pas agréable. Ma femme doit s'occuper de notre petit enfant ; elle ne peut pas travailler.

À présent, mon fils est dans sa sixième année. Je continue à voler de la nourriture. Je ne veux pas qu'il devienne comme moi en grandissant. Ma femme n'est pas contente de moi ; je ne veux pas travailler pour subvenir à nos besoins. Ma femme et mon fils me quittent.

Je suis à présent beaucoup plus vieux. Je revois mon fils ; il est marié. Ma vie est triste et vide, et j'ai le cœur rempli de regrets. Je me vois en train de tenir un enfant dans mes bras ; il doit s'agir de mon petit-fils.

Je dois apprendre à vivre de façon paisible et productive. Je me sens mal quand je pense à toutes les personnes que j'ai tuées. Je sais que ma femme n'approuvait pas la voie dans laquelle j'entraînais notre famille.

Je suis vieux à présent et prêt à mourir. Je me sens seul ; mon chat essaie de me réconforter. Je me suis privé de tant d'amour. Je me sens tellement coupable. Je meurs. Aussitôt, je vois la main d'un homme aux cheveux noirs bouclés portant une robe blanche. C'est une sorte de « portier » qui fait entrer les gens après leur mort. Il me dit que j'aurai amplement le temps de me détendre. Il me dit que la guérison est possible si c'est ce que je veux.

On m'amène jusqu'à une piscine dans laquelle je flotte comme si j'étais en état d'apesanteur. C'est un lieu de purification. Je me rends compte que la tension que je ressens au niveau du dos, dans ma vie actuelle, est liée au sentiment de culpabilité que je porte en moi depuis cette vie passée. Je n'étais pas censé être le genre de personne qui pourchasse les autres pour leur faire du mal et leur prendre ce qu'ils possèdent.

Mon guide essaie de me réconforter. Il me dit que c'est simplement une leçon de vie. Il ajoute que 99 % des âmes à leur arrivée dans le royaume spirituel sont tristes, ressentent de la douleur ou ont des regrets à cause de ce qu'ils ont fait ou négligé de faire en tant qu'êtres incarnés. On me dit que la seule façon de me débarrasser de ces émotions est de me pardonner à moi-même. Mon guide dit : « Tu n'as pas à défaire ce que tu as fait. Pour aller de l'avant, tu dois te pardonner et recommencer dans un esprit d'amour. »

Je dois apprendre de cette expérience. J'ai suffisamment souffert de mes actions et je n'ai pas à endurer cela plus longtemps. Mon guide me dit de nager dans la piscine, simplement pour m'amuser. Il m'amène à présent dans un endroit qui ressemble à une immense pyramide de verre. Nous entrons à l'intérieur, où tous ceux présents me font penser à des enfants en train de jouer et de s'amuser. Il veut que je passe du temps ici pour être comme un enfant et simplement m'amuser.

Le pardon est possible quand nous assumons la responsabilité de nos comportements passés. Au lieu de nous embourber dans une attitude qui nous fait dire : « J'ai commis des erreurs par le passé ; par conséquent, mon avenir est terni pour toujours », nous pouvons assumer la responsabilité de nos actions et nous libérer de cette tendance à nous autoflageller, et c'est ce qui nous amènera à pardonner à nous-mêmes et aux autres. Le fait de ruminer et de nous remémorer nos faux pas ad nauseam n'est utile à personne. De la même façon, les pays doivent se pardonner les uns les autres et avancer vers une unité globale.

David et sa bien-aimée

Je vous invite à me suivre une dernière fois tandis que David nous raconte les douceurs de la vie avec sa bien-aimée, qu'elle soit incarnée ou non. David et Susie se sont rencontrés en 1984. Après la transition de l'âme de Susie qui est retournée dans le monde de l'Esprit en 2010, une fin et un commencement humains ont eu lieu simultanément. La vie de l'autre côté du voile continue d'instant en instant pour ces âmes avec lesquelles nous avons partagé plusieurs vies.

Le texte suivant a été écrit par David :

J'ai rencontré Susie pour la première fois dans la « vraie vie » en 1984. Nous enseignions alors tous les deux la méditation transcendantale (MT). J'étais venu à Fairfield, dans l'Iowa, pour l'un des grands cours de MT que Maharishi avait organisé à l'époque. Après le cours, je suis resté pour un week-end de formation continue destinée aux instructeurs et j'étais en train de vérifier un point avec le responsable du cours quand Susie a fait irruption dans la pièce, ravissante dans son gai sari vert et jaune. Nos regards se sont brièvement croisés, et j'ai tout de suite su qu'elle jouerait un jour un rôle important dans ma vie.

Et les choses en sont restées là jusqu'à ce que je m'inscrive à un cours d'études supérieures en philosophie des sciences au printemps de 1990. Susie était une étudiante remarquable, et je suis tombé amoureux d'elle. De toute évidence, je lui plaisais car, lorsque je lui ai proposé un rendez-vous à la fin du trimestre, elle a accepté. Au cours de l'une de nos sorties durant ce mois de mai, je me rappelle avoir pensé, alors que nous marchions à la file indienne le long de Pleasant Plain Road, à quel point elle était spéciale pour moi, et au même moment je l'ai entendue exprimer la même idée. Peu de temps après, nous nous sommes fiancés, et six semaines plus tard nous étions mariés. Le concept d'« âmes sœurs » est peut-être passé de mode dans les milieux spirituels, mais je crois que Susie et moi étions et serons toujours des âmes sœurs, comme les décrit Richard Bach dans son merveilleux livre Un. *(Si vous ne l'avez pas lu, je vous le recommande !)*

Vingt ans plus tard, alors que Susie se mourait du cancer, je me suis étendu près d'elle et je lui ai dit à quel point je l'aimais et à quel point elle avait illuminé ma vie. Je lui ai expliqué que je la chercherais de l'autre côté et que je la trouverais lorsque ce serait mon tour de vivre ma transition. Et que je l'aimerais là-bas comme je l'aimais ici. Je lui ai dit qu'elle avait été une épouse parfaite. Peut-être a-t-elle pensé que j'exagérais, mais ce n'était pas le cas. Elle avait fait de nos 20 ans de mariage quelque chose de magique qu'on peut difficilement décrire.

Mais toute bonne chose a une fin, et Susie est morte le 15 décembre 2010, le jour le plus triste de ma vie.

Je m'attendais à être anéanti par le chagrin, et je ne m'étais pas trompé. J'ai déménagé peu de temps après la transition de Susie et traversé le pays à bord d'un camion de location contenant toutes nos affaires. Durant un violent orage, j'ai remarqué qu'il pleuvait plus fort à l'intérieur de la cabine qu'à l'extérieur. Je n'avais pas anticipé à quel point Susie serait toujours là pour moi, quelque part à mes côtés. Elle m'apparaissait souvent en rêve et semblait régulièrement m'envoyer des signes sous la forme d'un cerf et, dans certains cas, d'oiseaux. (La mère de Susie dit avoir reçu plusieurs messages d'elle sous la forme d'oiseaux.) Un jour, alors que j'étais assis en train de méditer, j'ai eu une vision soudaine de Susie et de plusieurs autres personnes qui avaient joué un rôle important dans ma vie. Je recevais d'elles un flot de messages télépathiques, dans lesquels elles exprimaient leur amour et leurs encouragements. J'ai été frappé par le réalisme de cette scène : cela semblait encore plus réel que la réalité telle que je la perçois à l'état de veille, ce que le neurologue Eben Alexander appelle « ultra-réalité ». J'avais l'impression d'entrevoir une dimension plus riche de la réalité, toujours présente à l'arrière-plan, mais qui échappe d'ordinaire à nos facultés perceptives.

Au début de décembre, après son admission dans un établissement de soins palliatifs, Susie m'avait demandé d'emporter ses cendres en Inde et de les répandre dans le Gange, et je voulais tenir cette promesse le plus tôt possible. Après m'être baigné dans le Gange, on m'a amené à l'ashram de Maharishi, où nous nous sommes tenus devant le portrait de Maharishi dans le Samadhi Smarak, le mémorial construit à sa mémoire après sa mort en 2008. Nous sommes restés devant son portrait pendant cinq bonnes minutes, durant lesquelles j'ai vécu une très profonde expérience spirituelle, qui impliquait une communication télépathique avec Maharishi sur différents sujets concernant ma vie personnelle. Par exemple, on m'a dit de toujours me rappeler Susie avec douceur, amour, joie et gratitude. Beaucoup d'autres choses m'ont été révélées, et c'est ce qui m'a permis de tenir le coup.

De retour à la maison, quelqu'un que j'avais connu seulement en passant m'a envoyé le message suivant :

« Quand quelqu'un meurt, c'est parce que son karma était devenu un obstacle insurmontable dans son corps actuel. Il est impossible de comprendre pourquoi la mort devait survenir à cet instant plutôt qu'à tel autre, et il est certainement inutile de se sentir responsable ou coupable. Le cours des choses était insondable. Toutefois, cette transition est purement évolutive, surtout pour quelqu'un sur la voie d'une évolution rapide.

» Le défunt va dans les royaumes célestes ou renaît presque immédiatement.

» Quand la vie quitte le corps, c'est le souffle qui s'en va, qui le transcende. Pour celui qui a l'habitude de cette expérience depuis de nombreuses années, la transition se fait facilement, sans douleur et dans la joie, et elle n'a rien de catastrophique. Quitter son corps, c'est comme laisser l'oiseau sortir de sa cage.

» Il est naturel d'avoir du chagrin. Au début, quand ce chagrin est profond et vif, ces émotions ressenties par la famille et les amis permettent à l'âme de sentir qu'elle a été profondément aimée. Il est également naturel que le chagrin finisse par diminuer, car cela permet à l'âme de sentir que son départ n'a pas été un frein dans la vie de ses êtres chers et qu'ils sont libres de poursuivre leur destinée. Il est important de rester positif et de supporter l'âme du défunt, peu importe où elle se trouve, car notre attitude influence son évolution. »

J'ai écrit à mon nouvel ami pour lui décrire cette expérience qui avait eu un effet si profond sur moi. Peu de temps après le décès de Susie, je me suis réveillé avec un effroyable sentiment de tristesse. J'ai ouvert sincèrement mon cœur à Susie, lui expliquant que j'avais tant voulu vieillir à ses côtés. Je lui ai demandé de m'envoyer un signe me donnant l'assurance qu'elle m'aimait encore, que le lien entre nous n'avait pas été rompu. Plus tard ce jour-là, j'ai reçu une lettre des parents de Susie. J'ai ouvert l'enveloppe, mais elle était vide à l'exception d'un ruban bleu sur lequel était écrit « Meilleur mari au monde ». Naturellement, j'ai interprété cela comme étant le signe que j'avais demandé à Susie. Mon ami m'a répondu :

« Tout simplement merveilleux et divin ; tu es béni. Les véritables partenaires amoureux ne meurent jamais, ils restent en contact l'un avec l'autre et nous tirent souvent de l'embarras sans que nous ne le sachions. Tu continueras à vivre des expériences tout aussi agréables.

» Tu es sur la bonne voie ; le chagrin ne peut plus croiser ta route. Continue de vivre avec elle : écoute de la musique que vous aimiez tous les deux, visite des endroits où vous êtes allés ensemble ; et, par-dessus tout, reste proche de vos amis communs. Prends soin de toi. Que Dieu te bénisse. »

Je ne nierai pas qu'il m'arrive encore souvent d'être envahi par un sentiment de tristesse insoutenable. Néanmoins, je me rends compte que le monde matériel n'est qu'une petite partie d'une réalité beaucoup plus grande et que notre existence et notre évolution personnelles se poursuivent après la mort du corps.

POUR CONCLURE

La belle histoire de David et Susie nous invite à sentir le lien indestructible entre deux âmes qui ont commencé à vivre ensemble il y a des milliers d'années. Les terribles blessures causées par le deuil commencent à se cicatriser à la lumière de ce lien spirituel et éternel. Avec un partenaire significatif, l'évolution de l'âme et l'équilibre karmique s'entremêlent au fil des incarnations. Les relations entre les âmes, qu'elles soient ou non incarnées dans un corps, résistent à l'épreuve du temps.

Notre archétype spirituel est la colonne vertébrale qui nous permet de marcher droit tandis que nous remplissons la mission inscrite dans notre plan de vie. Chaque jour de notre vie est une occasion de découvrir, en étant consciemment attentifs, les intentions que nous avons manifestées avant notre naissance. Ce que nous sommes venus être et faire en cette vie devient évident quand nous acceptons le fait d'être guidés à chaque instant.

Grâce à l'exploration de nos vies antérieures, notre conscience cognitive et notre énergie intuitive peuvent nous servir de véhicule holistique pour cerner nos dons et rejeter nos traumatismes. Notre âme aspire à évoluer à la lumière de notre ténacité et du soutien indéfectible de nos guides.

Des obstacles, représentant ce que nous devons accepter et libérer durant notre vie, sont placés sur notre chemin pour diriger notre âme éternelle vers des états supérieurs d'évolution. Par la corrosion du côté sombre de notre ego, nous atteignons la lumière de la sagesse divine. En entreprenant ce dur labeur qu'est la guérison de notre planète et de nous-mêmes, nous enseignons aux autres que nous sommes tous membres d'une même communauté au sein de laquelle l'égalité est requise.

Annexe A

Notes du praticien

J'aimerais pouvoir vous décrire parfaitement l'occasion unique que représente le fait de pouvoir s'asseoir dans une pièce durant une séance de régression et d'assister aux descriptions spontanées que j'ai le privilège et l'honneur d'entendre. Néanmoins, en tant que thérapeute, je pousse un soupir de soulagement, sachant que je ne suis pas capable – et d'ailleurs ce n'est pas mon rôle – de déterminer les éléments d'une expérience de vie antérieure et ce qu'ils signifient pour un client.

Le thérapeute est responsable du déroulement de la séance, et le contenu est déterminé à partir d'un ordre supérieur de sagesse, celui de l'équipe composée des guides et des professeurs spirituels du client. Le client reçoit l'information en utilisant son intuition tandis qu'il se trouve dans un état modifié de conscience.

Par conséquent, le client devient essentiellement son propre médium ou canal pour son âme ou son moi supérieur. En tant que telle, la substance de la séance n'est pas, je le répète, la responsabilité de l'hypnothérapeute. Même si le client se trouve dans un état modifié de conscience, toute hypnose est une forme d'autohypnose, et donc c'est le client qui détermine le déroulement du processus.

Être capable de recevoir intuitivement et de raconter les détails des vies qu'il a vécues par le passé est une expérience extraordinaire pour le client, tout comme le don de recevoir des informations par la voie de l'âme en regard de qui nous sommes et de ce que nous sommes censés être.

Plusieurs scientifiques croient que nous utilisons le lobe temporal de notre cerveau droit pour entrer en résonance avec des champs d'énergie intemporelle, que nous pouvons utiliser notre cerveau humain pour accéder à une réalité où le temps et l'espace n'existent pas, une réalité que les physiciens quantiques appellent la « non-localité ».

Néanmoins, il est difficile, pour ne pas dire impossible, d'expliquer les mécanismes énergétiques qui permettent d'accéder à la mémoire de notre âme, concernant nos vies antérieures ou la période intermédiaire entre deux vies. Essentiellement, le fait de diminuer l'excitation ou la stimulation de notre cerveau, par l'intermédiaire de la régression hypnotique, nous fait entrer dans un état modifié de conscience qui nous permet d'entrevoir le fonctionnement de ces processus intuitifs et mystiques.

Plus les ondes de notre cerveau ralentissent, plus nous sommes en mesure de reconnaître ou de deviner des éléments spécifiques de notre passé, quand notre âme habitait dans un autre corps ou se trouvait dans un état désincarné. Que la régression porte sur nos vies antérieures ou sur cette période intermédiaire entre deux incarnations, le processus utilisé pour accéder à ces souvenirs est une forme d'hypnose. L'hypnose est elle-même liée à la modification des ondes cérébrales, aussi appelée état modifié de conscience ou transe.

Annexe B

Formation en hypnothérapie régressive

Tout le monde peut devenir un excellent thérapeute spécialisé dans les régressions entre les vies, pourvu que certaines conditions soient respectées.

Tout d'abord, il n'est pas essentiel d'avoir l'intention de se lancer à temps plein dans une pratique privée, mais on doit avoir un intérêt, et peut-être même une passion, pour ce travail qui consiste à guider des clients, dans un état de transe modérée ou profonde, vers une vie antérieure, jusqu'au dernier jour de cette vie antérieure, puis dans le royaume céleste de la pure énergie spirituelle.

Deuxièmement, il est nécessaire de suivre une formation de base en transe hypnotique, une formation que l'on peut acquérir en personne ou en étudiant à la maison.

Troisièmement, il est nécessaire de suivre une formation et d'acquérir de l'expérience sur la façon de diriger des séances de régression dans les vies antérieures.

Aucune de ces conditions n'est en soi difficile à remplir. Le Ravenheart Center offre une formation en régression dans les vies antérieures dans le cadre d'un programme intensif de quatre jours et sous forme de téléconférences.

Ces deux options sont ouvertes au grand public. Une formation en régression entre les vies est offerte sur place, dans le cadre d'un programme intensif de cinq jours ainsi que sous forme de conférences et de téléconférences.

Le Ravenheart Center et l'International Between Lives Regression Network (www.IBLRN.org) parrainent une formation en régression dans les vies antérieures et entre les vies à Boulder, dans le Colorado. Linda Backman, avec le soutien de collègues ayant une grande expérience en régression de l'âme, y enseigne et dirige les formations de quatre et de cinq jours, comprenant des conférences, des démonstrations et des cours de perfectionnement. Ce programme de formation inclut également diverses pratiques ayant un fondement spirituel et mystique pour bonifier l'expérience des participants.

Tous les participants peuvent ensuite remplir certaines conditions additionnelles, leur permettant d'appliquer pour obtenir un certificat de thérapeute en régression dans les vies antérieures et entre les vies.

Si vous avez des questions concernant cette offre de formation en régression dans les vies antérieures et entre les vies, visitez le site www.RavenHeartCenter.com ou www.IBLRN.org, ou contactez Earl Backman à ebackman@earthlink.net ou au (303) 818-0575 (en anglais seulement).

Glossaire

Ces définitions s'appuient sur les connaissances actuelles de Linda Backman dans le domaine des régressions de l'âme entre les vies.

ADN : longue chaîne de polymères linéaires, formés à partir des nucléotides présents dans le noyau de chaque cellule, ayant la forme d'une double hélice; associé à la transmission de l'information génétique.

Accord prénatal : plan de vie ou contrat créé avant la naissance par une âme et ses guides spirituels.

Âme : corps énergétique de lumière, immortel et spirituel, qui anime tous les êtres vivants.

Âme extraterrestre : âme dont les incarnations se sont déroulées pour l'essentiel ailleurs que sur la Terre, et qui séjourne énergétiquement entre deux vies à sa principale base de départ extraterrestre.

Âme d'origine terrestre : âme dont les principales vies de son évolution se sont déroulées sur Terre.

Âme sœur ou âme jumelle : voir *Principal compagnon spirituel.*

Amour : profond et tendre sentiment d'affection et de sollicitude, généralement envers une autre personne.

Anciens : voir *Conseil des anciens.*

Archétype spirituel : le modèle durable de comportement d'une âme, d'une vie à l'autre.

Ascension : un niveau élevé d'évolution de l'âme (8 et plus sur l'échelle de l'âme) où il devient possible de jouer le rôle de guide spirituel avec le consentement des guides plus éclairés ; un état de conscience et énergétique où nous sommes conscients d'habiter dans le monde matériel tout en maintenant simultanément une conscience divine.

Attachement : un lien ou une attache entre une personne et une autre, dans ce cas-ci permettant l'expression des émotions associées au lien.

Avancement de l'âme : le développement continu de l'âme en sagesse et en savoir supérieur ; aussi appelé « évolution de l'âme ».

Bailey, Alice : médium et auteure de plusieurs livres sur la théosophie.

Base de départ de l'âme : lieu céleste où l'âme retourne entre deux incarnations.

Bibliothèque : lieu énergétique dans le royaume spirituel où sont conservées les archives de toutes nos vies antérieures.

Chakras : centres énergétiques du corps allant de la tête aux pieds.

Chamanisme : l'une des plus anciennes traditions tribales de guérison, que l'on retrouve encore dans plusieurs cultures à travers le monde. Le chaman, dans un état modifié de conscience, utilise différentes formes de voyage dans les mondes spirituels, auxquelles s'ajoutent des prières et des cérémonies, pour entrer en contact avec l'esprit des animaux ou les animaux-totems du client afin de le guider énergétiquement vers un état d'équilibre et de bien-être.

Clairalience : odorat intuitif.

Clairaudience : ouïe intuitive.

Claircognition : pensées ou connaissances intuitives.

Clairkinesthésie : sensations physiques intuitives.

Clairsentience : émotions intuitives.

Clairvoyance : vision intuitive.

Code mémoriel de l'âme : contenu énergétique de l'archétype de votre âme et des circonstances de vos vies antérieures.

Conglomérat d'âmes : un groupe formé de différentes familles d'âmes toutes reliées entre elles, comptant souvent plusieurs milliers d'âmes.

Conscience : qualité ou état de conscience de notre âme ou de notre moi fondamental.

Conseil des anciens : professeurs ou anciens d'une grande sagesse, généralement désincarnés, qui guident chaque âme et coordonnent le royaume spirituel. Chaque client est associé à un conseil des anciens qui communiquent souvent avec les participants durant une séance de régression entre deux vies.

Continuité de la conscience : le fait de reconnaître que l'énergie de l'âme demeure constante d'une vie à l'autre et entre deux vies.

Couleur de l'âme : la vibration énergétique de l'énergie de l'âme perçue et décrite en tant que couleur.

Détachement : se séparer ou se déconnecter de quelqu'un ou d'une émotion personnelle.

Divin : le plus haut niveau de pure sagesse, souvent appelé Dieu, Tao, Grand Esprit, Source, etc.

Division (ou scission) de l'âme : incarnation simultanée dans deux ou plus de deux corps.

Ego : le « Je » qui constitue le moi humain ou la personnalité humaine par opposition à l'âme ou au moi non humain qui anime le corps physique.

Équipe spirituelle : groupe de professeurs désincarnés (guides et anciens) qui guident, soutiennent, conseillent et dirigent nos expériences et l'avancement de notre âme.

Énergie : source de pouvoir utilisable.

Énergie de l'âme : voir *Âme.*

Énergie spirituelle fondamentale : voir *Couleur de l'âme.*

Enseignements de Michaël : un corpus de matériel canalisé portant sur la doctrine spirituelle, la réincarnation et les archétypes spirituels.

Entre-deux-vies : période entre deux incarnations hors du temps et de l'espace.

Esprit : principe vital ou force divine qui anime tous les êtres vivants.

Esprit-cerveau : les habiletés, la personnalité et la mémoire liées à notre cerveau humain.

État alpha ou état cérébral alpha : un état modifié de conscience caractérisé par la détente, la créativité et une expansion de la conscience ; activité des ondes cérébrales entre 8 et 13 hertz.

État bêta ou état cérébral bêta : un état de conscience caractérisé par le fait d'être alerte, pénétrant et concentré ; activité des ondes cérébrales entre 14 et 27 hertz.

État delta ou état cérébral delta : un état modifié de conscience caractérisé par le détachement, la guérison physique et le sommeil ; activité des ondes cérébrales entre 0,5 et 4 hertz.

État modifié ou altéré de conscience : états cérébraux alpha, thêta et delta, par opposition à notre état normal de veille en ondes bêta.

État thêta ou état cérébral thêta : un état modifié de conscience caractérisé par l'intuition, la supraconscience et la conscience hors du corps ; activité des ondes cérébrales entre 4 et 8 hertz.

Être terrestre éclairé : âme incarnée de niveau 8 ou plus sur l'échelle de l'âme.

Évolution de l'âme : voir *Avancement de l'âme.*

Expérience de mort imminente : épisode personnel consistant à avoir été déclaré mort, ou près de l'être, accompagné d'une sensation de détachement corporel, de totale sérénité, de lévitation, de présence supérieure et de lumière éclatante.

Famille spirituelle : un groupe ou une cohorte d'âmes regroupées entre elles au début de leur émanation spirituelle à des fins d'interaction, de soutien et de progression ; aussi appelée « salle de classe spirituelle ».

Force intérieure : la stabilité émotionnelle et spirituelle d'un individu incarné.

Fréquence spirituelle : voir *Couleur de l'âme.*

Guide débutant : guide spirituel de niveau 8 sur l'échelle de l'âme.

Guide spirituel : l'âme ou les âmes expérimentées (de niveau 8 et plus sur l'échelle de l'âme) qui jouent auprès de nous le rôle de conseillers et de « compagnons spirituels ».

Guide spirituel principal : vous avez en tout temps un guide spirituel principal, même s'il ne s'agit pas toujours de la même âme d'une vie à l'autre ou dans le cours d'une même vie.

Hémisphère (cérébral) droit : le côté de votre cerveau qui gère les processus visuels, intuitifs, créatifs et holistiques.

Hémisphère (cérébral) gauche : côté du cerveau qui gère le langage, les actions séquentielles et les processus logiques.

Hiérarchie : voir *Maîtres de sagesse.*

Humanité : l'espèce humaine.

Humilité : absence de vanité.

Hypnose : état modifié de conscience correspondant aux ondes cérébrales alpha ou thêta.

Hypnothérapie : expérience d'être guidé vers un état modifié de conscience, profitable pour le corps et l'âme.

Hypnothérapie régressive : transe hypnotique utilisée pour guider le client dans un état modifié de conscience afin qu'il puisse accéder aux souvenirs d'expériences passées.

Incarnation : à la fois le processus et l'état de l'âme qui s'attache à un corps physique ou qui s'incarne dans celui-ci; aussi appelé « personnification ».

Intuition : l'acte ou la faculté de savoir ou de sentir sans avoir recours à des processus rationnels; aussi appelé « sixième sens ».

Kabbale : corpus d'enseignements mystiques et secrets fondés sur une interprétation ésotérique des écritures hébraïques.

Karma : effet des actions d'une personne au cours de toutes ses incarnations.

Libre arbitre : habileté, que nous soyons incarnés ou désincarnés, à prendre des décisions par rapport à nos expériences et à notre comportement.

Maîtres ascensionnés : voir *Maîtres de sagesse.*

Maîtres de sagesse : âmes qui, à la suite de nombreuses vies sur Terre, ont atteint un haut niveau d'évolution et qui gèrent et coordonnent les affaires terrestres.

Maslow, Abraham : psychologue connu pour avoir élaboré une « hiérarchie des besoins » liée à la motivation humaine.

Médecine complémentaire et parallèle (MCP) : pratiques de soins de santé, telles que l'homéopathie, l'acupuncture et plusieurs autres, qui n'étaient pas incluses dans les cours donnés par les écoles de médecine traditionnelles avant le XXIe siècle, et qui viennent compléter ou remplacer un traitement traditionnel.

Mission de l'âme ou mission spirituelle : le scénario ou le plan développé par l'âme avec ses guides et ses professeurs pour chaque incarnation, en fonction de l'intention générale de chaque âme.

Mission de vie : intention globale ou but général d'une incarnation.

Moi humain : ego ou personnalité qui dérive du cerveau humain.

Moi spirituel : voir *Âme.*

Moi supérieur : âme ou moi divin.

Mystique : relié ou tirant son origine de la communion directe avec l'ultime réalité ou Dieu.

Niveau spirituel : le point où vous en êtes dans votre évolution spirituelle. Voir *Avancement de l'âme.*

Orientation sexuelle : trait de personnalité durable qui amène les personnes à être physiquement et émotionnellement attirées par le sexe opposé, le même sexe ou les deux.

Partenaire significatif : une autre personne ou âme qui vous soutient constamment et qui peut également vous tendre un miroir quand vous en avez besoin.

Plan de vie : intention ou scénario mis en place pour un individu avant son incarnation.

Pouponnière des âmes : lieu céleste où les nouvelles âmes sont préparées pour leur première incarnation.

Pratique spirituelle : méditation et toute autre activité qui mène à l'expansion de l'intuition, telle que marcher, écouter de la musique, jouer des percussions, etc.

Premier guide spirituel : âme évoluée qui soutient et dirige votre évolution à partir de votre première incarnation et qui est au service de toute votre famille spirituelle.

Principal compagnon spirituel : l'âme avec laquelle vous avez partagé le plus de vies.

Progression de l'âme : voir *Avancement de l'âme.*

Rayon de l'âme : un des sept rayons qui correspond à votre archétype au cours de toutes vos vies.

Rayon un : le rayon d'énergie qui canalise la volonté divine pour apporter des changements sur Terre.

Rayon deux : le rayon d'énergie qui enseigne l'amour et la sagesse pour faire ressortir le meilleur de chaque âme.

Rayon trois : le rayon d'énergie qui mélange les savoirs pour la compréhension de toutes les âmes incarnées.

Rayon quatre : le rayon d'énergie qui crée de l'harmonie et de l'équilibre entre tous les êtres vivants.

Rayon cinq : le rayon d'énergie qui planifie et organise l'évolution des âmes sur Terre afin que leur séjour terrestre leur soit profitable.

Rayon six : Le rayon d'énergie qui manifeste une attention bienveillante et un fort esprit d'équipe sur Terre.

Rayon sept : le creuset des rayons un à six réalisant l'alchimie de l'énergie divine.

Régression dans les vies antérieures : régression hypnotique permettant de refaire l'expérience de nos vies antérieures.

Régression entre les vies : méthode d'hypnothérapie utilisée pour amener le client dans un état où celui-ci peut avoir accès à l'entre-deux-vies ou à la période intermédiaire entre deux incarnations.

Régression spirituelle ou régression hypnotique : hypnothérapie des vies antérieures et des entre-deux-vies.

Réincarnation : renaissance de l'âme dans un autre corps.

Responsable des anciens : voir *Conseil des anciens.*

Royaume spirituel : monde invisible hors du temps et de l'espace où l'âme réside; aussi appelé « non-localité » en physique quantique.

Royaume supérieur : voir *Divin.*

Sagesse : pinacle de la connaissance.

Sagesse des anciens : voir *Conseil des anciens.*

Sept rayons : énergie divine subdivisée en sept parties d'égale d'importance.

Shambhala : le lieu éthérique dans le royaume spirituel où résident les maîtres ascensionnés (les maîtres de sagesse) chargés de gérer et coordonner les affaires terrestres.

Solitude : état d'isolement social.

Tao : source ultime de pouvoir et sommet de la sagesse; aussi appelé Dieu, la Voie, la Source, le Grand Esprit, etc.

Théosophie : étude de la sagesse de Dieu; la nature de l'âme par rapport à la nature mystique de Dieu.

Thérapeute certifié spécialisé dans les régressions : un hypnothérapeute ayant reçu une formation et ayant acquis de l'expérience dans le domaine de l'hypnothérapie régressive.

Thérapeute spécialisé dans les régressions : individu ayant reçu une formation spécifique pour aider les clients à retrouver le souvenir de leurs expériences passées.

Thérapie de l'âme : séance d'hypnothérapie ayant pour but de nous en apprendre davantage sur qui nous sommes en tant qu'âme; aussi appelée « régression entre les vies ».

Unicité : voir *Unité.*

Unité : être en accord, en harmonie.

Unité spirituelle fondamentale : petit groupe composé en général de deux à quatre âmes, tout particulièrement proches l'une de l'autre, étant donné le plus grand nombre de vies partagées entre elles qu'avec toute autre âme.

Univers : voir *Tao.*

Vérité : les principes fondamentaux et la compréhension de la sagesse supérieure de l'Univers.

Vie antérieure : incarnation de votre âme, antérieure à la vie actuelle.

Vies extraplanétaires : incarnations ailleurs que sur la Terre.

Vies parallèles : incarnations simultanées où l'âme est divisée entre deux ou plus de deux corps.

Volonté divine : plan de Dieu pour l'humanité, et le désir de voir ce plan se réaliser.

Voyageur stellaire : une âme qui s'est incarnée principalement sur d'autres planètes que la Terre mais qui s'est aussi incarnée sur cette dernière entre 30 et 100 fois.

Au sujet de l'auteure

Linda Backman, psychologue diplômée, pratique en privé depuis 1978. Madame Backman est l'auteure de *Bringing Your Soul Light: Healing Through Past Lives and the Time Between* (Llewellyn Publications, 2009). Elle a également suivi des études supérieures et reçu une formation dans les domaines des pathologies du langage, de l'audiologie et de l'éducation spécialisée. Après la naissance prématurée et le décès de son deuxième enfant, Linda Backman s'est rendu compte qu'il n'y avait pas assez de psychothérapeutes diplômés désireux de se consacrer à ceux qui vivent un deuil. Elle est cofondatrice d'un bureau de consultation à Charlotte, en Caroline du Nord, qui offre des services aux personnes et aux familles qui ont vécu la mort d'un enfant. Parallèlement à ce travail, on lui a demandé de collaborer à la rédaction du livre d'Ellen M. DuBois, *I Never Held You* (DLSIJ Press, 2006).

Linda Backman a commencé sa carrière de psychothérapeute en 1978. Depuis 1993, elle a permis à d'innombrables personnes d'accéder à leurs vies antérieures et à leurs entre-deux-vies durant des séances d'hypnothérapie régressive. Elle aide ainsi ses clients à mieux comprendre qui ils sont en tant qu'âme au cours de leurs nombreuses existences et pendant le temps où ils ne sont pas incarnés. L'hypnothérapie régressive permet au client de comprendre sa mission spirituelle, sa progression spirituelle, ses relations spirituelles et beaucoup plus encore. Le travail de Linda Backman consiste également à offrir des régressions guidées, à donner des conférences, à écrire des livres, à faire du mentorat spirituel et à initier les gens aux bienfaits de l'hypnothérapie régressive de l'âme aux États-Unis et ailleurs.

Linda Backman a étudié et enseigné sous la supervision de Michael Newton, auteur des ouvrages majeurs *Journées dans l'Au-delà* et *Un autre corps pour mon âme*, et a collaboré à la création de la Society for Spiritual Regression (aujourd'hui le Newton Institute) et siégé sur son premier conseil d'administration en tant que responsable du recrutement et présidente. En 1997, Linda Backman et son mari, Earl Backman, ont fondé le centre Ravenheart, une école des mystères, à Boulder au Colorado, pour aider les gens à découvrir leur voie spirituelle. De plus, madame Backman a collaboré à la fondation de l'International Between Lives Regression Network en 2005, un réseau pour les thérapeutes qui utilisent la régression et pour la promotion de cette technique auprès du public en général, aux États-Unis et à l'étranger, afin de faire connaître les bienfaits et les objectifs de l'hypnothérapie régressive.

Les Backman sont mariés depuis 47 ans et ont deux enfants mariés et trois petits-enfants.

Pour plus d'information, visitez le site Internet : www.RavenHeartCenter.com ou écrivez à Linda Backman à Linda@RavenHeartCenter.com (en anglais seulement).

éditions

www.ada-inc.com
info@ada-inc.com

www.facebook.com/EditionsAdA

www.twitter.com/EditionsAdA